中国旅游协会推荐教材 | 旅游管理专业新视野教材

谢彦君·主编

旅行社管理

第三版

朴松爱·编著

中国旅游出版社

《旅游管理专业新视野教材》编审委员会

再版序言

《旅游管理专业新视野教材》初版于2005年，至今已过十个年头。其间，出版社曾有过修订再版的动议，但终因一些因素的影响而未果。这次再版，给了这批教材进一步完善的机会，也算是一件好事。我们寄希望于它能够在原有的基础上有一个更大的进步，更加适合21世纪中国旅游高等教育的需要。

我一直主张，教材是大学教育的基本建设之一，也是影响大学教育质量的根本元素之一，甚至在某种情况下可能是最重要的影响因素。对于旅游高等教育而言，很多教育问题其实都可以归根或溯源于教材方面，因为它既是这个领域科学研究所积累的知识的集成式存在形态，也是教育工程实施的蓝本。前者体现了旅游科学界工作成果的总结，后者体现了旅游教育界工作过程的起点和依据。身在旅游教育流程中的施教者和受教者，其工作的效率、效果离不开教科书的质量。所以，教材建设可谓大学教育的重中之重。

然而，毋庸讳言，旅游管理专业的大学教育在其繁荣的背后还是存在一些问题的，有些问题可能还很严重，其中就有教材建设问题。这种情况的细节可以存而不论，造成这种状况的社会根源可以存而不论，就连我们在每一次教材编写过程中能在多大程度上提升教材的品质也可以存而不论，但完全失察于这些问题的性质和程度，完全在功利心的驱动下采取鸵鸟策略来对待旅游管理专业教材建设方面所存在的问题，则无论如何是不可取的。因此，借此机会，笔者还是想利用这一角之地，谈谈这方面的问题，其主旨是希望旅游教育界的同人在使用本专业的任何一套教材时，都能够更多地立足于一种超越的境界，本着一种探索的精神，敢于采取一种批评的态度，能够在教学过程中建设性地、开放性地利用现有的这些教材。旅游管理学科正处于其幼年阶段，教材的幼稚病显而易见，在这种情况下，倘若过于倚重教材甚至完全视某一本教材上白纸黑字的条条为金科玉律的话，对于这样一个稚嫩的学科来说，恐将大大影响教育质量，从而也会影响本专业领域人才的职业发展历程。

旅游管理专业的教材建设究竟存在什么问题？对此学界同人所见虽有不同，但往往都各有其高明之处。如果避开一些根源性、体制性和机制性的问题不谈，仅就技术层面来看，那么，教材建设所存在的问题与高等教育的定位策略是密切相关的。

关于本科层次旅游管理高等教育的定位问题，一直是一个争论不休而且始终不能达成基本一致性认识的问题。这种状况不仅是旅游管理专业自身的长期困惑，其实也是中国高等教育一直以来教育指导思想混乱的局部折射。其中最为重要的一个方面，即关于大学教育中的理论与实践的关系问题，长期以来未曾获得理论上的解决，导致高等教育的行政主管部门一直摇摆于“学术型”和“应用型”之间，从而不断地制造人工的“一刀切”行政局面，使得中国半个多世纪以来的高等教育如同玩跷跷板游戏一般，不断地在“理论”与“实践”、“理论”与“应用”、“学术型”与“应用型”这两端颠来倒去。其实，这种局面的根本在于，并没有真正把握高等教育的本质：教育过程到底是理论教育还是实践教育？这是所有问题的核心，明确了这个根本点，相应的施政纲领也就会顺应规律并取得应有的成效。

从本质上来说，一切教育，尤其是高等教育，作为知识的传授过程，都是理论教育过程，而非实践教育。如果以某种极端的形式来表述的话，那么，可以说，实践就是实践，实践仅仅是实践，实践教育不存在于教育过程中，而仅仅存在于实践过程中。同理，大学教育没有实践教育，只有教育实践。大学所实施的专业教育，都是在提供专业领域的理论教育。延伸到可能被某些人视为错误而在我看来仅仅是一种极端表述而已的观点，那就是，甚至连研究生层次的专业学位教育（如 MBA、MTA 教育），都应该明确是从事理论教育的过程。在这里，恐怕不需要再唠叨“什么是理论”这样的基本问题了，我们只需要重提任何人也否认不了的一个事实就可以了：理论来源于实践，理论用于指导实践，但理论不同于实践。换言之，理论是一种知识形式，实践是一种生命状态，两者的差异是根本性的。将正确的理论恰当地应用于实践，会极大地提升人类生命状态的能力和质量，这就是理论的应用价值，这一事实本身也再次明确了理论与实践的区别和联系。在旅游高等教育乃至中国整个高等教育中，当前存在的错误认识是：不管学科的成熟度（即理论的体系化程度）如何，都同时并存着两种教育类型，即理论教育和实践（应用）教育。这种错误思想导致了教育实践的扭曲，其根本点在于，混淆了作为教育之目标的“理论”与作为教育之工具、方法、手段、路径的“实践性教学”（诸如案例教学、情境化教学，总之是“理论联系实践”的教学方式）之间的关系，以至于在不分学科知识深度（如经济学与旅游管理两个学科在理论深度上的巨大差异）的前提下，就把转向

"应用型大学"、实施"应用型教育"以及编写"应用型教材"等一系列误导教育实践的观念和主张贯彻到全国各类高校当中。此类错误教育思想所导致的教育实践方面的荒唐理念和实践，可谓不一而足。本人曾亲历一事：有某出版社曾邀我主编一套针对二本和三本院校旅游管理本科专业的应用型教材，被我拒绝，但此事足可见人们对"应用型"教育理解偏颇到何种程度。因此，从根本上来看，教材建设领域在对待理论与应用的关系这个问题上所流行的舍本逐末、绝源逐流的做法，其实是教育定位问题的一种反映。试想，那种没有理论的应用，究竟能应用个什么呢？

基于这种认识，我提出旅游管理专业本科教材建设的几点建议：

第一，突破理念局限，向着"理论化"方向努力，吸收旅游管理研究领域的最新科研成果，打造一批有理论分量的本科教材。理论总是体现在范畴和命题层面，只有借助于一些新范畴、新命题的提出及其体系化，理论作为一个知识体系才能得以确立。在我的课堂经验中曾有一例，可以用来说明理论知识与单一事实知识之间的区别：我曾不止一次问过所教过的学生，蚊子有几条腿？答案中除了没有1条腿、3条腿的之外，几乎说几条腿的都有。接着，我告诉大家："所有的昆虫，都是6条腿。"这时，大家似乎恍然大悟，大有松了一口气的样子。我告诉学生，这后一个结论，就是昆虫学家的一个科学命题，是一种理论结论，它的特点是抽象表述，表达了从特殊到一般的知识转化过程和结果。昆虫学专业教育的目标，就是告诉学生这个一般性的理论结论，而不是逐个去考证个别事实；但好的教学方式，可能会借助于野外观察的方式（实践教学）来让学生获得这个理论知识。这就体现了"理论教学是目的、实践教学是方法"的教育理念。就目前的旅游管理类本科教材的内容构成来看，缺少的是抽象的理论，充斥的是个别的事实甚至带有极大局限性的对策或行动策略。这样的教科书，在科学性上已经大打折扣了。

第二，旅游管理专业本科教材的建设，也要与人才培养的专业定位和人才规格层次定位相呼应，立足于专业方向，限定在普通高等教育层次，力图在这个经纬交叉点上建立起本科旅游管理专业教材的定位基点。在旅游管理专业的高等教育领域，与旅游学研究的情况相对应的一种糟糕情况是，也同样存在着"泛化"的取向：比如，旅游管理专业的课程设置框架泛化，以至于可以开设旅游医学、旅游保险学、旅游交通学等莫名其妙的课程，并把"旅游××学"作为设置旅游管理专业课的基本思路，殊不知这种以交叉性学科为主的专业课设置思路（名为"交叉"，实为"戴帽"），已经在埋没旅游管理专业的"专业特性"；再比如，每一门课程的内容框架泛化，以至于每一门课都搞前后、左右、上下的关联，让人感觉每一门课的内容中都包容着别一门课的内容，重复度极高。如果再联系到旅游管理专业的授课教师同时承担多门课程（我所知道的是一人最多承担20门，其中有14门专业课程，而通常都在5门左右）这一事实，那么，不难想象，旅游管理专业教科书在内容框架上的彼此缺乏区分度，其实是教师与教材之间长期形成的一个互为因果的循环关系的反映。这种因果链条如果不主动去打破，那么，旅游管理专业本科教育过程中存在的低效率和差效果的局面，必将会持续下去。此外，还存在着普通本科教育因近年来教育主管部门着力推行的就业导向的教育思想而催生出来的“向两边看齐、唯独失却自我”的教育倾向：普通本科专业教育盲目向高职高专教育学习，并将其美称为“应用型”教育模式，或者片面强调研究型教育。以上种种，都是近年来旅游管理普通本科教育因教育思想混乱所引发的教育实践问题。因此，旅游管理专业的教材建设，必须建立在深刻理解作为专业教育和普通本科教育这两个定位维度的根本特性的基础上。

第三，旅游管理专业的教材建设，还应该瞄准人才培养的能力目标来加以组织、建设。其实，大学人才培养的目标往往是复合型的，但每个专业必然有其主导或突出的主体目标，旅游管理专业也不例外，否则，就不成其为专业教育和大学教育。就旅游管理专业而言，依个人浅见，其人才培养的能力目标宜理解为一个“五层金字塔”结构的能力组合，是一个分类、分层的组合结构。具体结构如下：

塔尖层级：对应于专业核心能力，即学习本专业必须具备的最根本能力。由极有限、但必需的课程来加以培养。这一层级是能够在本体论意义上回答“什么是‘旅游管理专业’”这一“专业”核心问题，带有学科知识的纵向区分功能。一般地，用以构造一个专业与其他专业根本区分度的课程，是这个专业独特的、专属的少数几门核心基础课。就当前中国旅游管理本科教育层次而言，最为迷失的就是这一层级。这种迷失的表现是：在旅游教育界，人们很难就几门核心基础课程达成基本的共识。

塔檐层级：对应于专业发展能力，即学习本专业必须具备的专业核心能力。由有限的，但必需的、能形成专业核心能力的重要课程来加以培养。就当前中国旅游管理专业普通本科教育层次而言，应属于那些能够构成旅游管理专业基本特色和独特知识保护带的“自足性分支学科”，即可以表述为“××旅游学”形态的知识内容。毋庸讳言，目前此类课程的建设是比较弱的，甚至是有结构性缺欠的，也是旅游教育界未来应积极、自觉地加以巩固和拓展的知识领域。只有这一层级与塔尖层级的完美结合，才能构筑旅游管理专业独特的知识样貌，其学科独立性才能得以彰显。

塔腰层级：对应于专业拓展能力，即学习本专业应该具备的专业巩固能力。由有限的，但相关的、能助成专业延展能力的相关课程来加以培养。在旅游管理普通本科教育当中，传统上是由“旅游××学”+各类旅游企业管理的分支学科构成这一层级的主体课程，其发育程度相对较好，但因其长期位于塔尖、塔檐两个层级之间而导致了本专业特色的迷失，这是值得警觉和应予调整、复位的。

塔座层级：对应于专业转换能力，即学习本专业应该具备的专业转换能力。由一些体现本校特色和优势、与本专业有所关联的“院校平台课”来加以培养。通常，一些财经和管理类大学会通过设立诸如统计学、经济学、管理学、会计学、财政学等平台课程来培养学生的专业转换能力，或者通过大类招生等办学模式来达到这一目标。其他一些以外语或文史类为特色的大学，也可能在其平台课的设置中寻求旅游管理专业中的外语或人文特色。

塔基层级：对应于人生成就能力，即作为本科教育层次毕业生的基本能力。由一些能体现大学教育层次、养成本专业人才所需要的综合品质的大学共同课来培养。本层级的课程几乎不带有专业色彩，但却充分展现了层次水平，是构成大学生和非大学生在普通人文及自然科学知识领域上层级区分的基本课程。

以上所论，无非个人的区区之见，未必得体。正如本人在第一版序言中曾指出的那样：教材建设实际上是科学研究成就的反映，是与学术论文、学术专著相关联的知识链条。教材内容的深刻性、系统化程度以及整体协调性，是一个学科长期积累的结果。就旅游管理专业而言，在短短的三四十年的历史中，是不可能一下子达到完善的程度的。好在我们身在其中的每个人，都在为这个目标而努力，而最终呈现给世人的究竟是一个怎样的结果，那也只好留待教材的使用者批评、指正了。

是为序。

谢彦君
2016 年 3 月 7 日
于灵水湖畔

目　　录

第1章 旅行社概述

【学习目标】

通过本章的学习，可以了解旅行社的概念和分类，以及旅行社职能和主要业务、责任，熟悉中外旅行社产生和发展的过程。

【内容结构】

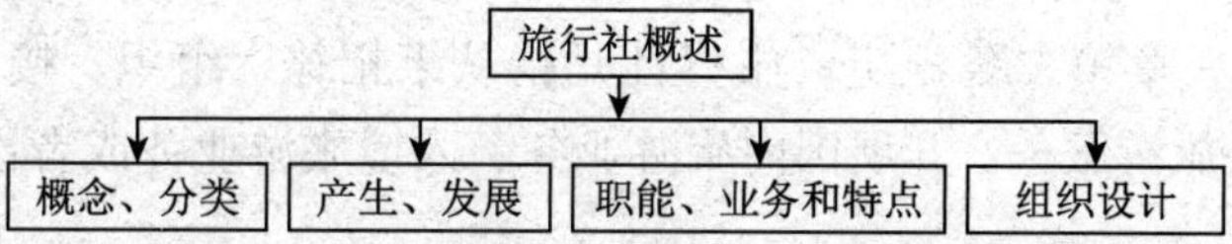

【重要概念】

旅行社　旅行社的职能　旅行社的业务　旅行社历史与演化

旅行作为一种长期客观存在的人类活动，是由旅游主体、旅游客体、旅游媒体三个基本要素构成的。现代意义上的旅游业是建立在旅游客体和旅游媒体基础上的。旅游媒体的主角自然非旅行社莫属，世界上最早的旅行社产生于 19 世纪 40 年代的英国，而我国最早的旅行社诞生于 20 世纪 20 年代的上海。随着世界范围内旅游业的发展和繁荣，旅行社已经发展成为世界旅游业的三大支柱之一。在我国旅游业强劲发展的形势下，旅行社也扮演着极其重要的角色。

第 1 节　旅行社的概念和分类

一、旅行社的概念

旅行社是旅游业的三大支柱之一，在旅游业中起着龙头和纽带的作用。在我国，“旅行社”的英文翻译主要有 travel agency、travel service、tourist agency 等。其中，travel service 的译法历史较为悠久，不少人认为这是我国的专用词汇。事实上，随着人们对旅游的认识，认为使用 travel agency 一词更为恰当。有的非英语国家（如韩国）也用 tourist bureau 来表示旅行社。对于旅行社的概念，一般可以从法律的角度和现象学的角度来加以定义。

（1）法律角度的定义。2009 年 2 月 20 日，中华人民共和国国务院 550 号令发布的《旅行社条例》第一章第二条规定：旅行社是指从事招徕、组织、接待旅游者等活动，为旅游者提供相关旅游服务，开展国内旅游业务、入境旅游业务或者出境旅游业务的企业法人。

（2）现象学角度的定义。研究旅游的学者更多是从旅游现象的角度来定义旅行社的。当然，东、西方学者对旅行社的定义有一定的区别。如表 1－1 所示，在强调旅行的本质概念这一点上学者们的观点是比较一致的。但是东方的学者把旅行社定义聚焦在引荐及中介手段上，而西方学者们则强调旅行社在产品的生产、销售和营销等方面的作用。

随着社会环境的复杂化和人类旅行活动形式的多元化，旅行社的功能也在发生着变化。在旅游业未成熟时期，旅行社只是发挥中介等有限的功能。而到了现代社会，旅行社在企业经营环境下，除了原有的中介功能外，更强调产品的生产、销售和营销等功能。这种旅行社功能的扩充，有利于把握真实的消费需求，从而开发出多样化的产品满足各种潜在的消费群体的需要。

表 1－1　东西方学者对旅行社的不同定义

区分	学者/组织	定义内容
东方	梁智（中国，1999）	是一种社会服务性企业，以招徕和接待旅游者并向旅游者提供相关服务作为主要经营业务，是我国旅游业的三大支柱产业之一
	丁力（中国，1998）	是旅游产品的重要流通环节，是沟通旅游消费者和旅游生产者的中介组织

续表

区分	学者/组织	定义内容
东方	尹大淳（韩国，1996）	为旅游产品生产企业提供中介服务，销售其他旅游企业产品的使用权，以及其他相关业务的事业
	郑益骏（韩国，1995）	在旅游者和交通部门、住宿部门等旅游相关企业之间，通过为旅游者提供设施使用权和中介服务来获取报酬的事业
西方	ASTA（美国旅行社协会，1989）	代替相关旅游企业与第三者签署协议，且有权变更或取消这个协议的事业者
	Michael M. Coltman（1989）	在旅游者和旅行服务供应商之间进行航空、酒店、船舶等的预订或从事其他业务的事业者
	Chuky Y. Gee（1984）	为旅游者制定行程，安排交通、餐饮、住宿等，策划宣传吸引旅游者的旅游线路，招徕和接待旅游团体的事业者
	Louis Harris（1984）	除了销售已经设计好的组合包价旅游产品以外，制定散客旅游日程，安排酒店、汽车旅馆、度假村、餐饮和机场之间货物和乘客的输送，向旅游者提供旅行信息，并以这些服务作为代价收取手续费的事业者
	McIntosh&Goeldner（1986）	在特定地区依法设立的，为旅游产品供应商提供代理服务的事业者

鉴于以上解释，笔者把旅行社定义为从事策划、生产、销售旅行社产品，招徕、接待旅游者，为旅游者提供中介等服务并转让旅游企业使用权以及其他相关旅游业务，并从中赢利的企业。

二、旅行社的分类

（一）我国旅行社的分类

中华人民共和国成立以来，我国旅行社经历了四个发展阶段。在不同的阶段，旅行社的分类标准与原则也不同。

第一阶段为 1949 年 10 月至 1985 年 4 月。在这一期间，我国先后成立了中国国际旅行社、中国华侨旅行社、中国旅行社和中国青年旅行社四大旅行社。根据所接待的旅游者类型不同，将旅行社划分为三类：第一类是中国国际旅行社；第二类是中国华侨旅行社和中国旅行社；第三类是中国青年旅行社。其中，中国国际旅行社专门从事外国旅游者的接待业务；中国华侨旅行社和中国旅行社专门负责接待来中国内地旅游、探亲的华侨、港澳台同胞和外籍华人四种旅行者；中国青年旅行社负责接待来中国内地旅游、探亲的华侨、港澳台同胞和外籍华人四种人群中的青年旅游者。

第二阶段为 1985 年 5 月至 1996 年 9 月。在这一阶段，按照 1985 年 5 月颁布的《旅行社管理条例》将旅行社划分为三类，即一类旅行社、二类旅行社和三类旅行社。一类旅行社具有招徕和接待外国人及华侨等四种旅行者的双重功能；二类旅行社不具备对外招徕功能，只能经营、接待外国人及华侨等几种旅行者；三类旅行社只能经营中国公民国内旅游业务。

第三阶段为 1996 年 10 月至 2009 年 4 月。根据国务院 1996 年发布的《旅行社管理条例》，我国的旅行社按照经营的业务范围划分为国际旅行社和国内旅行社两种类型。

1. 国际旅行社

国际旅行社的经营范围包括入境旅游业务、出境旅游业务和国内旅游业务。具体来说，国际旅行社的经营范围涵盖以下几项：

（1）招徕外国旅游者来中国旅游，接待华侨归国与香港、澳门、台湾同胞回内地旅游，为其代理交通、游览、住宿、饮食、购物、娱乐等事务，提供导游、托运行李等相关服务，并接受旅游者委托，为旅游者代办入境手续。

（2）招徕我国旅游者在国内旅游，为其代理交通、游览、住宿、饮食、购物、娱乐事务及提供导游、托运行李等相关服务。

（3）经国家旅游局批准，组织中华人民共和国境内居民到国外或我国香港、澳门、台湾地区旅游，为其安排领队、委托接待及托运行李等相关服务，并接受旅游者委托，为旅游者代办出境及签证手续。

（4）经国家旅游局批准，组织中华人民共和国境内居民到规定的与我国接壤国家的边境地区旅游，为其安排领队、委托接待及托运行李等相关服务，并接受旅游者委托，为旅游者代办出境及签证手续。

（5）国家旅游局规定的其他旅游业务。

未经国家旅游局批准，任何旅行社不得经营中华人民共和国境内居民出国旅游业务、港澳台旅游业务和边境旅游业务。

2. 国内旅行社

国内旅行社的经营范围限于国内旅游业务。具体说来国内旅行社可以经营下列业务：

（1）招徕我国旅游者在国内旅游，为其代理交通、游览、住宿、饮食、购物、娱乐事务及提供导游等相关服务。

（2）为我国旅游者代购、代订国内交通客票、提供托运行李服务。

（3）经国家旅游局规定的与国内旅游有关的其他业务。

实际上，根据国家旅游局发布的《旅行社质量保证金暂行规定》，目前我国的国际旅行社可以进一步区分为经营国际招徕和接待业务的旅行社（含经国家旅游局许可设立的中外合资旅行社）、经营国际旅游接待业务的旅行社、特许经营出国（出境）旅游业务的旅行社等类型。

第四阶段为 2009 年 5 月至今。根据中华人民共和国国务院 550 号令发布的《旅行社条例》第二章第六条关于旅行社设立的具体条件的规定，对旅行社不再进行分类，让以前的旅行社划分标准成为过去。

（二）欧美国家旅行社的分类

在以欧美国家为代表的旅游业发达国家，旅行社的分类基本采用垂直分工体系，按照业务范围将旅行社划分为旅游经营商（Tour Operator）、旅游批发商（Tour Wholesaler）和旅游零售商（Tour Retailer）三类。也存在两类的划分方法，这种方法忽略旅游经营商和旅游批发商之间的差别，将旅行社分为批发旅游经营商（Wholesale Tour Operator）和旅游零售商（Tour Retailer）两类。

（1）旅游经营商。旅游经营商是指那些组织并销售旅游产品的旅行社。这类旅行社往往具有很强的经济实力和广泛的社会关系，他们按照预先设计的旅游线路和年度销售计划，以优惠的价格向旅游目的地景区、交通部门、饭店等部门预订产品，批量购买，对产品进行加工和组合，形成自己的各类产品，再通过旅游代理商销售给旅游者。有自己零售网点的旅游经营商，也自行销售产品。

（2）旅游批发商。旅游批发商是通过中间人出售自己的包价旅游产品，一般不从事零售，通常通过购买并组合现成的服务，形成新的包价旅游产品。旅游批发商与旅游目的地景区、交通部门、饭店等旅游产品供应部门签订合同，并且根据旅游者的实际需求，设计、组合出各类包价旅游产品，然后交给旅游零售商去销售。同时旅游批发商每年都要编制自己的旅游线路和价格手册，组织广告宣传和其他促销活动，并负责向旅游零售商提供咨询服务。

（3）旅游零售商。旅游零售商一般不预订基本旅游部门供给的产品，也不组合自己的旅游线路，而是通过代理的契约关系销售旅游经营商的旅游线路，或代理饭店、航空公司等部门向游客进行销售，然后以佣金的形式从旅游经营商或其他供给部门取得报酬。零售商通常可以直接通过旅游经营商或饭店、航空公司等部门的预订系统为游客进行预订。另外，还可以提供出售旅行支票、代办护照及签证、办理旅游保险等单项服务项目。

（三）日本旅行业的分类

旅行社在日本被称为旅行业。日本在 1952 年颁布了《旅行业法》，其后经过八次修改。1995 年做了较大的修正，于 1996 年 4 月 1 日实施。根据日本的新《旅行业法》，日本的旅行业可划分为三类，即一般旅行业、国内旅行业、旅行业代理店。

（1）一般旅行业。这种旅行业可从事入境旅游、国内旅游和出境旅游三种业务，主要开展对外旅行业务。它们的规模都很大，如日本交通公社、日本旅行业、名古屋铁道旅游服务公司和日本运通公司等，其职工都在 1000 人以上。

（2）国内旅行业。这种旅行业可从事国内旅行（包括接待外国人在日本国内旅行）业务。与前者比较，它们的规模较小，职工多数不超过 10 人，营业部不超过 3 个。它们的活动范围较小，最多不超过附近的邻县邻府。

（3）旅行业代理店。依照注册登记所批准的业务范围，可作为一般旅行业的代理店，从事其相同的业务；也可作为国内旅行业的代理店，从事与其相同的业务。这种旅行业的规模一般都较小。

同时，日本《旅行业法》按照是否实施主催旅行及是否实施海外（出境）主催旅行，把旅行业分为三种，不再单纯按是否从事海外旅行业务区分旅行业种类。第一种旅行业指可实施海外和国内主催旅行的旅行业；第二种旅行业指只实施国内主催旅行的旅行业；第三种旅行业不实施主催旅行。

主催旅行在日本《旅行业法》中定义为：旅行业者事先确定旅游的目的地及行程、旅游者能够获得的交通及住宿服务内容、旅游者应对旅行业者支付的代价等有关事项的旅游计划，通过广告或其他方法募集旅游者而实施的旅行。它相当于我国的包价旅游。

（四）韩国旅行社的分类

根据《观光事业法》，韩国的所有旅行社必须向政府注册。旅行社分为一般旅行社、海外旅行社和国内旅行社三种类型。

（1）一般旅行社（General Travel Agency）。和综合贸易商社一样，一般旅行社可以受理所有类型的旅行业务。即可以从事国内旅行（Domestic Tour）业务、入境旅行（Inbound Tour）业务和出境旅行（Outbound Tour）业务。它可以针对国内、国外旅游者开发销售旅行社产品，进行接待、导游和其他诸多业务。

（2）海外旅行社（Overseas Travel Agency）。海外旅行社向准备去海外旅行的国内游客提供销售机票、为其办理护照和签证等业务。这种旅行社最初具有航空公司代理店的性质，自1982年修改《观光事业法》以后改称“旅行代理店”。到了1986年12月，以修改《观光振兴法》为契机开始使用现在的名称。这种旅行社可以与航空公司签署机票代理销售合同的总公司的名义从事海外旅行业务。这类旅行社的特点是注册简单、投资小、容易管理，因此这种旅行社的数量每年都在增加。在出境旅游市场中，这类旅行社与一般旅行社存在激烈的竞争。

（3）国内旅行社（Domestic Travel Agency）。这是针对国内旅游者开发销售旅行社产品，从事中介、接待、导游业务的旅行社。这类旅行社属于地方自治团体管辖，除了从事招徕旅游者的业务以外还从事代售国内机票、铁路火车票、高速公路客车票、酒店优惠券等业务，还可以从事汽车租赁业务。租赁业务收入占这类旅行社收入的很大比重，这是一个比较特殊的现象。

第2节 旅行社的产生与发展

纵观世界旅游业的发展史，不难发现，旅游业发展实际上是人类社会发展的一个侧面，它是社会生产发展到一定水平的产物，是在旅游活动日益商品化的基础上产生的。旅行社的产生也与当时商品经济、科学技术和社会分工的发展有着直接、密切的关系。

可以说，旅行社是人类活动发展到一定阶段的必然结果。

一、西方旅行社的产生和发展

（一）西方旅行社的产生

1. 历史背景

旅行社是人类活动发展到一定阶段的产物。19 世纪初期，旅行在很多方面已具有现代意义上的旅游特征。其中，产业革命是现代旅游产生的基本条件。

从旅游需求方面看，是产业革命促使现代意义上的旅游需求的产生与发展：①产业革命使旅游的阶层日益广泛。产业革命使社会结构发生重大变化（主要是资产阶级的产生和壮大），旅游已不再是上层社会、达官显贵的专属消遣。②产业革命使人们追求宁静、放松生活的欲望日益强烈。一方面，产业革命加速了城市化的进程，人们的生活和工作重心从农村转移到工业城市。这一变化最终导致游客们适时逃避城市生活的紧张节奏、拥挤嘈杂的环境压力的需要和对回归宁静的大自然的追求；另一方面，产业革命改变了人们的工作性质。随着大量人口拥入城市，原先那种随农时变化而忙闲有致的多样性农业劳动，开始为枯燥、重复的单一性大机器工业劳动所取代，致使人们产生了强烈的度假要求。

从供给方面看，产业革命带来的科技进步为现代旅游的实现创造了根本条件。1769 年詹姆斯·瓦特发明了蒸汽机，并很快应用在交通工具上。1807 年美国“克莱蒙特”号在哈德逊河上开辟了定期航班，载人运货。1838 年英国的“西留斯”号蒸汽轮船首次成功横渡大西洋，从此欧洲与美洲大陆的距离大大缩短。蒸汽机技术在交通运输中的应用，为旅行提供了快速省时、低价方便、运输量大的交通工具，终于使大规模的人口流动成为可能。

铁路的兴建和蒸汽机车的试运行成功，从根本上改善了当时的陆路交通状况，为旅游业的进一步发展奠定了坚实的基础。1825 年享有“铁路之父”之称的英国人乔治·史蒂文森使英国斯托克顿和达林顿之间铁路通车。1838 年，美国铁路首次载客运输，由于铁路速度快、费用低、时间短，越来越多的人选择乘火车旅行。

综上所述，产业革命使得当时整个社会经济高速发展，极大地改变了人类社会经济生活。19 世纪中叶，西欧、北美各国社会经济基础稳固，旅游需求和旅游供应格局初步形成。虽然当时出现的交通工具和相应的膳宿等服务设施并非专门为旅行者提供，但就现代意义上的旅游客体而言，旅游经济活动进行的条件得到充分的保障，旅行社产生的时机已经成熟。

2. 托马斯·库克父子公司的诞生

西方旅行社的产生，起源于托马斯·库克创办的世界上第一家组织团体旅游和散客旅游的旅行社。

在托马斯·库克之前已经存在为别人安排旅行的组织和个人，如中世纪的马赛商人，以及 14 世纪和 15 世纪威尼斯教会组织了朝圣旅行；德国出版商卡尔·贝德克尔（Karl Baedeker）编写并出版了旅行指南；英国人托马斯·贝纳特（Thomas Bennet）组织了个人包价旅游。与托马斯·库克不同，他们都没有将组织旅行活动作为自己的正式职业，只有托马斯·库克才是世界上第一位专职旅行代理商。

1841 年 7 月 5 日，托马斯·库克利用包租火车的方式组织了世界上第一次团体火车旅行。旅游团共 570 人，他们以每人 1 先令的票价从莱斯特乘车到拉夫伯勒参加禁酒大会，从此托马斯·库克名声大振。1845 年，库克在英国莱斯特正式成立了托马斯·库克旅行社，开始专门从事旅行代理业务，从而成为世界上第一位专职的旅行代理商。

此后，托马斯·库克的业务经营范围和影响不断扩大。1845 年，为组织到利物浦的观光旅游，库克整理出版了《利物浦之行指南》；1855 年，库克以包价的形式组织了赴法国的旅行；1862 年，库克把团体旅游者的交通和酒店住宿等服务项目捆绑在一起，形成了系统化的旅游中介。1865 年，库克与儿子约翰梅森·库克（John Mason Cook）联合在原有公司的基础上创办了托马斯·库克父子公司（中文翻译为“通济隆旅行社”），并将营业地点迁往伦敦。他们以后又相继在美洲、非洲和亚洲设立分公司，并于 1872 年利用船舶成功进行了 9 人 222 天的环球旅行，为近代营业形式的旅行社的发展作出了卓越的贡献。从此之后，托马斯·库克公司成为世界上声名显赫的旅行社，托马斯·库克也成为旅游的代名词而在欧美地区尽人皆知。

托马斯·库克开创了世界旅游史的许多个第一，如第一次团体火车旅行（莱斯特—拉夫伯勒之旅），第一次国际旅游（法国之旅），第一次环球旅游（9 人环球旅游），第一本旅游指南《利物浦之行指南》等。托马斯·库克对于旅游业发展的贡献，不仅在于他开创了近代旅游业，而且表现在他面向大众、薄利多销，推动了旅游的社会化，促进了旅游业的迅速发展。

因此，托马斯·库克的经营理念到今天仍然被奉为旅行社的经营指南，人们称之为“库克原理”（Cook's Principle）：

（1）旅行社是服务组织（instrument of service：professional ethics）。

（2）薄利多销是快速赢利的法宝（a quick – returns policy：small profits quick returns）。旅行社产品的价格需求弹性较大，这就意味着产品价格的提高会带来较大的需求下降；相反价格下降会导致较大的需求提高。交通部门和住宿设施固定成本（fixed cost）的比率较高，所以虽然降低价格会使单位利润减少，然而消费总量增加所带来的总收入增加足以弥补前者的减少，甚至远远超过前者。因此，降低旅行社产品单价或者使用团体折扣价格，将增加产品的销售量，为旅游者和旅游设施的所有者双方带来利益。

（3）旅行社产品具有无形性，所以尽量把提供给消费者的旅行社产品中的服务部分进行有形化。同时，需要不断开发有创意的新产品，并对新产品的开发进行持续的投资和研究。

（4）为招徕团队旅游进行广泛的宣传促销活动。为了诱发旅游者的旅游需求，提高其购买产品时的信赖度，需要制作、发布宣传小册子和活页，选派有经验的导游去陪伴游客，保证游客安全和旅游活动的顺利进行。

（二）西方旅行社的发展

继托马斯·库克之后，为适应人们不断增长的旅游需求，旅行社在世界各地迅速发展起来。19世纪下半叶，欧洲成立了许多类似的旅游组织。英国1857年成立了登山俱乐部，1885年成立了帐篷俱乐部；法国、德国于1890年成立了观光俱乐部；美国运通公司于1850年起兼营旅行代理业务，并于1891年发售了与现代使用方法相同的旅行支票。到20世纪初期，旅行社得到更大的发展，美国的运通公司、英国的托马斯·库克公司和以比利时为主的铁路卧车公司成为当时世界旅行社业的三大巨头。第二次世界大战以后，世界范围内的旅游业出现了迅速发展的局面，旅行社也进入了一个高速发展的时期。

目前世界上旅行社最多的地区是北美和欧洲。这两个地区旅行社合计约占世界旅行社总数的80%以上。可见，旅行社的数量和分布范围，与各地区经济、旅游业发达程度有直接关系。

由于全球旅行社业规模的进一步扩大，目前已经形成多个国际性或地区性的旅行社组织。其中以世界旅行社协会和世界旅行社协会联合会的影响最大。

二、我国旅行社的产生和发展

（一）我国旅行社的产生

我国旅行社起步于20世纪20年代。1923年，当时主持上海商业储蓄银行工作的陈光甫先生在上海创办了上海商业储蓄银行旅行部，开始为旅客代购车船票、预订旅馆、派遣导游、代管行李和发行旅行支票等。1924年该旅行部组织了首批国内旅行团。1927年该部独立并更名为中国旅行社，现为香港中国旅行社股份有限公司。

中国第一家旅行社的产生，有其社会发展背景，归纳起来主要有以下几个方面的因素：

（1）社会经济发展呈上升趋势，为工商贸易旅游的兴起奠定了物质基础。第一次世界大战期间，由于欧美帝国主义忙于战争，一些国家暂时放松了对中国的经济侵略，加之对各种战略物资需求的增加，为中国民族资本主义发展提供了一个有利契机。战后几年，中国经济仍获得了相当大的发展。以工业和贸易的发展为例，1912～1949年期间的中国工业年平均增长率为5.6%，而1912～1920年期间的增长率则为13.4%。

（2）近代交通工具与近代旅馆业的发展为旅游业的兴起提供了动力与必备条件。在陆路运输方面，1895～1913年，中国出现了第一次铺设铁路的高潮，初步奠定了中国近代铁路的基本布局。第一次世界大战爆发后，中国建设铁路网的工作仍有所进展，到1919年时，全国筑路里程为11142.64公里。到1927年，中国公路总计长29000余公里。

上海至宁波的沪宁线与上海至杭州的沪杭线分别于 1908 年与 1909 年建成并通车，乘客人数逐年上升。在海运方面，1914～1923 年期间旧式帆船以每年 4.4% 的速率递减，而轮船则发展较快，到 1923 年时，国内已出现了 28 家外资轮船公司和 25 家资本逾万元的华商轮船公司。它们既在内河航运，也航行外海。同时，外国轮船频繁地往来于各通商口岸。20 世纪初，随着交通运输的发展，中国旅馆业发生了突破性的变化，新式旅馆等新的旅游设施开始在中国出现。西式旅馆、中西式旅馆等一批不同于传统客栈业的现代旅馆相继开业。

（3）城市化与城市近代化进程的加快，使城市成为旅游业发展的中心。中国近代城市在很大程度上是伴随着外来因素的刺激和影响而发展的，城市成为旅游客源地的同时也成为旅游目的地。西方政治、经济、文化的渗透，使中国的城市最先接触到西方的科技文明、工业文明、城市建设和管理文明，尤其是上海，1890～1910 年，其人口从 82.5 万人猛增到 128.9 万人，成为近代中国第一大城市，号称“东方第一大都会”，近代化的程度最高，因而它也就成为当时最重要的旅游目的地之一。

（4）文化观念的近代化为旅游业发展提供了内在动力。上海由于独特的历史和地理条件，受西方影响最大。而在其传统习俗中，本来就有着喜爱游乐的风尚。上海民众喜欢在春节期间进行诸如逛庙会之类的游乐活动。而随着上海的开埠，西方文化的输入，以及与西方人的接触日益增多，上海民众在原有的习俗基础上，其娱乐方式更是刮起了一股强劲的仿西方人之风，出外旅行成为时尚。

（5）在中国设置的外国旅行代理分支机构，为中国旅游企业的兴起提供了借鉴的窗口。进入 20 世纪不久，一些外国旅行代理机构纷纷进驻中国，对中国的旅行代理进行垄断，如英国的通济隆（即托马斯·库克父子公司）、美国的运通、日本的国际观光局等。这些旅行机构有着多年的历史和丰富的经验，其中，英国的通济隆在世界各地均设有分社及代理店，代售车船客票、创办杂志、发行旅行支票等，并与主要的交通业和转运公司都订有互相代理合作契约。1912 年成立的日本国际观光局，则与日本国内其他有关旅游各业合作，共同发展旅行事业。

（二）我国旅行社的发展

中国旅行社的发展可以划分为中华人民共和国成立前时期、改革开放前时期、中国旅行社行业初创阶段和中国旅行社行业增长阶段。

1. 中华人民共和国成立前时期（1923～1948 年）

在这一时期，由于战乱和中国经济的不发达，中国的旅游事业规模很小，发展缓慢，旅行社寥寥无几，其中最著名的旅行社是当时上海的中国旅行社。1923 年，爱国人士陈光甫在上海商业储备银行设立的旅行部，是我国最早的旅行社。

2. 改革开放前时期（1949～1978 年）

中华人民共和国成立以后，厦门华侨服务社于 1949 年 11 月 19 日在福建省厦门市成立，成为中华人民共和国成立后的第一家旅行社，这也是中国旅行社的前身。此后，我国又先后在北京成立了中国国际旅行社（1954 年）和华侨旅行社（1957 年），这两家旅行社分别在各地设立分（支）社，形成两个旅行社系统。中国国际旅行社负责接待外国自费旅游者；华侨旅行社以后更名为中国旅行社，负责接待海外华侨、外籍华人，以及香港、澳门和台湾同胞。在这个时期，旅行社业务，积累了不少经验，培养了一批人才，为今后发展奠定了基础。

3. 中国旅行社行业初创阶段（1979 ~ 1989 年）

1979 年中国青年旅行社在北京成立，标志着中国旅行社行业三足鼎立局面的形成。在初创阶段，中国旅行社有两件具有重大意义的事件：一是 1984 年旅游外联权的下放，它是中国旅行社行业迅速发展的重要原因；二是 1985 年《旅行社管理暂行条例》的颁布，这是我国旅行社行业的第一部管理法规，标志着国家开始对旅行社实施相对独立的行业管理。

4. 中国旅行社行业增长阶段

这个阶段还可以进一步分成快速增长阶段（1990 ~ 1994 年）、结构调整阶段（1995 ~ 2001 年）和全面开放阶段（2002 ~ 2008 年）、稳步发展阶段（2009 年至今）。

（1）快速增长阶段（1990 ~ 1994 年）。在此期间，中国政府开始允许中国公民出国探亲和旅游。中国大陆成为仅次于日本、中国香港和台湾地区的亚洲第四大旅游客源地。在中国出境旅游崛起的同时，国内旅游保持持续发展。据国家旅游局统计，1994 年中国国内旅游人数达 5.24 亿人次，比上年增长 27.8%，国内旅游收入达 1023.51 亿元人民币，比上年增长 18.5%，城镇居民国内旅游出游人均花费为 414.67 元。国际入境旅游的恢复和发展、出境旅游的崛起和国内旅游的持续增长，有力地促进了中国旅行社的发展。全国的旅行社总数从 1990 年的 1603 家增加到 1994 年的 4382 家。招商、康辉、铁旅等一批旅行社在市场竞争中成长起来。

（2）结构调整阶段（1995 ~ 2001 年）。中国旅行社行业蓬勃发展的同时，也出现了许多问题，突出表现为市场秩序混乱。国家旅游局自 1995 年 1 月 1 日起，开始依照国际惯例实行旅行社质量保证金制度，先后颁布并实施了《旅行社质量保证金暂行规定》《旅行社质量保证金暂行规定实施细则》《旅行社质量保证金赔偿暂行办法》《旅行社质量保证金赔偿试行标准》。1996 年 10 月 15 日，国务院第 205 号令发布的《旅行社管理条例》和稍后由国家旅游局发布的《旅行社管理条例实施细则》，对于我国旅行社行业结构性调整起到了积极的作用。1997 年，根据《旅行社管理条例》，顺利实现一、二、三类旅行社向国际旅行社、国内旅行社的转变。截至 2001 年年底，中国共有旅行社 10716 家，其中国际旅行社 1319 家、国内旅行社 9397 家。与此同时，国家旅游局 1997 年发布的《旅行社经理资格认证管理规定》和国务院 1999 年发布的《导游人员管理条例》对于提高旅行社的素质、质量和信誉起到了积极的促进作用。

为适应全球服务贸易自由化的趋势，我国在先期允许在国家度假区内开办中外合资旅行社的基础上，国家旅游局和对外贸易经济合作部又于1998年12月联合发布了《中外合资旅行社试点暂行规定》，开始了我国旅行社市场开放的进程。

（3）全面开放阶段（2002～2008年）。为适应加入世界贸易组织对外资进入的需要，新修订的《旅行社管理条例》根据中国政府针对旅行社业的开放承诺，增加了“外商投资旅行社的特别规定”章节，对外商投资旅行社的资格、条件和程序进行了规定。2002年7月1日开始实行的《中国公民出境旅游管理办法》则标志着中国出境旅游市场在国际服务贸易市场上将发挥越来越重要的作用。同时，也意味着旅游进口已经达到了相应的规模，开始走向成熟。

2003年，“非典”疫情使得旅游业成为受影响最大的行业之一。尽管如此，中国在2003年的“十一”黄金周旅游业再度红火，全国共接待旅游者8999万人次，实现旅游收入346亿元，旅游者人均花费384元，均为历次黄金周中最高纪录。2003年10月20日约旦正式成为中国旅游目的地，10月31日欧盟12国草签为中国旅游目的地；同年10月，世界旅游组织（WTO）大会在北京召开，大会预计，2020年中国将成为世界第四大入境国和第一大出境客源国。2002年7月12日，中国政府正式允许符合条件的外商在中国设立控股或独资旅行社。日航旅行和德国TUI集团先后抢注在华建立首家外商独资旅行社和首家外资控股旅行社。

2004年11月10日，国旅总社与中国免税品总公司合并重组成立中国国旅集团公司，成为中国最大的旅游集团。同年11月24日，国务院国有资产监督管理委员会批准中国中旅（集团）公司与中国旅游商贸服务公司合并重组，使中旅集团成为中国最大的旅游企业之一。

2005年5月12日，中国与爱尔兰签署《关于中国旅游团赴爱尔兰旅游签证及相关事宜谅解备忘录》，爱尔兰正式成为我国的旅游目的地国家。至此，欧盟25个国家全部成为中国公民旅游目的地。

2006年又新开放15个国家和地区，中国公民出境旅游目的地总量达132个，其中已实施86个，为促进双边和多边关系发展，发挥了积极作用。

2006年三大市场继续保持平稳较快发展。全年入境旅游保持平稳增长态势，特别是外国人入境旅游市场呈现较快发展势头。国内旅游在扩大内需、促进消费的战略推动下，以其良好的成长性继续保持快速增长，消费大众化、常态化趋势更加明显。出国（境）旅游继续快速增长，出游方式更趋灵活，目的地选择更为多样化。

2008年，我国旅游业随同整个国家的发展经历了极不寻常的历程。北京成功举办奥运会，实现了民族百年期盼；神七飞船成功发射，实现了我国空间技术里程碑式的跨越。同时经历了南方低温雨雪冰冻灾害、汶川特大地震灾害的严峻考验，经受了国际金融危机不断蔓延和扩散的严重冲击。即便如此，我国旅游业还是保持了比较平稳的发展。

在国际旅游交流方面也呈现了新的局面。到2008年年底，开放中国公民出境旅游目的地国家和地区达137个，其中实施96个。旅游多双边国际合作得到巩固和提升。第三届中日韩旅游部长会议顺利举办，发表了《釜山宣言》，中日韩旅游交流不断深入；召开了第二届“中美省州旅游局长合作发展对话会议”，举办了“世界旅游城市市长论坛”；与俄罗斯联邦旅游署签署了《关于落实两国政府旅游合作协定的计划》；参加了中国与新加坡、秘鲁、智利等国的自贸区谈判，推进了多双边国际旅游交流。不断深化与旅游国际组织的合作，与世界旅游组织、联合国教科文组织、安徽省政府共同主办了“世界遗产地旅游管理和可持续发展国际会议”，与世界旅游组织共同签署了《旅游扶贫合作备忘录》，与亚太旅游协会、南太平洋旅游组织、世界旅游旅行理事会的联系更加紧密。中国在国际旅游事务中的话语权进一步增强，国际影响力进一步提升。在国际金融危机对全球旅游业造成巨大冲击的情况下，上海国际旅游交易会仍然吸引了106个国家和地区参展，参展的国家、地区和企业数量再创历届之最。

到2008年年底，全国旅行社19800多家，其中国际旅行社1800多家，国内旅行社18000多家。国内旅游人数达17亿人次，增长约6%；国内旅游收入8700亿元，增长约12%；入境旅游人数1.30亿人次，下降约2%；入境过夜旅游人数5300万人次，下降约3%；旅游外汇收入400亿美元，下降约5%；出境旅游人数4600万人次，增长约12%；旅游总收入达1.14万亿元，增长约4%。

（4）稳步发展阶段（2009年至今）。2009年是我国旅游业经受考验和挑战的一年，是国务院和各级党委政府对旅游业发展高度重视、旅游产业地位和发展环境明显提升的一年，是全国旅游行业化挑战为机遇，迈向历史新起点的一年。

自2009年开始，国家相继出台了几部新的旅游法律法规，对旅游业的发展有着非常重要的意义。《旅行社条例》于2009年1月21日国务院第47次常务会议通过。自2009年5月1日起施行。《旅游投诉处理办法》于2010年1月4日国家旅游局第一次局长办公会议审议通过，自2010年7月1日起施行。《旅行社质量保证金暂行规定》《旅行社质量保证金暂行规定实施细则》《旅行社质量保证金赔偿暂行办法》同时废止。国家旅游局于2009年11月初召开全国旅游保险工作会议，并于2009年12月2日下发《关于开展2010年度旅行社责任保险统保示范项目的通知》（旅办发〔2009〕189号）。根据《旅行社条例》和国家旅游局《旅游统计调查制度》（2009年10月修订）的规定，原旅行社年检制度调整为旅行社统计调查工作，旅行社只在网上填报有关经营数据。尤其是《中华人民共和国旅游法》由中华人民共和国第十二届全国人民代表大会常务委员会第二次会议于2013年4月25日通过，自2013年10月1日起正式施行。国家对旅游法律法规的一系列改动说明旅游法律法规在逐步完善，针对新形势下我国旅游业发展过程中出现的新问题提出了具体、有效的措施。

同时，旅游标准化和制度建设也得到加强，发布了《旅游服务质量提升纲要》和《关于加强旅游服务质量和市场秩序监督管理工作的意见》，制定了《全国旅游标准化发展规划》和《全国旅游标准化工作管理办法》，组织制定、修订了 21 项国家标准和行业标准。制定完善《旅游安全管理办法》《旅游投诉处理办法》《旅行社责任险保险管理办法》，全面修订了《旅游统计调查制度》，完善了国内旅游、入境旅游、出境旅游组团合同范本，初步建立了旅游经济运行分析制度和预警机制，开展了游客满意度调查。

更值得一提的是：《国务院关于加快发展旅游业的意见》（国发〔2009〕41 号）于 2009 年 12 月 1 日正式发布。《意见》按照科学发展观的要求，对旅游业提出了全新的定位，不仅首次从国家层面将旅游业定位为战略产业，对旅游业的发展及其在国民经济与社会发展中的地位给予了充分肯定，而且提出了“把旅游业培育成为国民经济战略性支柱产业和人民群众更加满意的现代服务业”的战略目标，并就新时期旅游业发展进行了全面部署，明确了具体的发展目标。

2011 年国务院将每年的 5 月 19 日确定为“中国旅游日”，标志着旅游业进入满足大众化旅游需求的新时代。2013 年，国务院发布了《国民旅游休闲纲要（2013—2020 年）》，明确推行带薪休假制度，并颁布实施中国第一部旅游基本法——《中华人民共和国旅游法》，标志着中国旅游业进入了依法治旅、依法兴旅的新阶段。

2015 年，全国旅游工作仁义提出了“515 战略”，紧紧围绕“文明、有序、安全、便利、富国强民”五大目标，推出旅游十大行动，开展 52 项举措，全力推进旅游业转型升级，提质增效，加快旅游业现代化、信息化、国际化过程。

截至 2015 年年底，全国旅行社总数为 27621 家，同比增长 3.64%。2015 年全国旅行社入境旅游外联 1407.11 万人次，同比下降 0.21%；国内旅游组织 14045.89 万人次，同比增长 7.08%；出境旅游组织 4758.13 万人次，同比增长 21.54%。

第 3 节 旅行社的职能、业务与特点

一、旅行社的职能

作为为旅行者提供旅行服务的专门机构，旅行社最基本的职能是满足旅行者在旅行和游览方面的各种需要，同时协助交通、饭店、餐馆、游览景点、娱乐场所和商店等旅游服务供应企业将其旅游服务产品销售给旅游者。具体地讲，旅行社一般都具有以下五种基本职能：

（1）生产职能。旅行社的生产职能也可以称为组装职能，这是旅行社的首要职能。在我国，旅行社大多以低于市场的价格向饭店、旅游交通和其他相关部门批量购买旅游者所需的各种服务项目，然后进行组装加工，并融入旅行社自身的服务内容，进而形成具有自己特色的旅游产品。就团体旅游而言，旅行社最终出售的是一件完整的旅游产品，而非组成旅游产品的零散部件。其他相关部门的服务在这一过程中只是旅行社产品

的“生产原料”，而非产品本身。就这种意义而言，旅行社具有生产职能。

（2）销售职能。无形性和生产与消费的同时性，使得旅游产品的销售较物质产品更为复杂，同时使得旅游产品销售对销售渠道的依赖性变得更强。如果没有畅通的销售渠道，旅游者就要在对旅游目的地知之不多甚至一无所知的情况下，广泛搜集有关旅游信息，办理各种烦琐的旅游手续，特别是当旅游者所需要的不仅是本国或本地区个别的旅游服务项目，而是一种跨国度、综合性旅游产品时，这种状况无疑会在一定程度上扼制旅游者外出旅游的需求。生产的社会化分工，决定了需要有这样一种组织，它将专门从事旅游产品的组装与加工，并广泛存储各种有效旅游信息，满足旅游者对旅游产品信息的不同需求，承担沟通买卖双方的任务，使旅游产品更顺利地进入消费领域。旅行社亦因此成为旅游产品重要的销售渠道，具有销售职能。

（3）组织协调职能。组织协调职能是旅行社的又一项基本职能。旅游活动涉及食、住、行、游、购、娱等众多方面。旅行社是联络各类旅游活动的纽带，旅行社要保障旅游活动的顺利进行，就离不开旅游业各部门和其他相关行业的合作与支持，而旅游业各部门之间以及旅游业与其他行业之间存在的都是一种相互依存、互惠互利的合作关系，旅行社作为其中的一个组成部分，并不具备对其他部门的管辖指挥权。因此，旅行社要想确保旅游者旅游活动的顺利进行，就必须进行大量的组织与协调工作，在保证合作各方实现各自利益的前提下，协同旅游业各有关部门和其他相关行业，保障旅游者旅游活动过程中各个环节的衔接与落实。

（4）分配职能。旅游者旅游活动过程中的消费是多种多样的，特别是在包价旅游的情况下，旅游者通常为其各种旅游活动一次性预付全部或部分费用。这不仅意味着旅行社要根据旅游者的要求，在不同的旅游服务项目之间合理分配旅游者支出，以最大限度地满足旅游者的需要，而且要在旅游活动结束后，根据接待过程中各相关部门提供的服务数量和质量合理分配旅游收入，这就是旅行社的分配职能。

（5）提供信息的职能。旅行社提供信息的职能主要表现在两个方面。一方面，旅行社作为旅游产品重要的销售渠道，始终处于旅游市场最前沿，熟知旅游者的需求变化和市场动态，这些信息若能及时地提供给各相关部门，会对他们的经营管理具有指导意义，而相关部门经营的改善和服务质量的提高无疑也有利于旅行社自身的发展；另一方面，作为旅游业重要的销售渠道，旅行社应及时、准确、全面地将旅游目的地各相关部门最新的发展和变化传递到旅游市场中去，以促使旅游者购买。

二、旅行社的业务

按我国的《旅行社条例》，旅行社的旅游业务是指为旅游者代办出境、入境和签证手续，招徕、接待旅游者，为旅游者安排食宿等有偿服务的经营活动。

目前，随着《旅行社条例》的实施，我国各家旅行社的业务不尽相同。按照旅行社业务分工的实际状况和客观需要，参照国外的做法，根据业务性质和特点，实行垂直分工与水平分工相结合的方法，细分旅游业务类型，使旅行社及旅行社投资人可以按照规定的条件和程序，向旅游行政管理部门申请一项或多项业务经营权，自主选择旅游业务类型和种类。所谓垂直分工，就是旅游业务和旅行社按照业务流程和业务特性所进行的专业化分工，主要是批发、零售、代理和组团、接团等。所谓水平分工，就是现行的以业务的市场范围来对旅游业务及旅行社所做的分类。由于两种分工方法的不同，旅行社的业务也存在差异。

在此，我们按照业务流程和业务特性，分析旅行社的基本业务，如图 1－1 所示。

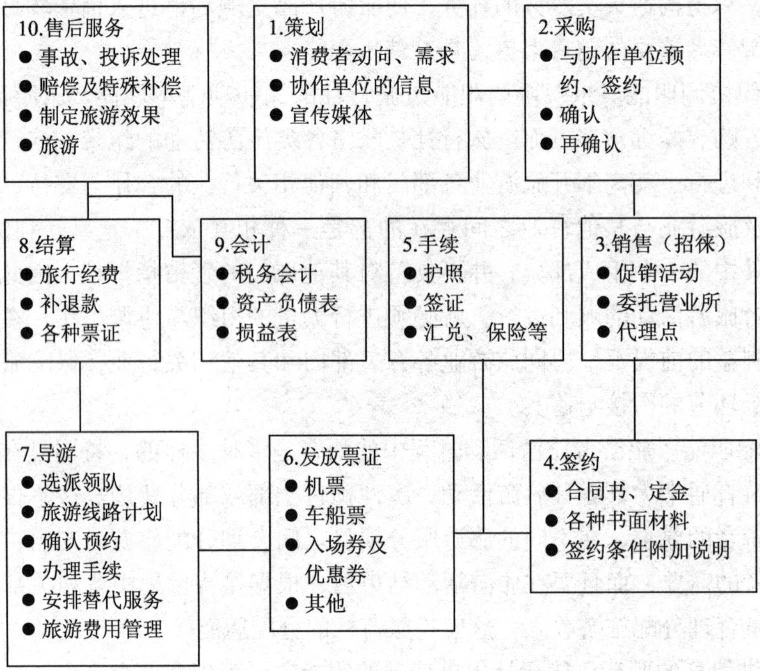

图 1－1　旅行社业务的循环过程

资料来源：郑粲钟（韩）. 旅行业务管理论，白山出版社，1998，p. 24.

（一）产品开发业务

旅行社产品开发业务包括市场预测与分析、产品设计与生产、产品试销、产品投放市场与产品效果检查评价五个环节和内容。

一般来说，首先要进行市场调查，主要调查旅游者的旅游需求和当前旅游目的地的情况。在市场调查的基础上，根据国内调查资料作出市场预测与分析，结合旅行社的自身特点和条件，开始设计旅游产品；然后根据设计出的旅游产品进行产品试销，试销过程中不断改进产品；当试销成功后，将产品批量投放市场以获取收益；最后，旅行社要定期对产品进行检查、评估，进而对旅游产品进行完善和改进。

（二）旅游服务采购业务

旅游服务采购是指旅行社为了组合旅游产品而以一定的价格向其他旅游企业及与旅游业相关的其他行业和部门购买服务项目或产品的行为。目前旅行社采购的项目主要有交通服务、住宿服务、餐饮服务、景点游览服务、娱乐服务和保险等服务内容。另外，组团旅行社还需要向旅游线路沿途的各地旅行社采购各类接待业务。

（三）产品销售业务

旅行社产品销售业务，主要包括制定产品销售战略、选择产品销售渠道、制定产品销售价格和旅游产品促销四项内容。旅行社根据所处的外部环境和企业内部条件，制定产品销售战略，确定产品的目标市场并选择适当的产品销售渠道。在此基础上，旅行社根据所确定的利润目标，综合考虑产品的成本、市场的需求、竞争者状况等情况，制定各项产品的销售价格。旅行社根据经营实力和目标市场确定及实施旅行社的促销战略并选择适当的促销手段以便将旅行社产品的信息传递到客源市场，引起旅游者的购买欲望，推销出更多的产品。

（四）接待业务

接待业务又可称为接团业务，接待业务是旅行社在旅游者旅游过程开始后提供的一系列实地服务工作。旅行社接待管理的内容包括对导游员的选择和安排，活动日程的落实，交通工具、住宿、餐饮标准（特种旅游团队还对场地、活动项目等有特殊要求）等方面的保证，以及与沿线各游览点接待社的联络。

（五）咨询业务

随着社会生活的迅速发展，旅游的方式呈现多元化，旅行社的业务范围也会越来越广泛。由于通常情况下旅游者和旅游地的时空差距较大，旅游者自己缺乏有效的途径获取有关旅游地的信息，只能借助旅行社的经验和其所掌握的市场网络。因此，为旅游者提供旅游信息咨询是旅行社的重要业务之一。尤其在网络充分发展的时代，面临旅行社行业日益激烈的竞争环境，旅行社更应该充分利用网络等信息手段和各种媒体更好地开展旅游咨询业务。旅行社的咨询业务主要是针对旅游者，其中重要的部分是那些潜在的旅游者，良好的旅游咨询服务不仅会使旅游者满意，更会使那些潜在的旅游者成为现实的旅游者，进而使旅行社获得良好的收益。

（六）代理业务

代理业务又可称为单项服务业务，主要是指为旅游者代购、代订国内外交通客票、代理游览、住宿、餐饮、购物事务及提供相关服务，并接受旅游者委托，为旅游者代办出入境及签证手续，旅行社可以通过业务代理获取合理的佣金。随着社会的不断发展，旅游者更多地寻求个性化的旅游路线和旅游方式，选择自助旅游的人会越来越多，传统的团体包价旅游者会越来越少，旅行社的代理业务将会有更广阔的发展空间和更多的机会。

目前，由于我国旅行社类型不同，代理业务的范围也是不相同的，但在服务内容上有共同点。我们可以分为以下几种业务：

（1）代理交通客票。旅行社代理交通客票业务主要有航空机票销售代理业务，代办火车、轮船和汽车等交通客票及各类联运票。

（2）代办护照、签证及出入境手续。办理护照、签证及出入境手续涉及很多业务，目前旅行社只能代理其中部分业务。出境手续主要有：①出境定居，须提交定居地亲友同意去定居的证明或者前往国家的定居许可证明；②出境探亲访友，须提交亲友邀请证明；③出境继承财产，须提交有合法继承权的证明；④出境留学，须提交接收学校入学许可证件和必需的经济保证证明；⑤出境就业，须提交聘请、雇佣单位或者雇主的聘用、雇佣证明；⑥出境旅游，须提交旅行所需外汇费用证明。

（3）代办旅行证件。旅行社可以出售特种有价证券（如信用卡），旅游者持有这种证券便可在各游览地逗留期间购买膳宿等服务。除此之外，旅行社还可以发行和汇总旅行支票、信贷券，组织兑换业务。

（4）办理各类保险。为旅游者办理旅行期间的各类保险等。按《旅行社投保旅行社责任保险规定》等有关旅游保险的规定，我国目前主要的旅游保险有旅游救助保险、旅游人身意外伤害险、游客意外伤害险、住宿游客人身保险。

（5）其他代理业务。代理游览、住宿、饮食、购物、娱乐事务及提供托运行李等相关服务，以及机场、码头、车站之间的往返接送服务等。

三、旅行社的特点

旅行社比起其他行业具有特殊的结构和经营环境。作为服务行业且具有媒介性质的旅行社在为人类提供有效利用休闲时间的意义上可以称为节约时间产业（Time Saving Industry）或运用时间产业（Time Utilization Industry）。要设立旅行社，事先必须进行充分的调查，综合分析企业的投资收益和风险程度以及未来发展的可能性等，然后确定企业的类型和经营规模及活动范围。了解和掌握旅行社的特点，有助于更好地为旅游者提供优质的旅游产品。

（1）投资小。设立旅行社所需要的注册资金较少，因此，相对来说，风险不大，所以行业的进入和退出壁垒较低。进入容易现象始终伴随着扰乱市场结构的可能性，也是诱发旅行社之间不正当竞争的主要原因之一。分析旅行社的经营费用，几乎没有实质性的固定资本投资，以经营费用为名义的支出占到旅行社经营费用的大部分。对旅行社经营效果产生重要影响的因素之一是办公场所的位置，因为根据办公场所规模的大小所支付的办公场所租赁费用及租赁保证金占固定资产投资的全部或大部分。

（2）劳动密集型的企业。在对生产要素进行投资时，若对劳动的投资大于对资本的投资，这样的产业称为劳动密集型产业。与消费有关的服务产业中，酒店、餐饮等休闲产业就是典型的劳动密集型企业。尤其是旅行社，主要依靠专业人员运作的旅行业务，

CRS（Computer Reservation System）和办公设备只是辅助手段。另外，旅行社员工服务的业务效率必须高于其他业务效率以满足游客的多种旅游需求。在消费旅行社提供的旅游服务产品时，必须伴随着直接的、面对面的服务过程。从为旅游者安排顺利的行程、优质的食宿，到旅行过程中陪同游览，游览结束后的售后服务，无不需要旅行社员工的参与。在目前情况下，我国旅行社的生产经营活动还是依靠密集型的内部员工的服务和组织来实现。

（3）对员工的依赖度比较高。在旅行社的经营过程中重视人力资源因素的根本原因是：从旅行的准备阶段到结束阶段，所有的过程都离不开员工高水平的服务。高水平的服务换句话说就是旅行社的专业性。诸如员工的接待态度、预约安排的准确性、亲切的接待服务、旅游信息的提供等会给游客留下良好的印象，对培养旅行社的忠诚顾客起到决定性作用。在培养员工的素质和能力的同时，要注意创造出能使员工充满成就感和满足感、主动发挥主观能动性的家庭式的工作环境，制定出各种福利和奖励政策。

（4）供需弹性运营难度高。一般来说，旅行对季节、周、时间等因素非常敏感，存在明显的淡旺季区分。因此，应针对周末和周中、春夏秋冬四季、假期和平日等时间段，制定独创性的、根据价格和供给来调整需求的经营战略，克服由于旅行社产品的生产消费的同时性和不可储存性特点造成的供需不平衡的矛盾。

（5）公益性。所有的企业对社会都负有诚信经营的责任和义务，而旅行社的社会责任尤其突出。旅行社针对世界上的所有国家和地区开展经营活动，旅行社的形象在某种程度上代表了国家和地区的形象。在国内的宣传和促销活动如果成为破坏社会风尚的因素或助长落后和享乐的因素，那将会对整个社会造成不良影响。

（6）信用事业。让旅游者产生信任感是旅行社企业成功的关键。在旅行出发以前，旅游者已经将旅游经费交给旅行社，旅行社应该彻底履行以信用为基础的合同，为旅游者提供准确无误的机票、住宿、旅游地介绍、饮食等一切旅游服务。提供给旅游者的小册子（brochure）或宣传册、旅行社产品的广告活页等，只有在游客信赖旅行社的前提下才能发挥效用。

第 4 节　旅行社的组织设计

一、影响旅行社组织设计的因素

任何一个组织的管理都有一个共同点，即一旦该组织成立而且其目标得以确立，就要通过设计任务结构和权力关系来协调各方面人员的行动，以确保组织目标的实现，这就是组织设计。组织设计属于管理中的组织职能。一般来说，组织职能就是把总任务分解成具体任务，然后再把它们组合起来分配给各单位或部门，同时把权力分别授予每个部门的管理人员。旅行社的组织设计也是基于这一思想来进行的。影响旅行社组织设计的因素是多方面的，主要包括以下几个方面：

（一）旅行社业务的特点与生产的专业化程度

生产的专业化就是一个人或组织减少其生产活动中不同职能的操作的种类，或者说，将生产活动集中于较少的几种职能的操作上。分工作为专业化生产的基础，则是指两个或两个以上的个人或组织，将原来一个人或组织生产活动中包含的不同职能的操作分开进行。专业化和分工的发展越是成熟，一个人或组织的生产活动越集中于更少的、不同职能的操作上。

生产专业化的优点在于：①使复杂的工作变得简单，有助于操作精度与速度的提高。在事业心、责任感的驱使下，成绩显而易见。②使每一个具体操作环节易于掌握。③便于对从事每一具体环节的人进行工作考核与业绩考评。

与此同时，生产专业化也存在不足之处，主要表现在：①工作变成了简单机械的重复，容易使员工心理上过度放松，产生厌烦情绪。②从事具体环节工作的人，难以看到自己工作的完整意义，无法体验成就感，这样旅行社就难以激励员工上进。③旅行社的业务分工过细，造成部门之间重复交叉性的协调障碍，增加经营成本。

旅行社通常以低于市场的价格，向住宿、交通和参观游览点等旅游服务供应商批量购买旅游者在旅行过程中所需的服务要素，并经过组合加工，形成自己的最终产品，销售给旅游者。旅行社并不是其产品各主要“零部件”的生产者，而是采购者，是实现重新组合的“组装者”。这样，其工作负荷和工作重心与那些“零部件”生产者就有所不同。在许多情况下，由一个人扮演“采购者”“组装者”和“销售者”三种角色是可能的。更直接地说，在旅行社工作中，一个人或一个部门负责对外销售、采购和接待等旅行社产品的整个生产与销售过程是可能的。这就要求旅行社在进行生产专业化分工时，必须充分考虑业务特点，避免人为地过度细化旅行社的专业分工，造成旅行社部门间不必要的协调障碍，增加经营成本。

此外，旅行社工作的繁杂性和联系的广泛性，使得旅行社始终处于与其他部门错综复杂的关系之中。为保证合作关系的稳定与巩固，旅行社采取专人协调的做法显然具有很大的优势。

（二）部门化的基础

部门化是对细分工作按照某种需要进行组织。古典管理理论中部门化具有以产业为中心的三种形式，即产品导向的部门化、顾客导向的部门化和地理位置导向的部门化。同时，部门化还具有以内部作业为基础的两种主要形式，即职能导向的部门化和生产过程导向的部门化。

产品导向的部门化是将企业生产的产品划分为几大类别，然后围绕产品进行各种职能活动。其特点是便于在工艺、组织和销售等方面发挥专业化优势；顾客导向的部门化，则是以其服务的顾客为基础进行部门划分。这样做便于企业对生产、需求和相应的配套服务实行有针对性的管理。地理位置导向的部门化，是按其业务涉及的地点进行部门划分。这使得每一部门都能对特定地区全面负责，便于活动的组织和区域市场的巩固与发展，有利于部门业务的总体策划，同时，也有利于部门发掘潜力，增强责任观念，并便于上级部门对该部门实施业务考核与管理，减少内部恶性竞争和管理及协调的难度。

职能导向的部门化，是以每个单位所进行的作业内容为划分部门的基础，对某一大项工作中有关联的几大环节分解后的结果；生产过程导向的部门化，是根据作业技术将工作进行分组。在工业企业中，这两种部门化的运作方法是有较大差异的，这主要是因为在工业企业中，技术与作业有较明显的区别。我国旅行社传统的部门化方法既含有职能导向的成分，也包括了生产过程导向的成分，但基本都属于以内部作业为基础的部门化形式。

（三）管理跨度

管理跨度也是影响旅行社组织设计的因素之一。管理跨度通常是指一个管理人员所拥有的直接下属的数量。跨度小意味着直接下属的人数少，也意味着管理工作负荷量小；跨度大，则相反。在组织设计中，需要明确的关键是如何确定合适的管理跨度。这里所说的“合适”，意指既能使管理工作易于进行，又利于专业化分工优势的发挥。要确定这样一个合适的标准，就要考虑不同组织的具体情况，主要包括以下 3 个方面：

（1）管理工作的复杂度。管理工作的复杂度越高，需要投入的时间和精力就越多，则管理跨度就会相应变窄，反之则宽。管理工作的复杂度与下属人员工作的不确定性有关，如果下属的工作是创新性极强的研究工作，复杂多变，需要与上级经常接触、反复磋商，就需要上级主管投入很大的精力。如果下属的工作具有很大相似性，即使比较复杂，管理起来也不会太困难，管理跨度则可以适当加宽。

（2）任务性质。一般而言，任务本身需要的协调与统筹工作量的大小，与管理跨度成反比关系。任务的难度与类型对管理跨度有一定的影响。如果任务比较复杂且需要很强的协调性，就需要缩小管理跨度。

（3）管理人员和员工的素质。管理人员和下属的素质都会对管理跨度造成影响。当工作人员素质较差时，管理跨度不宜过大；当工作人员素质较高、工作自律性较强时，管理跨度即可放宽。管理人员的管理能力较强，其管理跨度便可以适当扩大；相反，则应适当缩小。如果管理人员精力充沛、工作能力强，管理跨度宽些也是可以的；同样，如果下属的素质较高，能很好地领会领导的意图，这样的下属，多几个也不会增加管理难度。

企业依照一定的管理跨度和特定的部门化基础作出部门划分之后，权力分配或授权便成为不可避免的问题。企业授权时应遵循的原则包括：①所授予的权力为下属完成任务所必需，避免授权过度和授权不充分。②授权时要考虑授权对象行使不同程度或不同类型权力的能力，避免盲目授权。③授权本身的关键是“权、责、利”三位一体的统一，避免“有权无责”“有责无利”和“有责无权”等不合理现象的发生。

（四）社会适应性

社会适应性指旅行社的组织设计应与当地政治、经济及社会制度保持同步，同时为便于业务联系，旅行社的组织设计应与其他相关旅行社具有一定的相似性。

二、我国常见的旅行社组织结构

我国旅行社组织结构在设计上一般分为直线制、直线职能制、事业部制、矩阵制四种。这四种组织结构各有优缺点，同时也适用于不同规模的企业。在旅游企业中根据企业规模、经验范围、资金投入的不同采用前三种组织结构比较普遍。

（1）直线制。直线制是一种最简单的集权组织结构形式，又称军队式结构。其领导关系按照垂直系统建立，不设立专门的职能机构，为自上而下垂直领导与被领导关系，如图1－2所示。这种组织结构的特点在于形式简单，指挥系统清晰，责权关系明确；横向联系少，内部协调容易；信息沟通迅速，解决问题及时；工作效率比较高。其缺点在于缺乏专业化分工，经营旅游业务依赖于少数几个人，这就要求旅行社的总经理是经营管理全才，但是这一点很难做到。规模较小的或者是业务单一的旅行社适用于直线制组织结构。

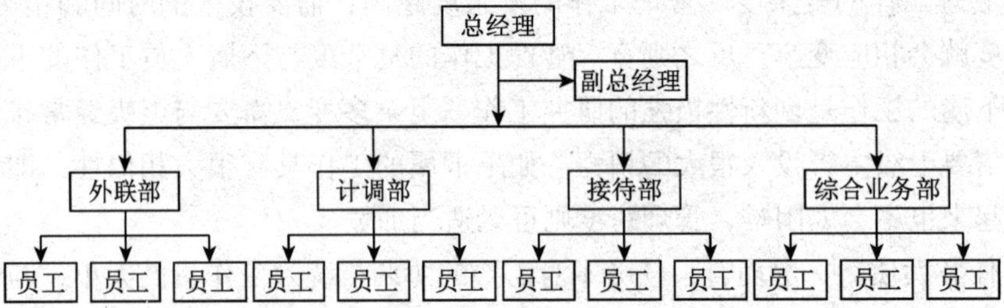

图1－2　我国旅行社直线制组织结构图

（2）直线职能制。直线职能制是在直线制的基础之上设立相应的职能部门，如设置办公室、财务和人事培训等管理部门。采用总经理决策、指导，职能部门参谋、指导、协助相结合的组织结构形式。职能部门对业务操作人员没有直接的指挥权，只有指导和监督的权力，如图1－3所示。直线职能制组织结构是一种集权与分权相结合的组织结构形式。职能部门起到了指导与参谋的作用，可以弥补总经理在专业知识和能力方面的不足。但是，职能部门过多会使旅行社的横向协调变得复杂和困难，工作效率会降低。

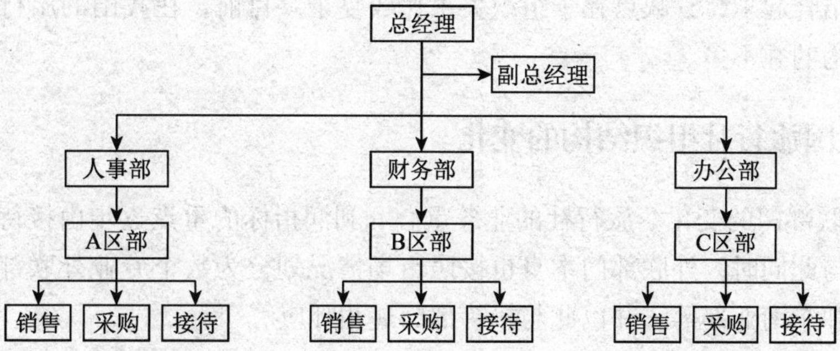

图1－3　我国旅行社直线职能制组织结构图

（3）事业部制。事业部制采用的是“集中决策、分散经营”的原则。将旅行社划分为若干个相对独立的经营单位，实行独立核算，总经理会通过利润指标对各个部门实施控制和管理，如图1－4所示。事业部制的优点在于各个部门能够自主地处理日常工作，有助于增强员工责任感，发挥员工工作的主动性和创造性，同时努力工作也可以使员工自身得到实惠。缺点是可能造成部门业务重叠，各部门会忽视旅行社的整体利益。人为地将相对简单的工作复杂化，增加了管理中协调的难度，各部门利益不均，旅行社内冲突增加。尤其是正处于起步阶段的旅行社，没有明确的目标市场，部门之间没有明显的业务界限，甚至存在直接的竞争关系。这种方式显然不利于旅行社内部资源的优化配置。

图1－2、图1－3和图1－4均是开放式的，目的在于旅行社的机构设置并不一定局限于所列出的部门，它是可以无限延伸的。

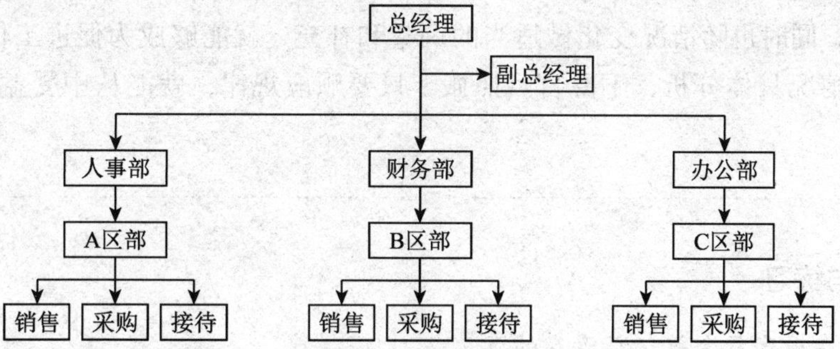

图1－4　我国旅行社事业部制组织结构图

根据国家旅游局旅行社内部管理制度调研组调查的结果，我国旅行社业务经营部门的组织机构设置正在悄然变化。尤其是传统的外联、计调和接待的机构设计模式变化较大，而且这些变化多见于外联人员在5万人次以上的大旅行社。

（4）矩阵制。矩阵制是由职能部门系列和为完成某一临时任务而组建的项目小组系列组成的。它的最大特点是具有双道命令系统，在矩阵制中企业横向和纵向职能部门能较好地联系结合起来，其缺点在于组织关系比较复杂。目前，在我国的旅行社业内采用这种组织结构的并不多。

三、我国旅行社组织结构的变化

（1）外联部门的变化。旅行社的业务重心和利润指标的重点逐步由接待部门转移到外联部门。与此同时，外联部门本身也按照市场情况划分为数个专业外联部门，如日本部、欧美部和东南亚部等，并以此与接待部门遥相呼应。

（2）接待部门的变化。接待部门依然是旅行社的利润中心，与外联部对应设部，专事接待；有的旅行社接待部门因自身业务较少而加强地联业务，具有接待和地联两种职能；有的接待部门按照团体和散客设部。

（3）计调部门的变化。计调部的主要业务很多已经转移到外联部门，因此多数旅行社不再设专门的计调部。现有的计调部门主要负责统一调控、统一谈价，以争取批量优惠，并以此约束外联和导游的行为。另外许多大中型旅行社设了票务部门，一来保证团队票务；二来对外营业，扩大服务范围。

（4）许多中小型旅行社采取“一条龙”的部门设置方式，即部门独立负责从产品设计、外联组团、对外采购和旅游接待的全过程，部门内部人员也是全能式的。一些历史相对悠久的旅行社拥有不同语种的业务人员，同时拥有一些相当固定的客户，因此它们采取按照市场设部的做法。这种方法使得本旅行社内部各部门之间业务相对独立、互不交叉，从而有效避免了旅行社内部各部门之间的直接竞争。

任何一种组织设计都不可能是十全十美的，但只要它有利于业务的开展，并在实践中不断完善，同时也随情况变化做适当的调整和补充，就能够成为促进工作的原动力，关键是具体情况具体分析，不要盲目照搬。只要顺应规律，就能从中受益，加速事业发展。

思考与练习

1. 讨论在现代社会旅行社存在的意义。
2. 旅行社的功能是什么？
3. 旅行社对旅游者所起的作用有哪些？
4. 托马斯·库克的经营理念对今天的旅行社经营管理有什么样的指导意义？
5. 旅游需求的增加是旅行社发展的根本原因，试论述旅游需求增加的原因和背景。
6. 运用组织设计原理，分析当地一家旅行社的组织机构设置。

第 2 章　旅行社的计调业务

【学习目标】

通过本章的学习，能够初步了解旅行社计调工作的内涵、计调岗位在旅行社的发展演变过程、计调人员的职责；掌握地接社计调操作的程序、计价报价的流程、进行成本核算的方法。

【内容结构】

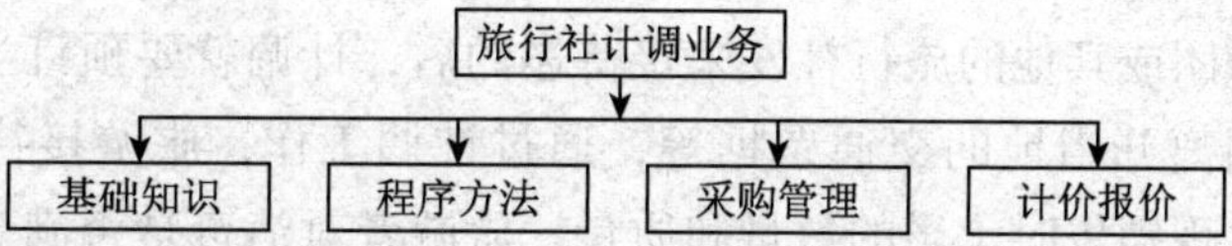

【重要概念】

计调业务　旅行社计划管理　旅行社采购

第1节　计调基础知识

一、计调部概述

（一）计调业务的内涵

旅行社计调部业务有广义与狭义之分。从广义上讲，计调部主要有两项工作，即参谋性工作和业务性工作。参谋性工作包括为旅行社业务决策提供信息、进行市场调查研究、统计分析、计划编制等。业务性工作包括协调联络各个协作单位、组织落实旅游接待事项、制作旅游行程、业务签约、监督检查等。从狭义上讲，计调部业务是指旅行社在接待业务中，为旅游团安排各种旅游活动所提供的间接性服务，包括安排食、住、行、游、购、娱等事宜，选择旅游合作伙伴和导游，编制和下发旅游接待计划等。从狭义上讲，计调业务主要是指旅行社为落实旅游接待计划所进行的各项采购服务以及为旅行社业务决策提供信息服务等工作的组成。

计调人员是指从事计划组织旅游接待、整体进行旅游业务调度工作的人员。计调人员是旅行社重要岗位的工作人员，计调工作是旅行社业务的重要组成部分。

（二）旅行社计调业务的作用

（1）保证业务的顺利进行。旅行社实践的是承诺销售，旅游者购买的是预约产品。当外联部招徕旅游团或其他的旅行社发来接待邀约后，计调就要预订当地的饭店、接待车辆、代订旅游团离开当地的交通票据等，通过计调工作，旅游接待任务才能顺利完成。旅行社能否兑现销售时承诺的数量和质量，旅游者对消费是否满意，很大程度上取决于旅行社计调的作业质量。计调的对外采购和协调业务是保证旅游活动顺利进行的前提条件，而计调对内及时传递有关信息又是旅行社做好销售工作和业务决策的保障，因此，计调业务是旅行社经营活动的重要环节。

（2）最大限度地降低运营成本。计调业务是旅行社实现降低成本的重要因素。旅游产品的价格是旅游产品成本和旅行社利润的加和，因此，降低旅游产品成本决定了旅行社利润增长的空间以及市场份额的占有。旅游产品的成本通常表现为各旅游供应商提供的机（车）位、客房、餐饮、门票等的价格，因此，计调部门在对外进行采购时，应尽量争取获得最优惠的价格，以降低旅游产品总的成本，这也就意味着旅行社利润的增加。另外，旅游产品成本的降低，保证了旅行社在激烈的市场竞争中获得更多的市场份额。计调业务虽然不能直接创收，但降低采购价格无疑对旅行社的营业额和利润的实现具有重要意义。

（3）有效衔接各环节的服务。计调具有联络的功能，原来松散的旅行社、酒店、参观、景点景区、车队及交通运输部门等，通过计调的协调和联络，有效地衔接起来，形成了一个接待团队，从而满足旅游者在食、住、行、游、购、娱等方面的需求，并随着计划的变更，取消或重订。同时，计调是旅行团整个行程中各地的联络点，旅行团行程中需要上下站进行周密的联络，才不至于各站间产生脱节。

（三）旅行社计调业务的职能

（1）开发旅游产品。旅行社作为企业，遵循市场规律，产品是以需求为前提的，所以当消费者有新的需求时，计调人员的一项工作就是根据市场调研的结果设计、开发新的旅游产品、旅游线路，来实现旅游消费者的愿望。计调人员的另一项工作则是根据市场销售人员反馈回旅游者的需求和旅行社质量检查部回访客户所得信息，改进和组建新的旅游产品，为旅行社营销提供决策依据，因为计调人员对旅游景点和线路行程安排更熟悉。

（2）预订及采购旅游服务。旅行社的计调人员会根据旅游消费者的要求、旅游合同的内容向旅游服务供应部门提出预订申请，并通过考察和比较选择相应的旅游服务，以解决旅游者在旅游过程中的种种需求，实现对旅游者的承诺。计调部门在对外进行相应采购时，应尽量争取获得最优惠的价格，以降低旅游产品的成本，这也就意味着旅行社利润的增加。有时旅行社会根据旅游者的需求临时增加或减少预订内容，这一切都要求计调人员要做到及时、准确。

（3）设计旅游线路及报价。合理的旅游线路是保证旅游活动进行的前提，因为这样将直接关系到旅游消费者的费用、精力和时间，也直接影响旅游者对旅游行程的评价和满意程度。计调人员的报价是否合理，不仅决定能不能与客户实现合作，而且也将决定旅行社的最终利润，所以制定合理的报价也是旅行社计调人员的一项重要职责。

（4）监控旅游团队运行。旅行社为旅游者提供的是综合服务（包括食、住、行、游、购、娱等），所以旅行社对提供这些服务的部门依赖性很强。同时旅游行程还会受到诸如天气、交通路况、旅游团队人员的原因（比如客人突发疾病）等不可预见因素的影响，导致旅游参观、用餐、入住酒店等的时间发生变化，这时就需要旅行社计调人员根据具体情况实时调整，灵活应对，以确保旅游行程得以顺利完成。

（5）编制费用预算，核销费用。计调人员会根据旅游团队（散客）运作的需要编制旅游支出预算单，标明给付旅游服务供应部门的方式为签单或是现金支付，这样不仅为导游人员带团提供经费方便，同时也是控制旅游团队费用不合理支出的有效手段。旅行社计调人员在导游员带团结束后，根据实际支出编写该行程的结算单报给财务人员。

（6）收集归档资料，提供旅行社内部决策信息。旅行社计调人员要依照每个旅游团队具体情况，整理旅游活动资料，及时整理建档。此外，还有一个任务就是向决策部门提供有关旅游需求和旅游供应方面的信息。

二、旅行社计调业务的发展过程

（1）“后勤性质”的计调业务。在 20 世纪 50 年代初期，我国旅行社所发挥的作用是负责承办政府部门有关外宾招待的事宜，即“统一招待外宾吃、住、行事宜的管理机构”。为此，当时的计调业务主要是为外宾订房、订车、订餐（机、车、船及文艺票）和一些委托代办服务，而且这些业务一般由接待部门的后勤人员承担完成，所以称此阶段为“后勤性质”的接待业务。

（2）“独立性质”的计调业务。20 世纪 70 年代末 80 年代初期，我国旅行社接待业务量快速增长，同时旅行社的规模逐渐扩大，使得计调业务从接待部门的后勤工作中分离出来，成为专门的、独立的计调部门。计调业务对内为旅行社各部门提供接待旅游团队的后勤服务，对外代表旅行社建立协作网络，选择合作单位并与其签订合同。此时，计调部也就成为旅行社的信息中心，每天要对来自旅行社内外的大量信息进行整理、统计和传递。

（3）“参谋性质”的计调业务。20 世纪 80 年代末 90 年代初期，旅行社开始建立、实施和完善计划管理，计调从一般为接待业务做好后勤服务转向为全旅行社的业务决策、计划管理提供信息和制订方案，在旅行社的经营管理中起到了重要的参谋作用。因为此时的旅游市场在不断发展，旅游者的需求在变化、旅游服务供应单位的数量增加且质量参差不齐，都要求计调业务在计划管理、质量管理和业务管理等方面发挥积极、有效的作用。

（4）计调业务分解为旅游行程作业和专门集中采购两种性质。20 世纪 90 年代末，一些旅行社根据自身实际需要，将原来计调业务中编排旅游接待计划和采购各项旅游服务分开，这些作业人员就可以专业、高效地对外报价、编排旅游行程，采购部门则主要负责统一调控、统一谈价，以争取批量优惠，并以此约束外联和导游的行为。另外，许多大、中型旅行社专门设立了票务部门，既能保证旅行社团队所需交通票据，又对外扩大了服务范围。

第 2 节　旅行社计调业务的程序和方法

一、旅行社计调工作的特点

计调部门是旅行社中的一个核心部门，是旅行社总经理的参谋部。它在旅行社的具体业务操作中起着至关重要的作用，不仅能控制旅行社的运营成本，而且能监督旅游服务质量。其特点表现在：

（1）工作的具体性。计调人员担负着收集本地区的接待资料、向组团社预报情况、接受组团社业务委托、联系各个接待单位、编制接待计划、委派导游人员、进行旅游质量监督、售后服务、旅游给用的结算等具体的事务性工作。

（2）工作的复杂性。计调业务的种类繁多，其中涉及采购、接待、票务、交通，以及安排旅游者食宿等工作，程序繁杂，从接到组团社的报告到旅游团接待工作结束后的结算，无不与计调人员发生关系；计调业务涉及的关系繁杂，几乎与所有的旅游接待部门都有业务联系，协调处理这些关系贯穿于计调业务的全过程。

（3）工作的多变性。在旅游过程中，由于不确定的因素众多，导致计调业务具有多变性的特点。如旅游团人数的临时变更、旅游接待计划的临时变更、交通工具和住宿条件的不能正常供给、不可抗力等不确定因素都会影响计调人员的具体操作，可谓“牵一发而动全身”。

（4）工作的灵活性。以上三个特点决定了计调工作的灵活性。具体体现在旅游线路的变更方面。如在旅游旺季因交通票证非常紧张不得不改变旅游行程时，计调人员可以通过临时变更旅游线路来履行旅游合同，以满足游客的需求。为了防止投诉的发生，计调人员制作行程时一般都会注明这一条款。

二、旅行社计调部的操作方法

计调人员在工作中常用的操作方法有流水操作法和专人负责法。

（1）流水操作法。流水操作法是指由几个业务员每人负责一项工作。其流程是：接受接待计划，由 A 业务员负责订车船票，由 B 业务员负责订房，由 C 业务员负责市内交通，由 D 业务员负责派遣导游员，由 E 业务员负责文艺节目，由 F 业务员负责……这种操作方法常被接待量较大的旅行社所采用。它的优点是每个人分工具体、责权明确，不太容易出现差错，即使在某个环节发生差错，也容易及时发现。缺点是横向沟通复杂，要求操作人员必须有很强的团队合作精神，否则就会影响工作效率。

（2）专人负责法。专人负责法，是指将与旅行社的业务工作分成几块，让每个业务员负责一块，从客户或组团社发来接待计划起，一直到向本社计调部发来传真确认为止，均由一个业务员负责到底。这种操作方法适用于接待业务量不大的小旅行社。

三、计调人员操作的要求

（1）操作流程要熟练。旅行社计调人员工作的核心就是要知道自己在这个岗位上应该做哪些工作。旅行社中每一个岗位都有各自的工作范围和责任权限，计调人员每天都有大量的工作需要处理，如果不清楚自己在岗位上的各种流程，就会使工作缺少条理性和计划性，从而大大降低工作效率，工作起来不知从何入手，造成工作中重要步骤和重要信息的缺失。严重的会给旅行社造成经济损失，给旅游者带来麻烦，失去合作单位对自己的信任。可见，旅行社计调人员熟悉自己岗位的工作流程是十分重要的。

（2）灵活处理常见问题。计调人员在实际团队操作过程中会遇到各种各样的问题，有些是由可控因素造成的，有些是由不可控因素造成的。计调人员处理具体问题时要灵活多变。在不违反国家法律和相关政策的前提下，计调人员有权在自己的职权范围内处理团队在操作中遇到的各种问题，控制事态扩大，使各方的损失降低到最低限度。

（3）执行请示汇报制度。请示汇报制度已经成为各行各业普遍遵守的法则，旅行社计调人员也不例外。在实际工作中，计调人员对各种事件，包括有利的和不利的都要坚持请示汇报制度。即使计调人员处理完的事件，事后也要向上级部门汇报，使上级清楚地掌握一线信息。这对上级进行战略决策、及时调整经营策略起着至关重要的作用。

四、计调部的操作流程

接团服务流程一般包括三个阶段，具体如下：

（1）准备阶段：包括编制接待计划，订房餐车票，寻找合适的导游人员，下发派遣书。

（2）接待阶段：包括执行请示汇报制度，进行接团监督，落实接团各项事宜，处理突发事件。

（3）总结阶段：包括导游报账，向上级汇报接团情况、销单、售后服务及总结。

地接社计调部工作人员主要与组团社、旅游各个接待单位、旅游者、导游打交道。地接社计调部工作人员的操作流程包括八个方面的内容，即准备工作、接打电话、制作行程、计价报价、签署协议、派遣地接导游员、接团监督、售后服务。

（一）准备工作

1. 与交通部门合作

旅游是一种异地活动，无论从常住地到旅游目的地，还是在目的地的暂时逗留与旅游活动期间各地之间的往返，交通都承担着旅游者空间位移的任务。交通不仅要解决旅游者往来不同旅游点间的空间距离问题，更重要的是解决其中的时间距离问题。因此，安全、舒适、便捷、经济是旅行社采购交通服务时需要考虑的因素，交通的形式主要有飞机（包机）、火车、汽车和轮船，旅行社必须与包括航空公司、铁路部门、轮船公司、汽车公司在内的交通部门建立密切的合作关系。事实上，为寻找稳定的客源渠道，交通部门也非常倾向于同旅行社的业务合作。旅行社要争取获得有关交通部门的代理资格，以便顺利采购到所需的交通服务。

（1）与航空部门合作。作为大众旅游时期远程旅行方式之一，航空服务的主要优点是安全、快速、舒适、经济。一般而言，旅行社选择航空公司主要考虑以下因素：机票折扣是否具有竞争力，机位数量是否能满足，工作配合度、付款方式、航班密度、各地联络网络方便与否。旅行社采购航空服务，具体落实在飞机的订位上。计调部根据旅游接待预报计划，在规定的期限内向航空公司提出订位，如有变更，应及时通知有关方面。航空服务主要分为定期航班服务和包机服务两种。如遇客流量超过正常航班的运力，旅游团队无法按计划成行，则旅行社就要考虑包机运输。

（2）与铁路部门合作。火车具有价格便宜，沿途又可以饱览风光的特点，特别在包价产品中具有竞争力。近年来，我国铁路加大力度改善交通环境，使火车运输仍具优势。目前，国内多数近距离旅游者愿意选择火车作为首选出游的交通工具。旅行社向铁路部门采购，主要是做好票务预订工作。采购铁路服务就是按照旅游接待计划订购火车票，确保团队顺利成行。出票率、保障率是衡量铁路服务采购的重要指标，尤其是在旅游旺季和节假日。

（3）与轮船公司合作。鉴于我国的大陆形态，除去三峡、桂林等内河及少数海路，轮船不是外出旅游的主要交通工具。旅行社向轮船公司采购水路服务，关键是做好票务工作。如遇运力无法满足，或不可抗力因素无法实现计划，造成团队航次、船期、舱位等级变更，应及时果断地采取应急措施。

（4）与旅游汽车公司合作。尽管汽车已成为人们普遍的旅行方式，但一般认为，乘汽车旅游的距离不宜过长，最好控制在短距离：50公里（一小时）左右/景点间；长距离：300公里（不超过五小时）以内/天，否则客人会感觉疲劳。旅行社在采购汽车服务时应考虑：车型、车况、司机驾驶技术、服务规范、准运资格、合理价格。通过考察，最终选择管理严格、车型齐全、驾驶员素质好、服务优良、已取得准运资格，且善于配合，同时车价优惠的汽车公司，并与之签订协议书。

2. 与饭店部门合作

酒店（饭店）是旅游业三大支柱之一，是旅游产品的重要组成部分，在一定程度上已成为衡量一个国家或地区旅游接待能力的重要标尺。

酒店的种类：根据使用目的（主要功用）划分：A. 商务酒店；B. 度假酒店；C. 会议酒店；D. 旅游酒店；等等。根据酒店等级划分：有1~5星五个等级。

计调部门应按接待计划提出的等级要求采购住宿服务，并在选择酒店时充分考虑以下因素：酒店保安、同级备份、房况、酒店销售配合、房价及结算。

3. 与餐饮部门合作

餐饮是旅游活动的重要组成部分，餐饮质量关联到旅游产品的质量。因此，计调在选择餐厅时，应着重考虑如下因素：餐厅卫生符合GB·16153·1996行业标准、地理位置、停车位、洗手间、餐标、风味（特餐）、结算、配合。

4. 与参观景点合作

参观游览是旅游活动最基本最重要的内容，计调部门代表旅行社向可供游览参观的单位采购游览服务，此项采购的关键是就价格和支付方式达成协议。对于一些特殊的参观点，如工厂、民宅等，应征得相关单位的同意，并力争取得支持与配合。

5. 与娱乐部门合作

娱乐是旅游活动六要素之一。旅行社采购娱乐服务时，应就预订票以及演出内容、日期、演出时间、票价、折扣、支付方式等达成协议。

6. 与旅游定点商店合作

旅游购物为非基本旅游需求，但是引导旅游者购物是接待社的主要任务之一。为使旅游者购物方便、安全，计调部门应当慎重选择旅游购物商店，要与其建立相对稳定的合作关系。

7. 与保险公司合作

根据《旅行社条例》及相关法律，旅行社应该为旅游者提供规定的保险服务。由计调部门负责采购保险服务，为旅游者购买旅行社责任险。

8. 与同业合作

旅行社向旅游者销售的旅游线路通常有一至几个旅游目的地。采购异地接待服务的目的，是使旅游计划如期如愿实现。应该说，旅游产品的质量在很大程度上取决于各地接待质量，尤其是各旅行社的接待质量。因此，选择高质量的接待旅行社，是采购到优质接待服务的关键。接待旅行社应具备以下条件：

（1）信誉良好。作为接待服务的合作伙伴，旅行社必须具备良好的信誉。接待社必须严格地按照与组团社商定的接待标准向旅游者提供接待服务。接待社不得以任何借口拒绝履行合作协议。接待社如果无法落实旅游接待计划活动内容时，必须及时通知组团旅行社，并征得组团社的同意后，方可改变原先的接待计划。例如，广州某旅行社接待了来自长沙的旅行团，长沙组团社在发给广州接待社的接待计划中要求对方预订广州至长沙的返程机票，而广州接待社没有买到返程机票，长沙组团社在没有接到通知的情况下，广州接待社擅自决定购买火车硬卧票返回长沙，旅游团的计划发生了改变，客人对此极为不满。组团社对外形象受到了损害，影响了组团社的信誉，并影响了组团社和接待社的进一步合作。因此，接待社应竭尽全力履行合作协议。

（2）较强的接待能力。接待旅行社必须有较强的接待能力，能够提供组团社委托的各项旅游服务，并提供优质的导游服务。例如，北京某跨国公司 200 多人在国庆节假日期间，乘包机到海滨城市度假，客户对住宿、用车标准做了严格的规定，并对其他旅游项目如海上垂钓、沙滩排球、海鲜烧烤等，也都规定了相应的标准，以保证接待质量。由于时逢旅游黄金周，接待社为了确保服务质量，做了大量细致的工作，因为接待社是当地一家具有影响力的旅行社，接待社与入住的酒店有着较好的合作关系，住宿问题得到了解决；汽车公司同该接待社有着长期的合作关系，汽车公司也承诺保证该团的节日用车。其他项目也都分别得到落实。因此，尽管在旅游高峰期间来海滨城市度假，该团队的接待服务质量得到了保证，客人对此非常满意，对该接待社的接待能力赞不绝口。

（3）真诚的合作愿望。接待社必须和组团社进行真诚的合作。目前，旅游业竞争激烈，为了生存，旅行社必须广开财源。首先要树立良好的企业形象，还要注重与外地旅行社的密切联络，并建立融洽的合作关系，以增强旅行社自身的生存能力。为此，接待社应积极地配合组团社履行与旅游者签订的合同，提高服务质量，从而赢得良好的信誉。

（4）收费合理。接待社的收费不能过高，以免超过组团社的承受能力。接待社不能违反事先达成的协议，擅自提高收费标准或增加收费项目。不能降低接待服务的标准，损害旅游者和组团社的合法权益。组团社要考察接待社是否在上述三个方面有上乘的表现，并签订合作协议，建立长期的合作关系。

（二）接打电话

1. 使用规范语言，保持良好的态度

地接社计调人员在工作中接听的电话一般来自组团社、旅游各个接待单位、旅游者。无论是接听电话还是拨打电话时，都要使用规范化的语言，在电话交谈中保持良好的心态和友好的态度，这是计调实战操作成功的基础。

在接听电话时，首先要在电话铃响起的 2 ~ 3 声接起，这样既不会让对方感到突然，又不会让对方感觉等待的时间太久；拿起电话时要自报家门，告知你是旅行社的哪一个部门和你是谁；交谈时语气要平和，态度要好；结束谈话时，要向对方表示良好的祝愿及再次与对方合作或通话的愿望。

在拨打电话时，首先要自报家门，告诉对方你是谁；然后确认对方是否是你要找的通话对象；交谈时语气要平和，态度要好；结束谈话时，要向对方表示良好的祝愿；如果需要再次通话则与对方约定下次通话的时间。

2. 取得对方的理解和信任

在与对方的通话中，谈话的重点内容要有记录，如果对方提出的要求自己做不到或有困难时，要耐心解释，不要轻易承诺。承诺就要做到，否则就会给对方留下不好的印象。如果对方失去了对接待社计调人员的信任，今后计调人员再做多少工作都很难改变给对方留下的印象，从而给以后的工作带来麻烦。

3. 确认要求

在与对方电话中商榷的各个事项要逐项确认。口头确认是必要的程序，在对方提出要求后，计调人员当时就要重复对方的要求，以免发生双方在意思表述中的语言分歧。或者在与对方结束通话前，对双方整体的谈话内容逐一确认，并得到对方的认可。书面文字确认是法律依据，双方结束通话后，要与对方用传真、邮件、信函等方式进行确认，避免双方今后发生争议。

4. 做好证据保全

计调人员在实际业务操作中，如果没有按照标准业务操作程序去操作，只是进行了口头确认，就会出现很多问题。为了避免麻烦，使自己在分歧争议中占据主动，一定要保存好证据。如在通话中进行谈话录音，现在很多其他服务行业都已采用了这种做法，并且告知对方“我们的谈话将被录音”“对我们的工作进行评价”等。有些业务计调人员是在网络上完成的，如使用 QQ、微信等。这时就需要计调人员保存好与对方的聊天记录，以备不时之需。

（三）制作行程

计调人员制作一份行程从表面上看并不是一件难事，但是，如果制作一份规范的、有效的、实用的行程就不是那么简单了。所以，计调人员要了解制作行程的原则、标准行程的格式、行程的内容等。

1. 制作行程的原则

（1）满足旅游者需求原则。旅行社产品的形态是多种多样的，旅行社计调人员制作行程时，首先要遵循的就是满足旅游者需求的原则。这就要求计调人员对市场进行充分的调查研究，预测市场需求的趋势和需求的数量，分析旅游者的旅游动机。只有这样，才能针对不同目标市场旅游者的需求设计出合理的行程，最大限度地满足旅游者的要求，提高产品的使用价值。计调人员设计行程时应该考虑以下几个因素：①选择旅游者未曾到过的、可以开阔眼界的地方。②选择能够使旅游者从日常的紧张生活中求得短暂解脱、提高情趣、舒畅身心的地方。③选择有效利用时间而又不太劳累的地方。④选择花费尽量少的费用，得到最大的实惠及物美价廉的地方。

（2）经济原则。经济原则是指以同等数量的消耗，获得相对较高的效益，或以相对较低的消耗，获得同等的效益。旅行社产品同其他产品一样，也有各种成本支出，如交通费、住宿费、餐饮费等。这就要求计调人员设计行程时加强成本控制，降低各种消耗。例如，通过充分发挥协作网络的作用降低采购价格，同时便于产品销售，又能保证旅行社的利润最大化。

（3）旅游点结构合理的原则。计调人员在设计旅游线路时，应慎重选择构成旅游线路的各个旅游点并对之进行科学的优化组合。具体地讲，在旅游行程的线路设计过程中应注意以下几点：①尽量避免重复经过同一旅游点。在条件许可的情况下，一条旅游线路应竭力避免重复经过同一旅游点。因为根据满足效应递减规律，重复会影响一般旅游者的满足程度。②点间距离适中。同一旅游线路各旅游点之间的距离不宜太远，以免在旅途中消耗大量时间和金钱。③择点适量。目前，短期廉价是大众旅游者的追求目标，旅游者的旅游时间一般在一周至两周之间。在时间一定的情况下，过多地安排旅游点，容易使旅游者紧张疲劳，达不到休息和娱乐的目的，也不利于旅游者深入细致地了解旅游目的地。同时，选择旅游点过多，对旅游产品的销售也会产生不利的影响，致使旅游回头客减少。④顺序科学。在交通安排合理的前提下，同一线路旅游点的游览顺序应由一般的旅游点逐步过渡到吸引力较大的旅游点，这样可以使旅游者感到高潮迭起。⑤特色各异。一般说来，不应将性质相同、景色相近的旅游点编排在同一行程中，否则会影响旅游线路的吸引力。当然，专业考察旅游则另当别论。

（4）交通安排合理的原则。选择交通工具时，应以迅速、舒适、安全、方便为基本标准。在具体安排上，长途一般应乘坐飞机；交通工具的选择应与旅程的主题相结合；同时要保证交通安排的衔接，减少候车（机、船）的时间。

（5）服务设施确有保障的原则。在行程设计中，旅游点的各种服务设施必须有保障，如交通、住宿、饮食等。这是旅行社向旅游者提供旅游服务的物质保证，缺少这种保证的旅游点一般不应考虑编入旅游行程。

（6）内容丰富多彩的原则。旅游行程的设计一般应突出某个主题，并且要针对不同性质的旅游团确定不同的主题。同时，还应围绕主题安排丰富多彩的旅游项目，让旅游者通过各种活动，从不同的侧面了解旅游目的地的文化和生活，领略美好的景色，满足旅游者休息、娱乐和求知的欲望。在同一线路的旅游活动中，力求达到高潮，加深旅游者的印象，达到宣传自己、吸引游客的目的。旅游活动内容切忌重复，尤其在殿堂庙宇的安排上更应仔细、慎重。因为我国这类古建筑不胜枚举，而它们对一般旅游者来说，往往大同小异。

2. 标准行程格式

目前，我国旅行社内没有对行程的格式作出统一的标准。行程的制作都是根据自己旅行社的特点和计调人员的经验自行设计格式，或者在网络上复制其他旅行社的行程，有的略作修改，有的完全照搬，致使行程格式五花八门。不管怎样，旅游行程在格式上合理、实用、便于观看即可。下面介绍一种行程的格式规范：

（1）纸张要求：标准办公用的A4（210毫米×297毫米）纸。

（2）版心要求：156毫米×225毫米，不含页码。

（3）行程内容：每页22行，每行28字。

（4）页眉设计：要求有公司标志、公司名称、黑色反线。

（5）正文字体：正文使用5号字或小4号字，标题使用3号字，使用宋体或黑体，内容字体可使用楷体或宋体。

（6）页脚设计：要求标有公司地址、电话号码、邮编、传真号等。

注意事项：行程的设计在清楚、准确、全面的基础上要力求简洁。行程设计最好在一页A4纸上完成，这项工作可以通过调整页边距和字间距或者字体的大小来实现。如果有特殊说明的内容，可以另加附页。如果行程的内容实在太多，可以使用两张A4纸。

3. 行程制作的过程和方法

（1）收集现有的行程。计调人员可以通过网络查询、旅行社现有的行程资料、同行旅行社的朋友来收集各种旅游行程资料。

（2）找出优点和缺陷。收集完成后，找出这些行程的优点，并借鉴在自己所做的行程中，同时找出这些行程的不足之处，并在自己制作行程时尽量避免这些不足。

（3）模拟制作。根据行程制作的要素，自己开始制作行程。

（4）检查核实。制作完成后，检查行程的格式是否规范，要素是否全面，内容是否正确。

（5）完善改进。在实际使用过程中发现问题及时改正，并存档以备后用。

4. 制作行程的要素

旅游行程大致可分为组团社与接待社之间的行程确认单，组团社交给旅游者的旅游行程计划，接待社发放给地接社导游员的旅游行程表。这三种行程在具体内容上虽然有一定的差别，但是，在设计制作过程中的要素基本相同。旅游行程的内容包括旅游团基本情况和要求、旅游日程安排、旅客名单、特殊说明，这些内容构成了旅游行程的四要素。

（1）旅游团基本情况和要求。主要包括：①团名、团号、组团社名称等。②旅游人数、工作人员人数等。③团队类别（考察团、观光团等）。④服务级别（豪华、标准、经济等)。⑤自订和代订项目。⑥用餐要求（素食、清真等）。⑦地陪要求（语种、性别、水平、性格、年龄等）。⑧全陪要求（姓名、联系方式等）。⑨组团社负责人、各个接待社联系人等。

（2）旅游日程安排。主要包括：①游览日期、时间、地点等。②出发和抵达城市名称。③交通工具种类、抵离时间、地点等。④住宿情况（地点、等级、标准等）。

（3）旅客名单。主要包括：①姓名、性别、国籍、证件号码。②分房要求（双人间、单人间等）。③特殊身份。

（4）特殊说明（备注、友情提示、温馨提示、注意事项、游客须知等）。主要包括：①免责事由。②餐饮标准。③承诺事项。④所赠送的物品或服务。⑤特殊要求：衣物、行李、游览项目、文娱活动等。

（四）计价报价

计价报价是计调人员最核心的操作程序。整个工作是否成功、是否有效很大程度上取决于计调人员的计价与报价。这就要求计调人员熟知计价报价的程序、成本核算、计算技巧等。

（五）签署协议

无论是与组团社还是旅游者在前期工作完成后，就进入了成交阶段。其中对双方约定的事项进行程序上的确认，是计调人员在操作上必不可少的程序。

（1）与对方协商付款方式及付款时间。

（2）与对方确定违约补偿办法。

（3）与组团社拟定协议书，协议书的基本内容包括旅游时间，付款方式及付款时间，交付金额，双方权利、义务、违约责任等。与旅游者（直客）签订旅游合同。

（4）确认具体事项。在双方协商时注意考订文字，避免发生争议。与旅游者签订旅游合同时，应该提示旅游者合同中的敏感条款，并加以适当的解释和说明。

（5）核实签字。在双方没有任何异议的情况下，签字生效。计调人员一定要注意，如果任何一方没有签字，该协议或旅游合同都将视为无效。

（六）派遣地接导游员

（1）计调人员通过对导游的管理，根据旅游团队的特点正确选择合适的导游员是顺利完成旅游接待计划的关键。计调人员一般提前 3 天将旅游接待计划交给导游，特殊语种或重点团队应提前派发。

（2）提示地接导游员领取带团所需要的各种门票、行李单、游客意见表等。发给地接导游员旅行社社旗、旅游车标志、喇叭等上团必备用品。导游员如果需要借款，必须写下欠条。

（3）向地接导游员交代带团注意事项。如团队重点客人、民俗禁忌；用餐标准、司陪住宿等内容。导游人员必须严格执行接待计划，不得随意增减计划内容。如遇组团社行程或旅游者行程与地接社行程不符时，必须立即向计调人员汇报，不得擅自做主。

（七）接团监督

计调人员在实际操作过程中对接团的监督往往不太重视，认为旅游团已经开始了旅游行程，不会出现大的问题，即使有问题，只要自己出面协商解决也不会造成严重的后果。为了防患于未然，与各方保持良好的关系，计调的监督作用非常重要。其监督工作主要体现在：

1. 监督接团过程中各接待单位的落实情况

（1）监督交通工具的使用情况。特别是要注意旅游车的设施设备是否齐全、车况如何。它常常对团队的接待质量和利润产生决定性的影响。

（2）监督餐饮部门落实用餐情况。特别是餐厅的卫生情况，提醒地接导游员订餐时及时把旅游者（团）的宗教信仰和个别客人的特殊要求转告餐厅，避免出现不愉快和尴尬的局面。

（3）监督酒店宾馆的住宿情况。特别要重视住宿地点的环境、设施等。提醒住宿单位严格按照协议约定的标准向旅游者提供住宿。

2. 监督地接导游员的工作情况

（1）监督地接导游员实施旅游接待计划的情况。

（2）监督地接导游员的服务态度和服务水平，以及全陪、旅游者对地接导游员的意见评价。

（3）计调人员监督的方法。①实地监督。在实施接待计划的同时，计调人员到达现场对各个部门及导游员进行监督。但是，这一点在实际执行时会有困难。如果条件允许，可以采用此办法。②通过电话监督。计调人员可以通过电话询问。如向地接导游员询问各个接待单位的接待情况，向各个接待单位询问导游的工作情况，向旅游者询问导游员的态度等。这在实际工作中比较常用。

（八）售后服务

1. 售后服务的内涵

旅行社的售后服务是指在旅游者结束旅游之后，由旅行社向组团社或旅游者继续提供的一系列服务，意在加强与组团社或旅游者的联系，主动解决他们遇到的各种问题。其具体操作是由计调人员完成的。

售后服务对旅行社维系已有客源和开拓新的客源至关重要。由于大多数的旅行社计调人员不重视售后服务，丢失了不少客源，丧失了很多机会。售后服务应对旅行社今后的工作，尤其是在销售方面的工作的重要性极为重视，并采取多种多样的售后服务形式以争取再次与组团社合作，招徕每一位顾客。只有做好售后服务工作，才能巩固与扩大客源。只有客源充足，才能使旅行社在激烈的竞争中求得生存与发展。

2. 售后服务的内容

（1）督促地接导游员让游客填写意见反馈单，反映真实的接团情况。

（2）及时与组团社沟通接团情况，并表示下一次合作的愿望。

（3）行程结束后，督促地接导游员在规定的时间内到旅行社报账。

3. 售后服务的作用

（1）信息反馈。向组团社了解游客在旅游中的满意度；根据地接导游员收集的游客意见反馈单可以得到旅游的基本信息。计调人员对这些信息进行整理、分类，并及时向旅行社主管经理汇报。

（2）调整策略。计调人员根据组团社或旅游者反馈信息，可以及时、有针对性地调整经营策略，以适应旅游者不断变化的需求。

（3）保持联系。计调人员与组团社或旅游者经常保持联系，可以增进彼此的了解，加深感情。

4. 售后服务的方式

（1）电话问候。旅游者结束旅游行程返回常住地后，计调人员就应该致电旅游者表示问候。由于时间关系，有些旅行社计调人员通常只给一些重要常客打电话，这种做法可以达到多赢的效果：第一，旅游者会觉得自己非常受尊重，使他们的虚荣心得到满足；第二，旅行社的重视和关心使旅游者对旅行社心存感激；第三，旅行社可以从旅游者那里得到此次旅游的目的是否达到，以及在旅游过程中服务接待部门的工作情况；第四，旅行社可以及时掌握旅途中发生的麻烦以及客人可能提出的投诉，争取主动，早做工作，妥善处理问题。在实际操作中，旅游者往往不会主动给旅行社打电话提意见，对旅途中的一些不满大多采取消极的态度，抱着"吃亏上当就一次"的想法。旅行社计调人员主动打电话不仅可以平缓顾客的情绪，避免组团社和旅游者选择其他旅行社，而且通过对问题的妥善处理，还可以使接待社吸引更多的旅游者。

（2）游客意见调查表。实践中，旅行社计调人员不可能给每一位旅游者打电话，却可以通过地接导游员向每一位旅游者发放游客意见表。这种调查表可以让旅游者发表对此次旅游的意见和建议，也可以使旅行社掌握第一手资料，以便安排好以后的旅游接待工作。旅行社要对每份调查表进行编码，以便分类、整理、改进日后工作。

（3）电子邮件。旅游结束后，计调人员可以通过电子邮件与对方保持联系。只有经常与对方进行有效的沟通，才能获得更多的机会。撰写邮件时，切忌用一大堆广告词语或者一些模式化的语句，以免让对方感到不真诚，有推销自己之嫌，结果可能适得其反。使用电子邮件与对方沟通既方便，又突出了计调人员的工作特点，会使对方感到朴实亲切。

（4）充分利用微信、QQ 等功能。一个旅游团可以建一个朋友群，计调人员和导游通过朋友圈与团友进行及时的沟通和宣传，也可以增强游客的归属感。

（5）问候性明信片。针对顾客，计调人员可以向旅游者寄送明信片。这种明信片应该是旅行社自己设计印制的，有旅行社的社徽、地址、电话等内容，并由计调人员亲笔写上问候语或表示希望再次为其服务的良好愿望的语句。一旦游客接到明信片并与旅行社进行联络，旅行社便可利用这一机会向顾客推销新的旅游产品。

（6）促销性明信片。旅行社计调人员在考察旅游胜地时向顾客寄送有关旅游胜地的明信片。这是旅行社同顾客保持经常接触的行之有效的联络手段。

（7）招待会。旅行社除使用电话、邮件等联络方式之外，还可同客户进行直接的面对面的接触。旅行社可举办旅游者招待会，这些活动不仅能密切旅行社同顾客的联系，还能提高旅行社的知名度，提高旅行社的威信。被邀请的旅游者或通过视频与照片了解各国风景名胜、历史古迹和奇风异俗，或者座谈旅游中的感想，有些旅游者或许会通过会上相互间的推荐与介绍欣然订购下一次旅游。在国外，一些专门经营散客业务的旅行社还举行招待会，为那些独来独往的游客提供互相认识与互相推荐旅游线路的机会。还有的旅行社甚至举办旅游者野餐会或狂欢节舞会，这些直接进行接触的做法使旅游者同旅行社的联系犹如一个家庭的联系那样自然。这无疑会给旅行社的销售带来更多的好处。

（8）节日祝贺。节日或旅游者的生日是旅行社计调人员加强同客户联系的最佳时机，这就要求旅行社计调人员在接待旅游团时，注意积累旅游者的有关资料，建立客户数据库，并届时向客人表示祝贺，这些祝贺会使客人在惊喜之余觉得旅行社同他的个人关系很亲近，从而愿意购买该旅行社的产品。

（9）影印材料。接待社可以向组团社或旅游者寄送报纸和影印材料。这些资料中有关于旅游者最感兴趣的旅游胜地的报道，也有关于旅游的趣味性消息和文章，还有在游客出外旅游时家乡发生的一些重大新闻等，这些都有助于对方加深对旅行社的了解。

第3节　计划采购管理

一、旅行社计划管理

在社会主义市场经济条件下，经济体制的转换对计划管理提出了新要求，赋予其一定的新内容。计划管理在旅行社的发展中起着重要的作用，旅行社经营管理活动是否取得绩效，在很大程度上取决于计划管理工作的好坏。计划管理是企业管理的重要组成部分，是全体成员共同奋斗的行动纲领。

（一）旅行社计划管理的含义

旅行社计划管理即对旅行社制订的计划进行全面的组织、指挥、协调、监督、控制的全过程活动，它是实现旅行社经营目标的必要手段。通过有效的计划管理，以实施旅行社计划所定的目标。因此，可以说计划管理实质上是旅行社企业管理的首要职能和必经途径。

1. 旅行社计划的内容

旅行社的一切经营服务活动应在计划的统一要求和指导下进行。要制订科学的计划，旅行社首先应根据客源市场的状态、结构，在科学预测的基础上，决定目标销售额（或接待人员、组团量、发团量），然后将目标销售额进行分解；其次，旅行社根据目标的分解以及所要进行的经营活动，作出经营预算；最后，旅行社根据这种经营预算制订计划，从而保证旅行社经营目标的实现。因此，旅行社计划的主要内容有四项：一是根据旅行社的经营战略、经营方针、经营思想，确定一定时期内的目标销售额；二是进行经营指标的分解；三是编制经营预算；四是制订经营计划。

2. 旅行社计划管理的过程

旅行社对计划的管理是通过计划编制、实施和控制来实现的。因此，旅行社计划管理的过程可以划分为计划准备、计划编制和计划实施与控制三个阶段。

（1）计划准备阶段。旅行社计划准备阶段的工作主要有两项：一是市场分析；二是机会研究。市场分析主要是对旅行社经营环境和客源市场的状态进行科学的调查、分析与研究。市场分析是旅行社制订计划的基础，也是旅行社确定目标的基本依据。在一个特定的时间内，旅游市场的短期变化会对旅行社经营活动产生一定的影响，因此，根据客源市场的短期变化，了解掌握旅游客源市场以及旅行社行业的经营状况和发展趋势，结合本企业近年来的经营业绩及发展方向，作出年度的经营预测，将市场分析作为主要任务。机会研究是根据市场环境的发展状况，分析本旅行社的优势与劣势，从而确定企业经营发展方向，为企业计划的制订提供依据。

（2）计划编制阶段。旅行社计划的编制主要有两项工作：一是确定经营目标；二是确定经营方案。经营目标是旅行社计划的核心，由各种定性目标和定量目标构成。在一般情况下，经营目标是在市场预测的基础上，根据旅行社经营战略、指导思想和方针，经过企业的充分研究讨论，制订出企业计划，经营目标是一个预测的结果，企业有多种途径实现目标，因此，必须制订与实现目标途径相适应的多种经营方案。在方案实施中，分解目标和预算是不可缺少的内容。

（3）计划实施与控制阶段。旅行社对计划实施进行检查、监督控制是计划管理的职能之一，是全面计划管理重要的组成部分。它是检验各项工作是否符合计划规定的要求和目标，并可及时采取有效措施，保证计划工作顺利进行。

（二）旅行社经营目标体系的确立

旅行社企业计划，不论是长期、短期等期限性计划，还是总体和局部等规模性计划，以及各项专项计划，都属于旅行社计划内容的范畴。在旅行社计划体系中，确定经营目标体系是一项十分重要的内容。所谓经营目标是指旅行社的经营活动在一定时期内的奋斗方向以及预期取得的经营成果。旅行社的经营目标体系主要有以下两大类：

1. 数量目标

数量目标用来表示旅行社在计划期内经营活动应达到的数量要求，通常用绝对数表示，这些目标主要有：

（1）接待人数。一定时期内旅行社接待的旅游者的总人数。

（2）接待天数。一定时期内旅行社接待总人数与人均停留天数的乘积。

（3）营业收入总额。一定时期内旅行社各项经营业务收入的总和。

（4）营业收入净额。又称旅行社业务费收入，是一定时期内旅行社营业收入总额中扣除旅游者的房、餐、车及地陪、娱乐、保险、手续费等代付费用后的余额。

（5）营业成本总额。一定时期内旅行社业务经营过程中所发生的直接成本总和。

（6）营业费用。一定时期内旅行社经营活动所发生的各项费用。

（7）管理费用。一定时期内旅行社为组织和管理其经营活动所发生的费用以及由旅行社统一承担的费用。

（8）财务费用。一定时期内旅行社发生的利息支出、金融机构手续费、加息以及所发生的其他费用。

（9）利润总额。一定时期内旅行社营业收入减去成本费用、营业税及附加与营业外收支后的余额。

2. 质量目标

质量目标表示旅行社计划期内经营活动达到的质量要求，通常是用相对数或平均数来表示的。旅行社经营的质量目标主要有以下几种：

（1）人均停留天数。一定时期内旅行社接待人天数除以接待人数的商。

（2）接待人天收入。旅行社接待每个旅游者每天的营业收入，是一定时期内旅行社营业收入除以接待人天数的商。

（3）资本金利润率。一定时期内旅行社利润总额与资本金总额的比率。

（4）营业利润率。一定时期内旅行社利润总额与营业收入净额的比率。

（5）全员人均利润额。一定时期内旅行社利润总额与平均全员职工总数的比率。

（6）全员人均营业收入。一定时期内旅行社营业收入净额与平均全员职工总数的比率。

（7）应收（应付）款占营业收入总额的比率。一定时期内旅行社外拖欠款（应付结算款）与营业收入总额的比率。

（8）坏账占营业收入总额的比率。一定时期内旅行社坏账损失与营业收入总额的比率。

（三）旅行社经营目标的分解

在旅行社计划管理中，对各项经营目标的分解是一项十分重要的工作。所谓经营目标的分解是指以一定的分配基准对各项经营目标进行的细化以及对实现经营目标的具体方法及程序所做的规定。

经营目标的分解要有利于旅行社开展经营活动及实现各项经营目标。因此，在经营目标分解的过程中，旅行社首先应充分考虑每项产品的市场占有率、竞争力、产品的市场形象与地位以及上年度经营绩效；其次，应考虑旅行社客源市场的规模和市场成长率；最后，还应考虑旅行社客源网络以及销售人员的状况。因此，旅行社经营目标分解的方法有以下四种：

（1）按旅行社产品类型分解。旅行社拥有多种形式的产品，每种产品对旅行社经营目标实现的意义也有所差异，因此，在经营目标分解过程中，旅行社可以根据每项产品的经营水平决定分解经营总目标的比例，规定每项产品所必须完成的年度经营目标。

（2）按旅行社经营的地区范围分解。旅行社在一定时期内具有一定的地区销售结构，在经营目标分解中，应当根据地区的客源量、市场销售潜力及本企业地区性市场占有率对经营目标进行分解，从而确定各种产品的经营指标。

（3）按旅行社职能部门分解。在经营目标分解过程中，旅行社可以将企业的总目标分解为不同部门的分目标。将总目标进行分解，可以促使各部门分工负责，保证总目标的实现。

（4）按经营时间分解。在经营目标分解中，旅行社可以按经营的时间分解经营总目标，从而有利于总目标的分段实施、定期检查以及准确地掌握旅行社经营目标实现的情况，有利于对经营活动进行有效的控制与调整。

二、旅行社采购管理

（一）旅行社采购的内涵

旅行社的产品是旅行社为满足旅游者旅游过程中的需要而向旅游者提供的各种有偿服务。旅行社的产品主要由购自其他旅游服务产业或部门的旅游服务项目所构成。因此，旅行社在其产品设计完成之后，应该根据产品内容的构成，向相关产业或部门采购所需要的各种旅游服务。目前在我国，旅行社向旅游者提供的产品除了各种单项服务外，更多的则表现为包括食、住、行、游、购、娱各要素在内的综合包价旅游，这就使旅行社的产品不可避免地将住宿、交通工具和餐饮等经营服务项目包括在其中，由此产生了旅行社旅游服务的采购行为。

旅行社的采购，是指旅行社为组合旅游产品而以一定的价格向其他旅游企业及与旅游业相关的其他行业和部门购买服务项目的行为。

旅行社的产品是一种特殊的产品。旅行社购买的服务项目构成旅行社产品必要的组成部分。在旅行社的产品中，除了如导游服务等少数内容由旅行社直接提供外，其余的多数内容均购自其他部门或行业。旅行社根据旅游者的需求将这些内容组合成各种产品向旅游者推销。所以，旅游服务的采购是旅行社的一项重要业务。

（二）旅行社采购的原则

旅行社在采购业务中，应遵循以下原则：

（1）保证供应。保证供应是旅行社在其采购业务中必须遵守的首要原则。旅行社产品大多购自其他部门或企业。由于旅行社的产品多数采用预售的方式，所以一旦旅行社不能从有关的部门或企业购买到已经预售出去产品所包含的服务内容，就会造成无法履约的恶果，引起旅游者的不满和投诉，并给旅行社带来经济损失和声誉损害。例如，使旅游者乘不上规定的航班、住不上规定的饭店客房、看不到应看的节目、吃不到应吃的餐食等，都可能引起旅游者的不满甚至投诉。此外，旅游旺季是旅行社业务最多的季节，但各种旅游服务常常处于供不应求的紧张状态，如果旅行社的采购工作不得力，无法保证旅行社产品中所需旅游服务项目的供应，就会给旅行社的声誉造成不良的影响。例如，北京某旅行社在旅游旺季接待了一个美国旅行团，全团有60名客人，大连某国际旅行社作为组团社已发出计划，通知北京地接社预订北京烤鸭风味餐，当导游晚上带领旅行团来到该社计调部所安排的北京著名餐馆就餐时，才知道餐馆根本没接到旅行社吃烤鸭的通知，远道而来的客人由于旅行社的疏忽没有吃到烤鸭，因此非常不满，其结果可想而知。

（2）保证质量。旅行社在采购各项旅游服务时，要保证买到所需旅游服务项目的数量，还要保证所购旅游服务项目符合规定的质量。如果旅行社只关心所购旅游服务项目的数量，而忽视旅游服务项目质量，将会造成旅游者的不满和投诉。例如，上海某旅行社组织了20人前往海南旅游，该团抵达海南后，游览了天涯海角等景点，游兴很高，到了晚上，导游带领游客来到下榻的某酒店，客人发现酒店同他们所要求的三星级标准相差很远，充其量是二星级酒店，于是非常不满，拒绝入住，要求更换酒店，不然就投诉旅行社。此事使旅行社非常被动。

（3）降低成本。旅行社产品中的主要成分是购自其他旅游服务部门或企业的旅游服务项目，购买这些旅游服务项目的价格构成了旅行社产品的主要成本。旅行社降低成本的主要目标应该放在决定直接成本高低的关键性因素——采购价格方面。现阶段我国旅行社业的价格战进行得很激烈，旅行社利润率不断下降。在此情况下，如果旅行社的采购工作得力，采购价格比别的旅行社低，就可以争取到更多的客源，反之，就会失去许多客源。降低采购价格对于增加旅行社利润具有重要意义。旅行社经营的成败在很大程度上取决于旅行社采购来的各种旅游服务项目的价格。因此，旅行社必须在保证旅游服务供应和旅游服务质量的前提下，尽量设法降低成本。

（三）旅行社采购的策略

旅行社作为以营利为目的的旅游企业，在其旅游服务采购活动中，要从本企业的经济利益出发，根据具体情况，采用不同的采购策略。其采购策略包括：集中采购、分散采购和建立采购协作网络三种。

（1）集中采购。集中采购是旅行社在采购中经常利用的一种采购策略，包括两个方面的含义：第一，旅行社将其各个部门的采购活动集中于一个部门，统一对外采购；第二，旅行社将其在一个时期所需的旅游服务集中起来，精心挑选某一个或少数几个旅游服务供应商，以最大的购买量获得最优惠的价格。集中采购的主要目的是通过扩大采购批量，降低采购价格和采购成本。

（2）分散采购。分散采购也是旅行社经常采用的一种采购策略。分散采购主要适用于两种情况：一是旅游市场上出现了严重的供过于求现象。在这种情况下，旅行社采用一团一购的方式，将采购价格压低，以最小的代价获得所需的旅游服务项目。二是因旅游旺季旅游服务出现供不应求的情况，在这种形势下，旅行社要设法从许多同类型旅游服务供应部门获得所需的服务。

（3）建立采购协作网络。建立采购协作网络是旅行社在采购活动中采用的第三种策略。旅行社为了达到保证供应和降低采购价格及采购成本的目的，应该通过与其他旅游服务供应部门或企业联系和协作，建立起广泛而且相对稳定的协作网络。旅行社在建立采购协作网络的过程中，必须坚持三个原则：第一，协作网络比较广泛，覆盖面比较广。第二，运用经济规律，在互利互惠的基础上长期合作。第三，加强公关活动。

第 4 节　计价与报价

一、旅行社的价格策略

以接待业务为主的旅行社，工作的核心就是如何以适当的价格将旅行社的产品通过适当的渠道推向选定的细分市场，销售过程的管理和售后服务对旅行社来说具有非常重要的意义。而对旅游产品价格的具体操作则是由旅行社计调人员来完成的。所以，计调人员要熟知旅行社产品的定价策略、定价依据等，这样才能准确快速地计算出产品价格并对外报价。

（一）旅行社产品的定价依据

旅行社产品的价格一般会受到三个因素的影响：旅游产品本身的成本决定最低价格，竞争对手同类产品的定价标准决定市场价格，旅游者购买能力和对产品价值的认识决定标准价格。

旅游产品成本是旅行社制定销售价格的直接依据，因为任何企业的经营都是以保本为前提的。旅行社产品的价格主要由成本、利润和税金三部分组成。产品成本的高低直接决定旅行社产品售价的涨落，而旅行社产品的成本在许多情况下并非旅行社单方面能控制的，它会受到许多因素的影响，如协作单位根据自身经营情况进行的价格调整和国内零售物价总指数的变动等。

由于旅行社产品的销售是一种预约性交易，即旅行社与旅游者达成交易在先，旅行社实际提供服务和旅游者实际消费在后，价格往往需提前 1 ~ 3 个月报出，出入境时间会更长甚至需要半年或一年报出。根据国际惯例，旅游价格一经报出，在执行年度就要保持相对稳定，不宜频繁修改，这是维护旅行社信誉的必要条件。因此，旅行社制定产品售价以前，应注重研究价格的变化趋势及影响因素，尽量避免由于当地价格变化给旅行社带来损失。

（二）影响旅行社产品价格的因素

（1）供求关系。旅行社制定产品售价时，必须考虑售价与市场供需之间的内在联系，亦即供给量、需求量与价格之间的关系。具体表现在：①需求规律。在一定时间内，假如供给是一定的，如果需求增加，价格就会上升；如果需求减少，价格就会下降。②供给规律。在一定时期内，如果供给增加，价格就会下降；如果供给减少，价格就会上升。③平衡规律。如果市场供求平衡，就存在一种均衡价格。此价格既满足需求者的需要，又适应供给者的需要。由于市场供求的相互作用，供需一旦达到平衡，产品价格就会趋于稳定，但这种均衡和稳定只是暂时的，很快又会产生新的不均衡和不稳定。

（2）需求弹性。一般说来，旅行社产品的需求弹性较大，因为旅游是一种高级消费方式，不同于生活必需品。这就要求旅行社在利用价格调节需求时，必须充分考虑需求弹性的大小，尽量避免价格决策的失误。此外，旅行社产品价格的高低对旅游者目的地的选择、停留时间和支出水平影响很大。因此，价格弹性系数也是旅行社制定合理的旅游地区差价、季节差价、质量差价和数量差价的重要依据。

（3）成本变动。受通货膨胀、供给状况、协作部门价格调整等因素的影响，旅行社产品的成本会发生相应变化。这就必然会影响旅行社产品的售价。旅行社产品的销售属于预约性交易，从报价到成交付款和旅游开始的时间内都可能会受到成本价格变动的不利影响。这就要求旅行社在对外报价时，应充分考虑可能的成本变动因素，以免使自己陷入被动。

（4）产品特性。旅行社产品主要是一种无形的服务，其无形性决定了它具有不可储存的特性。这就要求旅行社的产品价格对供求变化应及时作出敏锐和灵活的反应，特别是在供过于求的时候，应该在可能的情况下为争取客源迅速降价销售，以减少损失。与此同时，旅行社产品的综合性使旅行社的销售承诺涉及众多的服务预订，如果旅游者大量退订（这可能导致旅游团因人数不足而无法出团）而旅行社又不能将已经预订的服务及时销售出去，就会给旅行社造成声誉和经济上的损失，使旅行社产品的售价在最后时刻可能变得很低。

（5）国家政策。我国正处于市场经济发展时期，在特定的市场环境下政府会采用调控手段来控制市场产品价格。所以，在现阶段产品的价格不是完全自发形成的，有时甚至要使价格背离价值，以兼顾国家、集体、个人三方面的利益，旅游价格也不例外。

二、旅行社产品的定价方法

旅行社的产品主要是一种无形的服务。对于一般的服务产品来说，其成本的确定比有形产品更困难。旅游者购买旅游产品时，属于非专家购买，因此不能客观、准确地检查无形的服务。第一次购买某种旅游产品的顾客甚至不知道产品里到底包含什么内容，再加上很多服务产品是按各类旅游者的不同要求，对服务内容作适当添减，使旅游者只能猜测服务产品的大概特色，然后同价格进行比较，但对结论缺乏信心。这就解释了为什么服务产品价格上限与下限之间的定价区域，一般比有形产品的定价区域要宽，最低价格与最高价格的差距要大。这种现象在管理咨询、医疗和美容服务等行业比比皆是。因此，顾客判断价格合理与否时，更多的是受服务产品中实体要素的影响，从而在心目中形成一个价值概念，并将这个价值概念与价格进行比较，判断是否物有所值。所以，企业定价时所考虑的主要是顾客对产品价值的认识，而不是产品的成本。

但是，旅行社产品作为服务产品的一个组成部分，却有与一般服务产品不同的特性。旅行社的产品具有较强的综合性，其中多数服务项目和服务内容都是从相关部门采购而来。所以，旅行社产品的直接成本远远高于前述管理咨询和内容等服务产品。这就使旅行社为产品定价时，首先选择的是成本导向的定价策略，确定旅行社产品的基本价格之后，应采取旅游者导向的价格策略，对已经确定的基本价格进行必要的修订，以便更好地适应市场需要。

（一）成本加成定价法制定产品的基本价格

成本加成是以成本为中心的常用定价方法，是在产品单位成本的基础上增加一定比例来确定产品售价的方法。从理论上讲，旅行社产品的价格应包括直接成本和间接成本。但在旅行社实际业务运行中，计调人员一般将产品售价简单地表示为直接成本加利润。这里的利润是包含旅行社各种费用、税金和折旧在内的利润。它通常根据直接成本的一定比例来确定，这个比例可以是旅行社预期的利润率，也可以是旅行社经营管理人员的经验数据。但无论如何，这一比例的大小都受本地区旅行社行业平均利润率的影响。事实上，在目前我国的旅行社中，除去一些由于各种原因而在经营或产品方面具有垄断性的旅行社以外，绝大多数旅行社采取的都是行业平均利润率。因此，成本加成的公式可以表示为：

$$\text{旅行社产品基本价格} = \text{单位产品直接成本} \times (1 + \text{平均利润率})$$

（二）旅行社产品的定价策略

旅行社除了要根据不同定价目标，选取不同的定价方法，确定产品的基本价格外，还应在不同的情况下，运用各种价格策略对基本价格进行调整，以使其更适应外部环境。常用的定价策略主要有如下几种：

1. 新产品定价策略

新产品的定价问题十分重要，它关系到新产品是否能及时打开市场、占有市场，并获得满意的利润。

（1）撇脂定价，又称为撇油定价。撇油，原意是指将牛奶上的那层奶油撇出。市场撇油定价，是指新产品投放市场时，主张在短时期内对产品采取高价投放的政策，获得高利润的定价策略。撇油定价策略的优点是利润大，可及时回收成本投资。高价位也有利于树立高质量的产品形象，并给旅行社留有一定的降价空间，以吸引对价格敏感的旅游者。新产品刚上市时，需求弹性小，旅游者对产品价格的反应不敏感，竞争对手也较少，因此可能在短时期内获得最大的利润。这一策略的缺点在于产品尚未在消费者中建立起声誉之前，实行高价投放，不利于开拓市场；与此同时，如果高价投放销路很好，会迅速招致竞争者，致使竞争白热化，旅行社的高额利润自然也就会随着竞争加剧而趋低。因此，撇脂定价策略一般只适用于新、特殊产品投放市场的初期，适用于经营具有垄断性和需求缺乏弹性的产品，此种策略属于短期策略。旅行社如果想长期采用这一策略，就必须不断进行产品创新。

（2）渗透定价。与撇脂定价策略相反，渗透定价策略主张低价投放市场的政策，以便尽快扩大产品销售量，获得较大的市场份额，并排斥竞争者的加入，从而达到长期占有市场的目的。渗透定价策略的优点是有利于迅速渗透市场，打开销路，提高占有率，薄利多销，使销售量增加，成本下降，从而获得长期收益，也有利于排斥竞争对手的介入。缺点是旅行社的利润偏低，资金回收期长，价格变动余地小，不太可能再降低价格吸引更多的游客。这一策略适用于具有大批量接待能力、经营缺乏垄断性和需求富有弹性的产品，但这一策略必然导致旅行社经营利润率偏低。

（3）适宜定价。撇脂定价或渗透定价，是对新产品进行定价的两种极端情况。适宜定价，是指在上述两种极端定价之间采取适宜的价格。这种策略确定的价格对旅行社和游客都比较公平合理。旅行社既可以在一定时期内收回成本，又可以使多数旅游者接受新产品的价格。

2. 心理定价策略

心理定价策略是为了刺激和迎合游客购买的心理特点，对产品价格进行一定的调整，从而招徕更多的旅游者。旅行社可以使用的心理定价策略主要包括尾数定价法、整数定价法、招徕定价法、系列定价法、吉祥定价法、视觉定价法六种。

（1）尾数定价法。又称为零头定价法。尾数定价是相对于整数定价而言的，是指旅行社在确定产品价格时，采用低于但又非常接近下一个整数的数字作为产品的销售价格。如使用1998元而非2000元。虽然两者之间只相差2元，但旅游者的感觉却大不相同，给游客一种货真价实和价格低廉的感觉。

（2）整数定价法。也称为声望定价。整数定价策略是指有声望的旅游企业采取的高价策略，一般知名的旅游企业经常使用这一定价策略来显示本企业产品的高品质形象。在旅游者心中信誉较好的旅行社或知名的旅行社采用这种定价策略的目的是招徕更多的旅游者，同时扩大本企业的影响力，向购买者显示自己的旅游产品与一般旅行社的旅游产品不同。购买这种产品的旅游者常将此作为一种身份或社会地位的象征。

（3）招徕定价法。又称为特价定价。招徕定价是指旅行社用低价、减价等方式来吸引游客购买。这种策略主要是为迎合多数游客求廉价的心理，提供特价团、特价旅游线路等，以吸引游客。游客购买时旅行社可以推荐本企业的其他产品，扩大连带销售。

（4）系列定价法。又称为分级定价。是指旅行社将所有的产品分为豪华、标准、经济等不同的等级，再对各个等级分别定价，形成一系列价格档次。系列定价可使旅游者按照自己的需求购买旅游产品，容易使旅游者对旅游产品的质量产生信任，同时提高旅行社计调人员的工作效率。

（5）吉祥定价法。即采取诸如666、888、999等具有吉祥意义的数字作为产品售价的策略。

（6）视觉定价法。又称为感官定价。视觉定价是指在一组旅游产品的价格对比中，使用一定的方法和技巧，使旅游者按照旅游经营者的意图去选择某一个旅游产品，见表2-1。

表2-1 视觉定价

产品名称	A	B	C
出游时间	3天	5天	7天
价格	2000元	2200元	3000元

在这组旅游产品中，如果时间允许旅游者很容易选择B产品。因为A、B旅游产品只相差200元，而B、C旅游产品相差800元。同样是多两天的行程价格差异如此之大，一般的旅游者不会选择A或C。

3. 折扣定价策略

旅行社为了扩大本社旅游产品销售量，加快企业资金周转，有的放矢地运用优惠价和差价，在产品的基础价格上给予游客或中间商某种折扣。这种折扣策略可以不必改变产品的价格，有较强的灵活性。内容主要包括：

（1）数量折扣。是指旅行社为鼓励中间商大量购买本社的旅游产品，根据购买的人数或金额而给予一定的折扣。数量折扣可分为累计数量折扣和非累计数量折扣。累计数量折扣，是指在一定的时期内，可以是3个月也可以是半年、一年，按照购买的总数量或总金额给予折扣；非累计折扣，是指根据一次性购买的数量或金额给予折扣。这种策略可以鼓励客户（主要指组团社）多次购买本旅行社的产品。值得指出的是，这种折扣多数情况下并不直接面对旅游者，而是针对中间商。

（2）现金折扣。也称为提前支付折扣，是指旅行社在赊销情况下，对那些提前付款的客户，给予一定比例的价格优惠。这种折扣可改善旅行社的现金流通，降低收回欠款的费用，减少坏账损失。这种方法也可以用在旅行社计调在采购旅游产品方面。但是，此方法也有风险性。有的接待社为争取客户而赊销产品，后因组团社欠款不还而导致企业倒闭的情况也时有发生。因此，运用这种策略时应该格外慎重。

（3）功能折扣。也称为交易折扣，指旅行社对提供某些宣传、推销等营销功能的中间商，给予一定的价格折扣。旅行社采取此种策略，可减少营销费用，从而省下成本费用，以折扣的形式转让给客户。这样可以鼓励中间商更好地为本旅行社宣传，帮助其推销自己的旅游产品。

（4）季节折扣。又称为季节差价，是旅行社为吸引、鼓励旅游者或组团社在淡季买本社产品而给予的价格优惠。此策略可使旅行社产品生产与销售保持相对稳定，减少淡季时设施与人员的闲置。

旅游产品定价是旅行社营销组合的要素之一，必须与营销组合的其他因素相配合。在此，需要强调指出的是，旅行社无论采取怎样的定价方法和定价策略，其产品的最终销售价格必须达到价格理论对价格的基本要求，即价格必须反映产品的质量，价格要有连续性和稳定性，对不同的市场价格要有灵活性，要特别注意和竞争对手产品价格的比较，合理安排各项服务之间的比价关系，产品价格要服从国家政策的要求。

（三）旅行社产品的定价目标

旅行社产品的定价目标，是指旅行社为产品定价时，预先设定的通过价格手段所要达到的预期目的和标准。旅行社确定明确具体、现实可行的定价目标之后，才能进一步按照恰当的定价方法和策略去进行价格管理。

（1）维持生存目标。维持生存目标也称为生存导向目标。当旅行社面临竞争态势异常恶劣、客源大减、资金周转不灵、产品卖不出去等困难时，为避免破产倒闭，渡过经营危机，以保本价格甚至亏本价格出售产品，以争取客源维持营业，并努力争取研制新产品的时机，重新占领市场。这种定价目标往往只作为特定时期的过渡性目标，一旦旅行社出现转机，它将很快被其他定价目标所取代。

（2）当期利润最大化目标。当期利润最大化目标也称为利润导向目标。这种目标通常是侧重于短期内得到最大利润。以此为目标的前提条件是：旅行社及其产品在市场上居领先地位，而其他竞争对手力量不强；旅行社产品在市场上供不应求。旅行社可采取扩大销售量和提高价格的策略来实现这一目标，但利润最大化并不意味着价格最高。这一目标可能会影响市场占有率，为竞争者提供机会。所以，旅行社采用这一目标应慎重，必须有长远的经营战略。

（3）预期收益目标。预期收益目标也称为收益导向目标。旅行社对投入的资金，一般都希望在一定的时期内收回，并获得一定的利益。因此，往往以获得一定的销售利润为目标来进行产品定价，采取成本加成定价法。因此，难免会忽略市场需求、竞争状况等其他因素。所以，这一定价目标更适用于一些资产雄厚、竞争力强大的大型旅行社。这些旅行社价格决策受弱小竞争者的影响较小。

（4）扩大市场占有率目标。扩大市场占有率目标也称为销售导向目标。这是一种注重长期利益的定价目标。市场占有率也称为市场份额，是指企业产品的销售量在同类产品销售量中所占的百分比。市场占有率高，可以通过规格的高低和市场占有率来控制成本，并可以取得一定的控制市场和价格的能力，从而提高产品竞争力。一般产品价格的高低与市场占有率成反比关系。所以，对于新创立或不满足自己所占市场份额的旅行社，一般可采取将产品定价低于主要竞争对手同类产品价格的方法，实行市场渗透，以取得更大的市场占有率。这是一种放弃眼前利益、获得长远利益的战略。

（5）应对竞争目标。应对竞争目标也称为竞争导向目标。在旅游市场竞争中，价格是最有效而又最敏感的竞争手段。旅行社可以竞争对手的价格为基础，再根据自身条件为自己的产品定价。在竞争激烈的旅游产品市场中，若本旅行社实力较弱，一般价格应定得低一些。只有具备特别优越的条件（如资产雄厚、产品质量优异、服务水平很高等），才可能把价格定得高一些。

（6）树立或维持良好的形象目标。树立或维持良好形象目标，也称为形象导向目标。旅行社形象，是旅行社通过长期市场营销等活动，而给予消费者的一种精神感知。旅行社良好的企业形象会存在于旅游者的心目中，给旅行社带来可观的利润。良好的形象与产品销售、市场占有率、竞争能力等密切相关，这些又会通过价格表现出来。所以，旅行社为建立或保持良好的企业形象，对于产品价格的制定就要符合企业形象的要求。这种定价目标有利于改变目前我国旅游市场上存在的恶性削价竞争局面，提高旅行社的产品销售和利润率，也会受到旅游者的欢迎。旅行社要提高产品的质量，提供优质、优价的服务，树立良好的企业形象。

三、旅行社产品的定价程序

价格是调节经济利益、传递经济信息、影响经济形象的重要因素。旅行社产品定价的程序主要包括如下几个步骤：

（1）收集信息。旅行社应充分收集有关产品供求信息、竞争对手信息、客户信息等方面的资料，并对这些资料加以分析、判断、处理，进而为合理定价提供依据。

（2）确定目标。确定定价目标，是旅行社产品定价首先要解决的指导思想。旅行社应该根据自己企业的规模、经营状况等内部条件及收集的外部环境、市场状况的变化，来确定适合的定价目标。同时，选择定价目标时，要从全局考虑，有所侧重，综合决策。

（3）估算成本。成本是定价的最低限度，产品价格高于成本才会有赢利。旅行社应对产品科学估算，进行保本分析、主要成本变化，确定市场营销的最低价——保本价格。

（4）了解需求。了解市场需求，分析旅游者对价格的接受度，作为制定合适价格的参考。

（5）选定定价法。旅行社通过以上几个步骤的准备工作后，可根据自己的产品情况，选定最有利于实现定价目标的定价方法，最终确定产品售价。

（6）确定最后价格。价格制定后，还要考虑它是否符合国家相关的政策法令，是否符合消费者心理，根据环境的不同，运用合适的定价，让价格更具吸引力。随着时间的推移和市场竞争环境的变化，还要对定价不断加以调整，以实现定价目标，提高产品竞争力。

四、计调人员的内部定价

内部计价是计调人员一项重要的基本功，同时也是旅行社计调部门一项非常重要的工作，要根据市场需求制定合理的价格，并及时对外报价，才能最大限度地占领市场份额。

（一）计调人员如何进行内部计价

1. 成本构成及成本的计算

计调部的内部计价，主要是针对地接社和组团社来作价、计价的。一般旅行社的成本费用包括营业成本、营业费用、管理费用、财务费用。

标准成本：是按照标准的操作程序和计算比例计算出的成本，可以采用分解法、定额法、预算法来进行计算。

实际成本：实际成本 = 直接成本 + 间接成本；由于这两个成本有不确定的因素存在，所以计算出来的成本往往高于或低于标准成本。例如，实际计算中往往不含导游服务费、车价高低浮动、员工变更、广告投入等。

直接成本：包括导游服务、食住行游购娱、各项附加费（包括机场建设费、意外保险、景区贷款、房差、减免人数）等。

间接成本：员工工资、保险、房屋租金、电话费、广告费（如平面、报纸、印刷品、网络、电视、推介会等）、税金、不可预见费等。旅游产品费用计价表见表 2－2。

表 2－2　旅游产品费用计价表

人数　　　　旅行团团号

各项费用及附加费明细								
城市	大交通	房价	餐费	景点	文娱	交通	附加费	小计
费用合计								
保险费								
签证费								
不可预见费								
成本价								
减免费用								
综合费								
总报价								
全团总费用								

2. 地接社的计价方式

地接社的计价，是指本旅行社作为地接社，为向组团社报价所采取的计价方式。例如，组团社在向地接社询价时发送一份预报传真。

> 大连××旅行社：
>
> 我社组织的 C－160220－1 团队一行 32＋1 人内宾，于 2016 年 2 月 20 日乘坐 CZ6130 航班于 20 日下午 14 点 05 分抵达大连周水子国际机场。需要贵社接待工作如下：（1）安排导游接站；（2）安排去大连老虎滩海洋公园、森林动物园、发现王国游览；（3）预订 2 月 23 日下午返回北京的机票 33 张；（4）21、22 日两天住市内挂牌三星酒店，代订双人标准间 16＋1 间（16 间＋一间全陪房）。请贵社分项报价。正式计划及旅客名单后发。
>
> 祝颂
>
> 商祺！
>
> 北京××旅行社国内部　王丽丽
>
> 2016 年 1 月 5 日

其计价方法为：

门票：老虎滩海洋公园 230 元/人，森林动物园 120 元/人，发现王国 180 元/人

住宿：80 元/人·天

用餐：40 元/人·天（4 正 2 早）

交通：50 元/天

导服：10 元/人

小计：230＋120＋180＋80×2＋40×2＋50×2＋10＝880 元/人

总计：880×32＝28160 元

这是在理想状态下，或称为标准计算方法，用来计算出来的结果是直接成本。如果要计算出此团队的实际成本，则必须加上间接成本。这往往是计调人员忽略的事情。而间接成本计算复杂，而且要根据每个旅行社不同的情况具体问题具体分析，现只举一例略加说明。

间接成本计算方法其中之一为：

例如，旅行社有 12 名员工，一线操作人员 10 名，每月员工平均工资 2000 元，员工保险 700 元，每年房租为 24 万元，本月通信费 2000 元，本月投入广告费 3000 元。没有计算税金和不可预见费。

旅行社该月的总间接成本＝2000×12＋700×12＋20000＋2000＋3000＝57400 元/月

旅行社一线操作人员该月每人的间接成本＝57400÷10＝5740 元/人。

也就是说，计调人员计算该团队成本时，应该考虑将该月的间接成本合理地分摊到

每一个团队当中。这样才不会出现每个团队都是赢利的，由于存在非赢利的团队，年底结算时实际营业总收入可能有亏损的情况。

（二）地接社的利润核算及核算技巧

1. 利润的内涵

利润是旅行社在一定时期内经营活动的最终财务成果，是旅行社经营活动的效率和效益的最终体现。毛利是指在不考虑税金和费用的情况下，销售所购入的产品或自己生产的产品所产生的利润。

毛利 = 营业收入 - 营业成本

也可以说是：毛利 = 营业收入 - 产品进价

毛利率 = （营业收入 - 营业成本）/营业收入 ×100%

纯利就是扣除所有成本费用和税费后的净利润。

2. 利润的计算

地接社计调人员核算利润时，比较通用的方法是成本加成法。但是，计算时一定要将每一项费用分别加成进行计算。在实际操作中，往往组团社会要求接待社分项报价，这样就增加了报价难度，但还是有办法可循的。例如：

（1）门票。老虎滩海洋公园230元/人，森林动物园120元/人，发现王国180元/人。旅行社采购景点时会与这些单位有协议价格，老虎滩海洋公园180元/人，森林动物园100元/人，发现王国160元/人。这样计算出来的结果应该是：

标准对外报价　　老虎滩海洋公园门票 = 230 × 32 = 7360元

实际成本价格　　老虎滩海洋公园门票 = 180 × 32 = 5760元

实际利差 = 7360 - 5760 = 1600元

标准对外报价　　森林动物园门票 = 120 × 32 = 3840元

实际成本价格　　森林动物园门票 = 100 × 32 = 3200元

实际利差 = 3840 - 3200 = 640元

标准对外报价　　发现王国门票 = 180 × 32 = 5760元

实际成本价格　　发现王国门票 = 160 × 32 = 5120元

实际利差 = 5760 - 5120 = 640元

（2）住宿。80元/天，这是标准成本价格，在实际操作中，如果旅行社的客人在该酒店的入住人数达到一定数量时，酒店还会给旅行社一定的优惠政策。

（3）用餐。40元/人（4正2早）。

（4）交通。50元/天，计算交通费用时，一般不采用每人每天多少费用的计算方法。在实际操作中，是按照包车的形式向旅游车司机付费。计调人员计算时，如果团队人数少，则相对的人均成本就要高；如果人数多，人均成本就会相应降低。例如：

标准对外报价　　50 × 2 × 32 = 3200元

实际成本价格　　每天用车 1300 元，1300 × 2 = 2600 元

实际利差　　　　3200 − 2600 = 600 元

（5）导服。10 元/人，10 × 32 = 320 元，在实际工作中，导游员是拿不到这笔服务费的，它可能成为接待社的利润，也可能成为组团社砍价的对象。

小计：230 + 120 + 180 + 80 × 2 + 40 × 2 + 50 × 2 + 10 = 880 元/人

总计：880 × 32 = 28160 元

总利差：1600 + 640 + 640 + 600 + 320 = 3780 元

即使接待社按照成本价向组团社报价，也不会导致亏损（排除间接成本的因素）。进行成本加成计算，利润的百分比是根据旅行社采购的情况和市场的综合情况等多重因素决定的。

五、计调人员的对外报价

（一）对外报价

根据以上的计算结果，接待社计调人员就可以向组团社对外报价。报价可以通过电话或传真或电子邮件的方式进行。因为组团社接到报价后，会将几家地接社的报价进行比较，最后定下由某一旅行社负责接待，老客户除外。

（二）地接社的报价技巧

按照上述地接社的计价结果报价，能否通过洽谈与组团社成交，关键是看计调人员的报价技巧。如果不能成交，计调人员前面所做的一切工作都属于无用功，这样既耽误时间，又没有工作效率。所以报价技巧至关重要。

（1）了解本地区其他接待社的接待价格。知己知彼，百战不殆。在本地区同样行程的接待价格中选择最高和最低的价格进行比较，从中选择一个平衡点。价格过高会导致组团社另找他家，价格过低会使接待社的利润受到影响。

（2）清楚地知道本旅行社的优势、劣势，洽谈中所存在的风险，以及可能出现的机会。运用 SWOT 分析法进行科学的分析。

（3）价格是一个敏感的话题，一般组团社与接待社之间都会通过电话沟通洽谈旅游接待价格，然后再采用传真进行确认。

（4）了解市场行情，遇到组团社砍价非常正常，不要紧张，给自己说话留有余地。

上述计价公式只是一个标准状态，或者可以把它当成接待社的一厢情愿。在接待社应使用成本加成的计算方法报出价格。

应报价 = 总价 + 利润 = 28160 元 + 利润部分

在目前的市场条件下报出这种价格无疑是在“自杀”。应该以务实为原则，可以考虑以标准成本价进行报价：

实际报价 = 总价 28160 元

即使这样还能保证接待社有 3780 元的利差。

六、计价与报价的注意事项

（1）报价的速度影响旅游产品的销售。在旅行社竞争激烈的今天，“时间就是利润”这句话已经成为企业的座右铭。所以，计调人员在报价时速度一定要快，给组团社留下快速高效的印象。

（2）报价的准确度影响接待社的信誉。计调人员应该在接到传真预报时认真审查、核实，尤其是要确认人数，发生人员变更的情况应该重新核定价格，如果有利润空间可以不改变价格。报价一出就不要轻易改变，否则会给组团社留下言而无信的印象，从而影响接待社的信誉。

（3）报价的合理性影响交易是否成功。计调人员应该按照市场规律办事，报价合理，并且能够有商量和回旋的余地，这样才能保证交易成功的概率。

（4）报价的细节影响接待社的利润。组团社往往会在一些操作细节上有所疏漏，这就给接待社留下了回旋的空间。要采取有效的方法，使组团社的这些疏漏成为自己的赢利点。

（5）报价的成交价格影响团队的质量。一分价钱一分货，如果接待社的价格过低，就会影响接待质量，严重的会导致旅游者遭受经济损失，使旅行社遭到旅游者的投诉。

思考与练习

1. 简述旅行社计调业务的职能及作用。
2. 旅行社采购可采取的策略有哪些？
3. 旅行社计调工作的特点有哪些？
4. 旅行社产品的定价方法有哪些？
5. 旅行社计价、报价时应注意哪些问题？

第3章 旅行社的接待业务

【学习目标】

通过本章的学习掌握旅行社接待业务的基本思路与方法，了解导游业务内容，并对旅行社服务质量管理的重要性有充分的认识。

【内容结构】

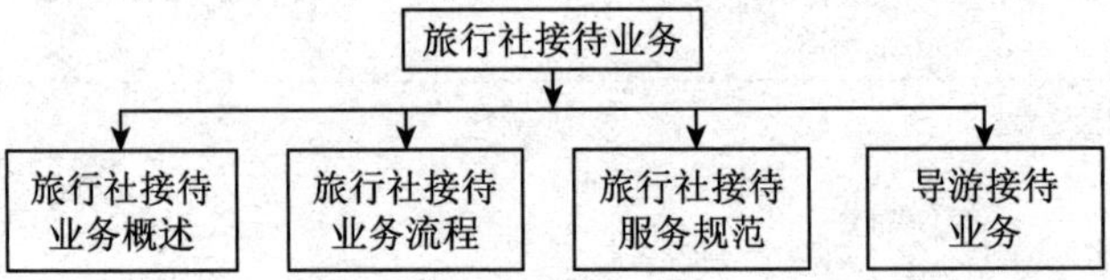

【重要概念】

接待业务　地陪业务　全陪业务　领队业务

第1节 旅行社接待业务概述

一、接待业务的含义

旅行社的接待业务主要是指按旅游团队的接待计划，组织、安排、选派导游员并实施接待计划。具体内容包括接送旅游团（者），提供导游和讲解服务，以及落实交通、食宿、购物、娱乐等服务，旅游团送走后进行材料归档。

接待业务就其本质上来讲就是服务，能为旅行社起到间接销售的作用。接待服务是旅行社直接提供给旅游者的服务，体现着旅行社服务质量的优劣。接待服务一方面能使旅行社提供的旅游产品得以实现，促进旅行社经济效益的最终取得，另一方面优质的旅游接待服务还能招徕回头客，增加忠诚游客，提高旅行社的社会声誉。

此外，旅行社接待部门还有一项工作职责就是要对导游人员进行管理，认真考核培训，以提高导游队伍的工作能力。

二、接待计划的制订与落实

（一）旅行社接待计划的制订

旅行社接待计划是为了避免由于旅游淡、旺季节的交替，客源市场形势的变化以及旅行社同行竞争所带来的销售量与接待量的波动，从而可以保证旅行社的良性运转。此外，旅行社每天要接待大量的游客，为了使旅行社的接待工作进行得有条不紊，也需要对游客的接待过程制订计划。

1. 年度接待计划和月度接待计划的制订

年度接待计划是根据旅行社历年来接待情况统计资料的整理、分析所计算出的接待量增长率，结合旅游市场的动态、旅行社目前的接待能力和社会的综合接待能力来制订。

在编制好年度接待计划的基础上，根据每年度各月的接待量，掌握每年不同时期客流量变化的基本规律，加上增长的幅度，就可基本确定各月的月度接待计划。

编制年度接待计划和月度接待计划可以使旅行社从宏观上有效把握旅行社的接待情况，使旅行社的接待工作具有计划性和前瞻性。

2. 旅游团及散客接待计划的制订

在制订旅游团及散客的接待计划时，首先要接受与旅行社有业务往来的各组团社发来的接待计划及预报，然后根据各旅游团及散客的抵达时间顺序进行编号、分类、整理、登记，最后作出接待计划。

通过旅游团及散客接待计划可以比较详细地了解旅行社在某一时期的业务量，以便于其他工作的顺利进行。

旅游团及散客接待计划的格式如表 3－1 所示。

表 3－1　旅游团及散客接待计划表

年　　月　　日

编号	团队名称	客人数	全陪数	抵达日期 航班车次	离开日期 航班车次	来自国家/ 地区	住宿饭店	备注

针对某一个具体旅游团或者散客，还需要作出具体的接待计划。这有助于某一具体的旅游团或者散客的顺利接待。此接待计划的格式如表 3－2 所示。

表 3－2　旅行社接待计划

______________________团接待计划

（　　　　）一联字第______号

部、计调部、财务部：

由______旅行社组织的______团一行______人，将于______月______日乘坐______航班（车次）抵______，______月______日乘______航班（车次）离______赴______。

该团在______住______饭店，房早餐由______订妥。

出境机票（车票）由______自理，请代为确认。

请提供______等级综合服务。

请安排游______（如有其他要求附此处）。

联系人：______________电话：______________

名单附后：______________拟计划单位：______________

抄送：总经理、副总经理等

年　　月　　日

接待计划制订之后，并非一成不变。由于种种原因，旅游团的旅游人数、抵达航班和时间以及旅游者的要求常常会发生变动，有时甚至会取消行程。因此，还需要对接待计划进行不断的修正与调整。经过修正与调整的接待计划必须及时通知相关部门。

（二）旅行社接待计划的落实

接待计划的落实是指针对旅游团接待计划中的接待内容进行预订。接待内容预订的好坏，直接影响到旅行社接待工作的质量。旅游者的行程包括食、住、行、游、购、娱六个方面，因此旅行社接待内容的预订也要紧紧围绕这六个方面进行，即订票业务、订房业务、游览用餐以及购物安排、市内交通、文娱节目等。

1. 订票业务

订票业务是旅行社接待内容预订的重要项目之一。近年来，随着散客业务的发展，帮助旅游者订购交通票据已经成为旅行社的一项重要收入来源。在落实订票业务时，要注意在仔细核对接待计划后再下达订票通知单，订票通知单以月度计划为依据。当接待计划发生变更时，应该及时向订票部门发出变更通知，以调整订票计划。

2. 订房业务

（1）委托代订房。委托代订房是指组团旅行社委托接团旅行社根据组团旅行社在接待计划中注明的具体饭店来向该饭店订房。当该饭店已客满，无法按计划安排旅游团入住时，接团社要按照国际惯例在同等级的饭店中进行调整，并及时将调整后的情况通知组团旅行社，以取得组团旅行社的谅解。

（2）自订房。自订房是指组团旅行社或国外客户直接向旅游目的地的饭店订房。组团旅行社在接待计划中应注明是自订房，并且注明饭店名称。对于自订房，接团旅行社仍然要提前与所订饭店进行核对，以保证自订房的准确无误。

3. 市内交通

旅行社应该根据旅游团人数的多少以及游览日程的安排来进行市内交通的预订，合理使用各种交通工具。在团队抵达的前2~3天，在核实旅游团人数是否变化之后，再次确认市内交通的预订。

4. 游览、用餐、购物和文娱节目的安排

旅行社安排游览、用餐、购物和文娱节目的目的主要是为了有效地组织旅游团的各项活动，不至于使旅游者的活动过于分散，遇到突发情况时无法进行及时的协调与处理，同时可以避免在旅游旺季时由于各景点、餐厅、购物点和文化娱乐场所的旅游者过于集中而造成无法接待的混乱状态。

在进行各项服务预订的过程中，会遇到接待部门由于客满而出现预订紧张的情况，此时需要积极与有关合作单位进行协调，首先要保证重点团队的预订，对于那些实在无法预订的团队，只能进行接待过程的调整，没有其他更好的办法。但在实际接待过程中，应尽量避免这种情况的发生。

第2节　旅行社的接待业务流程及服务规范

一、旅行社接待业务需要庞大的信息传递和沟通

旅行社接待业务流程是指旅行社接待旅游者的程序、标准与方法。在传统的旅行社接待业务流程中，为接待同一个旅游团（者），旅行社内部各个部门之间需要频繁地沟通信息。例如接待部与销售部之间、接待部与财务部之间、销售部与财务部之间、外联部与接待部之间等，其中任何一个环节出现差错都会影响到接待的质量，甚至会影响到整个旅行社的运转。信息流通环节过多会影响信息流通速度，造成信息传输的滞后。

近几年来，应用以计算机网络技术为代表的信息技术，可以简化传统旅行社的接待业务流程。首先，在旅行社内部建立局域网和数据库系统。局域网是旅行社信息流动的通道，数据库系统存储旅行社所有的信息与资料，并且随时可以进行动态更新。这样，旅行社就可以数据库系统为中心，通过计算机网络这条通道畅通无阻地传递接待业务信息。如图3－1所示，当外联部与外单位签订合作协议书时，有关资料会通过网络输入数据库，接待部所做的接待计划也会通过网络输入数据库。这时，导游人员就可以直接从数据库中获取相关资料来完成接待任务，在导游人员完成接待任务后，接待部门又通过网络及时收到导游人员交回的结算单并与数据库中的资料进行核对，若符合则立即签收。数据库得到签收的信息后，会提醒财务人员付款。这样，原来各部门之间错综复杂的文件往来改为以数据库为核心的单点接触，数据库作为信息传递的媒介，可以大幅度地减少人为原因造成的差错，加快信息流动的速度。

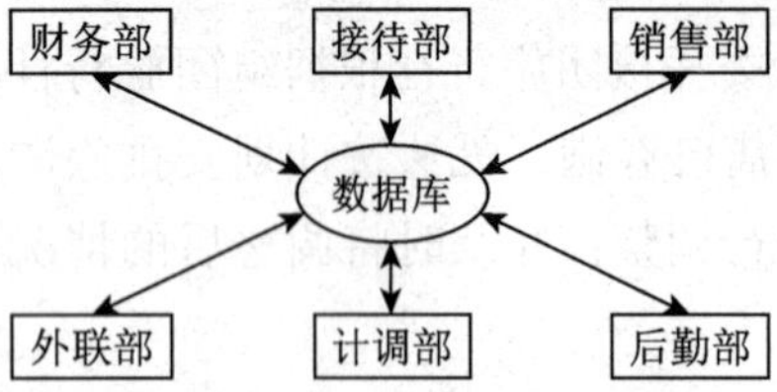

图3－1　基于信息技术的旅行社接待流程图

这种以信息技术为基础，以顾客需要为导向的接待业务流程充分利用了共享数据库，缩短了信息传递环节，把各环节信息传递中的延误降到了最低点，同时也降低了对各环节进行衔接、协调、监督和控制所带来的成本，极大地提高了旅行社服务的质量和效益。但是此时的数据库是旅行社中最核心的部分，一旦数据库遭到破坏，整个旅行社将处于瘫痪状态，所以要定期对数据库进行维护与备份。

二、旅行社接待业务流程

（1）接受计调部门的相关文件，包括接待计划、团队预算单、团队行程作业单、游客名单等文件。

（2）选派导游上团，填写派团单，并将信息反馈计调部门。要根据旅游团队的要求

与旅游行程特点来选派合适的导游人员，同时将导游人员的姓名、联系方式等信息告知计调作业部门，以便团队运行。

（3）导游人员认真阅读接待计划，包括游客信息、旅游行程、接送团地点、交通工具情况等。

（4）为导游人员配备接团所需资料、物品和资金。有《地陪日志》《全陪日志》游客问卷调查表，以及交通票据、游客证件（出境旅游团队）、导游证、导游旗、接团标志等。

（5）导游人员接团并实施旅游计划。

（6）做好资料文件、物品、资金的回收工作。导游人员做好旅游后续服务。

（7）审阅《地陪日志》《全陪日志》游客问卷调查表等资料。此项工作不仅能考核导游人员实际工作情况，而且也可以及时发现问题，作出相应处理。

三、旅行社接待服务规范

（1）与海外客户签订的合同应遵守国家旅游局统一规定的合同范本内容，注明所提供的价格等级、服务标准、服务项目、双方责权义务以及当地投诉电话和地址。

（2）按合同所确认的日程，登记标准及保价内容提供相应的服务。除不可抗力因素外，如旅行社方面未能向旅游团（者）提供符合合同规定标准的服务，应为旅游团（者）提供补偿服务或将低于规定标准的服务费差额退还对方。

（3）根据团队游客的国籍、身份、职业、年龄、健康状况等特点和确认的日程合理安排活动，要尊重旅游者的生活习惯及风俗，对不同国别、肤色、职业、性别、年龄的旅游者均要一视同仁，热情接待。

（4）除不可抗力因素外，属于旅行社工作疏漏，致使旅游团（者）减少服务项目或延误旅游时间，旅行社应退还未提供服务项目的费用，并给予一定的补偿。

（5）按照合同中所确定的标准为旅游团（者）预订饭店，并提前通知组团社。如因特殊情况需变更预订的饭店，在征得游客同意后，可调换同星级或高于原定星级的饭店，不另加收费用。如调换的饭店低于原承诺的饭店星级，需向旅游者说明并将差价部分退还给旅游者。

（6）将文娱活动作为固定节目安排。游览日程在 3 天以内的，一般不少于 1 次；4～7天的，一般不少于 2 次；8 天以上的，一般不少于 3 次。

（7）必须安排游客在定点饭店或定点餐厅就餐。要按照规定的食宿标准订餐，不得克扣餐费，不得强行要求旅游者增加风味餐。

（8）要有具体的防范措施以保证旅游者人身财产安全。旅途中，如发生意外事故，必须及时采取措施并同时将事发的经过和处理情况向上级主管部门汇报请示。

（9）要完善游客行李交接手续，保证游客行李运输安全、准确无误。行李财物损失如系旅行社方面造成的，要进行赔偿；如系饭店、交通部门造成的，旅行社有责任协助联系，帮助解决。

(10) 导游员应该提前做好接待准备工作。上团时要衣着整洁、举止大方、佩戴胸卡、携带导游证。服务要热情、周到，工作认真负责，积极主动。导游语言要准确、流利，内容要健康、丰富、生动。

(11) 旅游团（者）购物要纳入旅游活动日程。导游员要严格按日程节目安排，引导游客到定点旅游商店购物。

(12) 要认真学习涉外人员守则，严守国家机密，遵纪守法，不索要小费，不私收回扣，不套汇换汇。

第 3 节　导游接待业务

旅行社提供的服务主要有旅游活动的组织安排和导游服务两个方面。导游工作处于旅游综合服务的中心地位，导游服务在旅游接待工作中不可缺少。

导游人员是旅游接待工作的主体。根据接待旅游团队过程中的业务范围，导游人员可划分为海外领队、全程陪同导游员、地方陪同导游员和景区景点导游员。

一、地方陪同导游业务

地方陪同导游服务是确保旅游团在当地参观游览活动顺利进行的重要因素之一。地方陪同导游应做好旅游团在本站的迎送工作，严格按照接待计划，做好旅游团参观游览过程中的导游讲解工作和计划内的食宿、购物、文娱等活动的安排，妥善处理各方面的关系和出现的问题，严格按照服务程序和规范提供各项服务。

（一）准备阶段

地陪在接到旅行社下达的接待任务后，应该及时、充分地做好各方面的准备工作，以便在旅游团到达之后提供良好的服务。

(1) 认真研究接待计划。接待计划是组团社委托各地方接待社组织落实旅游团活动的契约性安排，是导游人员了解该团基本情况和安排活动日程的主要依据。因此，地陪应该在旅游团抵达之前认真研究接待计划，详细准确地了解该旅游团的概况、旅游团成员情况、旅游线路和交通工具、旅游团交通票据的落实情况、旅游团的特殊要求和注意事项以及是否需要提前办理证件等情况，以便顺利完成接待任务。

(2) 制定日程。地陪需要根据游客的特点，安排当地的旅游日程，并打印好日程表，游客、司机以及旅行社后勤人员人手一份。

(3) 落实接待事宜。地陪应在旅游团抵达前一天，与有关部门或人员落实、检查食宿、交通、行李运输等服务的有关事宜。①落实住房及用餐：熟悉旅游团所住饭店的地理位置、饭店的历史、服务设施、服务项目以及该团的客房位置，提前与该饭店取得联系，落实房间的安排情况，并通知饭店该团抵店时间，与各有关餐厅联系，确认该团日程表上的用餐安排；②落实团队所乘交通工具的准确抵达时间；③落实接待车辆：了解所用车辆的类型、车牌号与司机姓名，确认与司机的接头地点并告知活动日程和具体时间安排；④了解落实运送行李的安排情况；⑤了解不熟悉景点的情况；⑥与全陪联系，如果是入境站，地陪应和全陪提前约定接团时间和地点，防止漏接事故的发生。

（4）物质准备。根据旅游团的特点和要求，准备好必备物品，带好接待计划，领取导游图、门票结算单、现金，准备接站牌、导游旗、导游证、胸卡等必备物品。

（二）实际接待过程

（1）接站。接站是指地陪去机场、车站、码头迎接旅游团。接团当天，地陪应提前到达旅行社，全面检查准备工作的落实情况。地陪应至少提前30分钟到接站地点迎接客人，在抵达接站地点后，与司机约好客人上车的地点，并与行李员取得联系，核对该团所住饭店的名称、旅游团的名称。旅游团所乘的飞机（火车、轮船）抵达后，地陪应在旅游团出站前，持接站牌站在出站口醒目的位置，以便领队、全陪或游客前来联系。找到自己的团队后，核实该团信息，向领队与全陪作自我介绍，核实实到人数，集中清点行李并集合登车。在从机场（车站、码头）到下榻饭店的行车途中，地陪首先要致欢迎辞，若是入境旅游团，还要介绍两国或两地之间的时差，最主要的是做好首次沿途导游，内容包括介绍当地风光、风情以及下榻饭店的概况。旅游车驶至下榻饭店，地陪应在旅游者下车前向全体成员讲清并请其记住车牌号码、停车地点和集合时间。

（2）入店服务。旅游团抵达饭店后，地陪要协助领队和全陪办理住店登记手续，请领队分发住房卡并记住领队、全陪的房间号和电话号码。核对客人行李件数，同时督促行李员把行李送至客人的房间。进入饭店后，向全团介绍饭店设施，并带领旅游团用好第一餐。最后，宣布当日和次日的活动安排，安排好叫早服务。当旅游者进入客房后，地陪应在楼层停留一段时间，待一切就绪后再离开。

（3）核定活动安排。在旅游团开始参观游览之前，地陪应与领队、全陪商定本地日程安排，并及时通知每位旅游者。当发现领队或全陪手中的旅行计划与地陪的接待计划有出入时，应及时报告接待社查明原因，分清责任。若提出的要求与原日程不符且又涉及接待规格时，一般应予以婉言谢绝，如有特殊理由，并且由领队提出时，地陪必须请示接待社有关部门。若提出小的修改意见或增加新的游览项目时，及时向旅行社有关部门反映，对合理又可能满足的项目，应尽力予以安排；需要加收费用的项目，地陪要事先向领队或游客讲明，按有关规定收取费用。对确有困难无法满足的项目，地陪要详细解释，耐心说服并表示歉意。

（4）参观游览服务。参观游览是旅游产品消费的主要内容，是游客期望的旅游活动的核心部分，也是导游服务工作的中心环节。出发前，地陪应提前10分钟到达出发集合地点，督促司机做好各项准备工作，请旅游者上车后核实实到人数，提醒注意事项，向旅游者报告当天重要新闻、天气情况及当日的活动安排。在抵达景点途中，地陪向旅游者介绍沿途景象以及景点概况，尤其是景点的历史价值和特色。抵达景点时地陪应告诉客人在该景点的参观停留时间、集合时间和特点，以及有关注意事项。抵达景点后，地陪应提供精彩的导游和讲解服务，同时提醒游客注意安全，自始至终与旅游者一起活动，在参观游览服务中间穿插就餐与购物服务。在旅游团即将结束一天的活动时，地陪应询问客人对当天活动安排的反映，并宣布第二天的活动日程、叫早时间、早餐时间与地点、出发时间及其他有关事项。

（5）送团服务。旅游团结束在当天参观游览活动的前一天，地陪应向有关部门核实确认离站交通票据和时间，协助办理好行李交接手续并与饭店结账后，将交通和行李票证移交给全陪、领队或者旅游者，及时归还证件。在旅游团离站前，地陪致欢送辞，协助办理离站手续。旅游团所乘交通工具启动后，地陪方可离站。若在离境站，地陪应将旅游者送至海关前与旅游者告别，当旅游者进入海关后，地陪方可离站。

（三）后续工作

地陪在送走旅游团后，应做好总结善后工作，按旅行社具体要求在规定时间内，填写清楚有关接待和财务结算表格，连同各种单据、接待计划、活动日程表等按有关规定上交，并到财务部门结清账目。妥善处理旅游团在当地游览期间的遗留问题，按有关规定办理旅游者的委托代办事宜。归还带团时所借的物品。写好陪团小结，实事求是地汇报接团情况。若接待过程中发生重大事故，要整理成文字材料向接待社或组团社汇报。

二、全程陪同导游业务

全程陪同服务是保证旅游团的各项活动按照计划实施，旅行顺畅、安全的重要因素之一。全陪作为组团旅行社的代表，应自始至终参与旅游团全旅程的活动，负责旅游团活动中各个环节的衔接，监督接待计划的实施，协调领队、地陪、司机等接待人员的协作关系。

（一）准备阶段

（1）研究接待计划。在接到旅游团的接待任务后，全陪应首先认真研究接待计划，了解所接待旅游团的基本情况和计划行程，并注意该团重点游客的情况和该团的特点，熟悉旅游团途经各城市和旅游点的情况。若为入境旅游团，还需了解客源所在国的历史、地理、文化、政治、经济及近期重要新闻，了解对外宣传口径。

（2）与接待社联系。根据需要，全陪应提前一天与接待社取得联系，互通情况，妥善安排好相关事宜。此处的接待社是指受组团社的委托，按照接待通知单（见表3－3），委派地方陪同导游人员，负责组织安排旅游者在当地参观游览等活动的旅行社。

表3－3　旅游团接待通知单

团队名称或姓名			来自国家或地区			语种要求	
抵达时间	月　日　班次/车次		离开时间	月　日　班次/车次			
游客	共　人，夫妇　对，单身男　人，单身女　人，小孩　人					陪同	
住宿饭店	（自订房含早餐）	游客房间数	双人房　间 单人房　间	陪同		双人房　间 单人房　间	
团员等级		膳食标准及要求					
游览活动	月　日	上午		下午			
	月　日	上午		下午			
	月　日	上午		下午			
	月　日	上午		下午			
用餐安排	月　日	早餐		中餐		晚餐	
	月　日	早餐		中餐		晚餐	
	月　日	早餐		中餐		晚餐	
文娱活动	月　日	时间		地点		内容	
市内用车车号		车型		数量		司机姓名	
游江、湖时间	月　日 点　分	地点	码头		船号		
备注							

（3）做好物质准备工作。上团前，全陪首先需要带好必要的证件，如身份证、工作证、导游证，其次准备好宣传材料、接团计划、日程表、全陪日志等，最后领取拨款结算单、支票、差旅费等。若去边境口岸、特区等地，还需办理有关通行证；若首站去外地接团，还应提前领取机票或车票，随身携带。

（二）实际接待过程

（1）首站（入境站）接团服务。首站接团服务是全陪与游客第一次接触、为游客提供的第一次服务。在接团之前，全陪应向第一接待社了解接待工作的详细情况，提前半个小时与地陪一起到接站地点迎接旅游团，当旅游团抵达后，全陪与领队和全体团员见面，向领队作自我介绍。与领队核实人数、行李件数等情况，并协助领队向地陪交接行李，最后全陪应代表组团社向旅游团致欢迎辞，欢迎辞包括表示欢迎、自我介绍、表示提供服务的真诚愿望、预祝旅行顺利愉快等内容。再简单介绍行程，说明行程中注意的问题和一些具体要求。

（2）入住饭店服务。入住饭店服务以地陪的服务为主。全陪给予积极的协助配合，使旅游团进入饭店后尽快完成住宿登记手续，进住客房，取得行李，向饭店总台或领队领取团队客人住房分配名单，与领队相互通报房号，如果地陪不住店，全陪要负起全责，照顾好旅游团，随时处理可能出现的问题。掌握饭店总台、当地接待社和地陪的紧急联络方法。

(3) 核对商定日程。全陪应与领队认真核对商定日程，既要尽量满足团内大多数人的要求，同时对制定的日程不宜做较大的改动，如果遇到难以解决的问题，应及时反馈给组团社，并使领队得到及时的答复。

(4) 各站服务。全陪在各站服务的过程中，应及时向地陪通报旅游团的情况，从而使各站之间能够进行有机的衔接，最终达到使接待计划得以全面顺利实施的目的。全陪应该监督各地服务质量，酌情提出改进的意见和建议，保护旅游者的人身与财产安全，对突发事件进行及时有效的处理。在旅途中，特别是两站之间，全陪要做必要的导游讲解，照顾好旅游者的生活，为游客当好购物顾问。长途旅行时，尽可能组织文娱活动以活跃旅途生活，同时保管好行李托运单和机、车、船等单据，抵达下一站时将其交给地陪。

(5) 离站服务。在旅游团离开各地之前，全陪应提醒地陪落实交通票据及离站时间，协助地陪清点行李并与领队核对件数，保管好行李票，妥善办理离店事宜，按规定与接待社办好财务结算手续，并妥善保管好财务单据，最后向地陪、司机致谢、道别。做好途中服务，提醒游客注意人身和物品的安全，安排好旅途中的生活。如果是末站离站服务，即全陪服务中的最后一个环节，全陪的工作应该善始善终，给旅游者与领队留下良好的印象。此时需要提醒旅游者带好自己的物品和证件，做好出境准备。征求旅游者对于整个接待过程的意见和建议，以便将来能够加以改进。与领队话别，致欢送辞。

(三) 后续工作

旅游团离境后，全陪应协助旅行社管理人员处理好接待过程中出现事故的遗留问题，提供可能的延伸服务。对接待工作中遇到的重大情况，要向本社进行专题汇报。认真填写全陪日志，将各地的结算单据交回财务部门，及时填写出差报销单，归还所借的物品。

三、领队业务

领队业务，是指为出境旅游团提供旅途全程陪同和有关服务，作为组团社的代表，协同境外接待旅行社完成旅游计划安排以及协调处理旅游过程中相关事务等活动。

领队在旅游过程中起着沟通客源地组团社与境外接团社之间、旅游者与全陪及地陪等导游工作人员之间关系的桥梁作用。领队应该维护旅游团成员的正当权益，监督接待方旅行社全面执行旅游合同规定的内容，协调旅游团同境外接待方旅行社导游人员之间的关系，保证旅游团在境外旅游活动的顺利进行。

(一) 准备阶段

领队在旅游团出发之前应该认真研究旅游团的情况和旅游接待计划，做好必要的物质准备工作，并召集本团队的旅游者开一次出国旅游说明会。

(1) 研究旅游团的情况和旅游接待计划。研究旅游团的情况包括了解旅游团成员的姓名、职业、年龄、性别、联系方式以及旅游团中是否有重要旅游者、需特殊照顾的旅游者和旅游团有无特殊要求；了解旅游团的整个行程安排；了解团队报价情况。研究旅游接待计划还要求掌握接待社的情况，包括社名、联系方式、全陪与首站地陪的有关情况；核对各个接待社的游程安排与计划的游程安排是否一致；如果发现问题或旅游接待计划需要变更时，应及时通知接待方旅行社。

（2）做好物质准备工作。做好物质准备工作包括准备好随身物品、领队证、必要的费用、已经核对好的各种票据、旅游者情况一览表、团队境外住房名单表等表格、旅行证件、导游器具，以及国外重要联系单位的电话号码和名片等（见表3－4）。

表3－4　领队需要携带的物品

携带物品	用途	携带物品	用途	携带物品	用途
护照	领队用	时刻表	上交，团员用	社旗	需返还
签证		房间分配表		药品包	
预防接种证明		领队日志（总表）		领队用名卡	
当地旅行经费	领队用	领队日志（一次性表）		胶带	
机票	团员用	地接社清算总表		订书器	
问卷	团员用	地接社支出明细表		绳子	
Travel Order	领队用	投诉及事故发生报告书		闹钟	
交通票证	团员用	酒店一览表	国内，国外	货签用布条	
团员名单		当地餐厅一览表		领队手册	
中文日程表		中国海关申报表		名片	
当地旅行社一览表		旅游者携带品报告书		笔	
当地巴士公司一览表		团员用胸卡		大型信封	
紧急联络处一览表				指南针	
巴士用喇叭				旅行保险证	

（3）召开行前说明会。在办理好护照、签证、机票等出入境手续后，领队要召集全团旅游者开一次出国旅游说明会。在会上，领队要进行自我介绍并代表旅行社向全体旅游者致欢迎辞，说明出境、入境手续与注意事项以及出游目的地的旅游行程，介绍旅游目的地国家或地区的基本情况及风俗习惯，游客需要准备的物品，最后提出注意事项并落实分房、交款、特殊要求等事项（见表3－5及表3－6）。

表3－5　一般旅游者想了解的信息

项目	具体内容	备注
费用（价格）	◎销售价格（包含什么，不包含什么） ◎销售价格以外旅游者需要准备的经费 ⊙需要带多少零用钱？　⊙外国货币的汇率？ ※货币单位，日用品等的当地价格	• 一般很少有关于销售价格以外需要的经费说明 • 对当地货币方面的信息了解也不充分
交通工具	◎航空公司的名称　◎乘机时间（乘机需要时间） ⊙其他交通工具的公司名称　⊙乘车区间、时刻、预定乘车等级 ※换乘地点、次数　※当地出租车等的使用方法和价钱 ※步行距离和环境　※到景点的交通工具	• 明示出发时间，但是很少有关于途中需要时间方面的信息

续表

项目	具体内容	备注
语言	◎使用语言 ⊙是否有翻译（固定或临时） ※简单用语知识	• 有的旅行社宣传册上有记载各种语言的简单用语，值得参考
餐饮	⊙餐饮内容（飞机上吃饭的次数和时间） ⊙吃饭场所※自由活动时的餐饮地点和价格 ※可否吃到本国料理 ※是否容易买到面包等快餐	• 餐饮的质和量均是顾客关心的事情，所以希望知道大体情况
行李	◎必须要携带的 ◎行李的处理方法	• 不少人会带不必要的行李
治安方面	⊙防止行李被盗方法 ⊙有没有犯罪等危险？防范措施？ ◎禁止出入场所的明示 ※是否存在政治方面的不稳定因素？	• 有必要判断目的地的状况
服装	◎适合气候的服装 ⊙出于礼节的服装	• 提前了解气候、风俗
健康	◎健康方面的注意事项 ⊙医疗关系 ⊙需要携带的医药品 ※医生、护士等是否同行	
其他	⊙购物场所和注意事项 ⊙小费方面的注意事项 ⊙对领队的说明 ⊙带儿童时的注意事项 ※美术馆等参观场所的入场券 ◎往国内打电话、联系的方法	

注：◎非常想了解，⊙想了解，※顺便想知道。

表 3-6 游客需要准备的物品

区分	品名	必要程度	备注
贵重物品	护照	◎	旅行的必需品
	旅行支票	◎	签字
	现金（外汇）	◎	小费用
	现金（人民币）	◎	到机场的交通费、机场建设费
	机票	◎	确认出发时间
	保险证	◎	有海外保险的情况下
	国际驾照	○	利用租赁汽车时
	国际信用卡	○	可当作身份证明，住酒店或租赁汽车时方便
	笔记本	◎	记录护照或支票的号码、集合地点、地址等
洗漱用具	肥皂	△	大部分酒店都有配备
	毛巾	◎	从卫生的角度自带比较好
	牙刷、牙膏	◎	在当地可以买到，但是有的时候价钱比较贵
	刮胡刀	◎	尽量要带用电池的
	化妆品	○	护发用或女性的化妆用品
	吹风机	△	变压式
	手纸	◎	旅行期间够用即可
	洗涤剂	△	洗衣用
	防晒霜	△	

续表

区分	品名	必要程度	备注
衣服	衬衣	◎	半袖、长袖
	内衣	◎	3 套
	帽子	○	热带地区遮阳用，寒带用帽
	袜子	○	3 双
	睡衣	△	可以用 T 恤代用
	T 恤衫	◎	一般在当地可以买到，但最好带 1 ~ 2 件
	裤子	◎	最好是棉料或麻料质地的
	旅游鞋	◎	平时穿的
	西服	○	进出高级餐厅的时候需要
	皮鞋	◎	进出高级餐厅的时候需要
药品杂货	药品类	◎	胃药、感冒药、创可贴、软膏等常备药
	针线包	○	小型携带用
	塑料袋	○	分类衣服、装湿衣服
	太阳镜	◎	参观热带地区、瀑布
	墨镜	○	小型方便的
	照相机	◎	小型方便的
	雨具	○	折叠伞
	照片	○	护照用 5 ~ 6 张（丢失护照时）
图书	旅游指南	○	旅游指南
	地图	○	详细的（城市地图）
	日记本	○	每天记工作日记，确认事项

注：◎非常必要，○必要，△有条件准备一下好。

（二）实际接待过程

实际接待过程指从旅游团出发到抵达旅游目的地再到返回原出发地的旅游活动的全过程。领队在实际接待过程中的工作可以分为三部分：

（1）从旅游客源地到旅游目的地期间的服务。这部分的服务内容主要是办理出入境手续。在旅游团出发前，领队提前到达出发地点，清点旅游团人数。带领旅游团办理出境手续、行李托运手续、卫生检疫和登机手续。另外，飞机上的座位安排要遵循以下原则：①年纪大者尽量安排在靠窗户的位置；②尽量并排安排夫妇、家属、朋友；③新婚夫妇尽量安排在安静处；④其他单独旅游者，按年龄相近原则安排；⑤其他条件都相同情况下，同屋的人安排在一起；⑥如游客属同一个单位，则征求负责人的意见；⑦领队要坐在最后一排靠通道的位置。到达旅游目的地国家或地区后，带领旅游团办理好证件查验、海关检查等入境手续。

（2）境外旅游服务。领队在办理好入境手续后，应尽快与当地接待社的全陪与地陪取得联系。在清点团员人数与行李件数后，随全陪和地陪一起安排团队入住饭店。在入住饭店的过程中，领队需要负责办理入住手续并分配房间；宣布叫早、早餐、出发时间及领队、导游人员的房间号、电话号码；检查行李是否送到客人房间；协助团员解决入住后的有关问题。领队应认真监督既定规定接待计划的实施。作为派出方旅行社的代表，当接待方旅行社或某一接待部门不履行合同，旅游者的利益受到损害时，领队应积极与接待方交涉，保护旅游者的合法权益。在游览期间，应注意旅游者动向，防止各种事故发生。出现事故时应与接待旅行社积极配合、妥善处理。领队应积极协助全陪与地陪组织、安排好旅游计划和活动日程，注意旅游团的内部团结，协调旅游者关系，使旅游接待更加完美。在旅游途中，领队应集中保管游客的护照、签证以及全团机票和各国入境卡、海关申报卡等。

（3）从旅游目的地返回到旅游客源地期间的服务。在即将结束旅游目的地的活动时，领队应与全陪、地陪一起落实出境票证。临别前，领队应向接待方旅行社的导游人员致谢、道别，并带领全团游客办理旅游目的地国家的离境手续和中国入境手续。回国后，领队应该代表旅行社举行告别宴会，致欢送辞。

（三）后续工作

领队应回收征求意见表，填写领队小结，整理有关资料。在送别旅游团后，应立即回到旅行社处理各种遗留事项，并对旅游团接待过程中发生的问题和处理经过进行总结，包括向旅行社结清账目、归还带团时所借的物品、妥善处理旅游者的委托事宜并协助领导处理可能出现的投诉问题。

思考与练习

1. 应该如何制订并落实旅行社的接待计划？
2. 接待服务质量如何影响旅行社运营？
3. 旅行社应如何加强接待管理？
4. 地陪、全陪、领队的业务区别在哪里？

第4章 旅行社外联与销售

【学习目标】

了解旅游销售的工作环节及工作特点，掌握旅游市场细分的方法、旅游产品潜在客户的开发及管理、掌握在不同情况下的具体销售法则。

【内容结构】

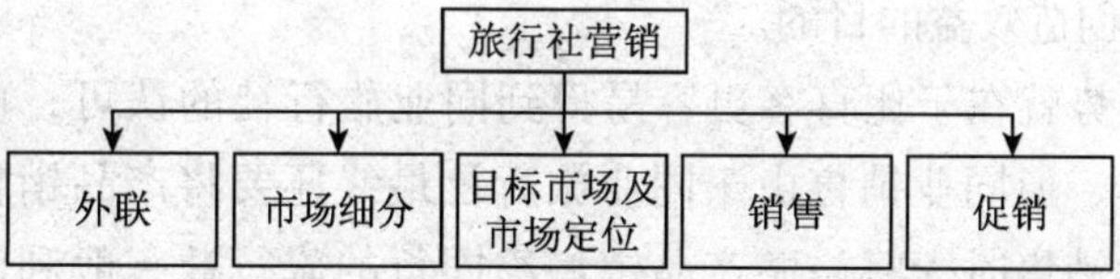

【重要概念】

外联　市场细分　目标市场销售促销

第1节　外联工作概述

一、外联工作的概念

外联与销售是整个旅行社工作中的重要环节，包括将收集到的客户需求反馈给旅行社，制作出符合客户或市场要求的旅游产品，并拓展市场，找到潜在客户，与旅游客户进行业务联系、产品推介、洽谈、销售旅游产品直至达成合作意向或签订协议等。其职能是将各种旅游信息资料有机地组合成旅游产品，出售给旅游中间商、其他旅游同业或旅游者，由此实现买卖双方的市场供求关系。

二、外联销售工作的分类

一般来说，外联销售工作总体分为两大类，一类是旅游同业销售工作，另一类是直客市场销售工作。前者是将旅游行业内其他旅行社作为销售客户，将自己所在旅行社的优势产品推介给旅行社同行，从而完成旅游产品的销售工作，创造价值或效益。后者是将市场直客作为销售客户，将自己所在旅行社的优势产品推介给市场上的直客，从而达到销售旅游产品、创造效益的目的。

同业的销售优势就在于比直客更容易得到同业旅行社的认可，而且能较大比例地节省广告投入成本，但同业销售由于同业旅行社最终还要将产品销售给自身客户，获取利润，故此同业销售时，将旅游产品销售给同行的旅行社一般利润率较低，主要以量取胜。

直客销售的优势就在于全部利润都由自身旅行社获得，不存在中间环节。但销售压力及广告投入也较大，这就要求旅行社不断推出更有吸引力和性价比高的旅游产品来招徕客户，以新取胜。

三、外联销售工作的岗位特点

（1）综合性。外联销售的综合性主要体现在工作内容和设计的工作对象上。外联销售工作过程中涉及很多方面的工作内容，包括市场部分、销售部分、接待部分，每部分的工作都有各自的特点。市场部分涉及市场调研、线路产品设计、对外宣传、潜在客户开发等内容。可以说，旅行社推出的产品现在能否得到市场认可，能否创造效益，主要看前期市场部分工作是否到位。销售部分工作包括客户约见、业务洽谈、产品销售、对外报价、草拟及签订旅游合同等，处理好此环节工作，可以提供产品销售的成功率并实现利润的最大化。接待部分工作包括传达客户最新需求、做好客户与接待单位的衔接工作及最大限度地为客户提供增值服务等。作为旅游产品实施环节的一部分，做好此项工作，可以更好地提升客户满意度，减少中间环节纰漏，为客户再次消费奠定良好的基础。

（2）复杂性。外联业务的复杂性主要体现在：第一，旅游业的多边形容易造成旅行社外联人员判断失误，增加业务操作难度；第二，旅游供应商产品价格波动，使旅行社工作不能按预定的计划进行，从而影响旅行社外联人员对产品价格和质量的把握；第三，旅游者行为方式不稳定也容易使外联人员的工作受到干扰。

（3）超前性。外联销售人员作为旅行社业务的先行者，为了销售更多的旅游产品，招徕更多的客源，就必须事先了解市场需求，做好客户及市场的调研工作。将最新的市场热点或客户需求作为参考数据，设计出更加符合客户心理的旅游产品，从而把握市场先机，得到更大的市场收益。外联销售人员为了更好地服务客户，往往在客户开始享受旅游产品前，就要开展很多前期的准备工作，包括为客户做好当地的天气预报、景区景点旅游的温馨提示以及接待合作旅行社的前期预报和联络工作。力争事事做在客户前面，想在客户前面。

（4）经济性。外联销售人员是旅行社最重要和最直接的赢利人员，其工作的每一个环节都会影响旅行社的收益。外联销售收集的客户需求可以让旅行社设计出更符合客户口味的旅游产品，从而为旅行社创收。另外，外联销售开发的客户不但成为本次旅游产品的消费者，在外联销售的后期维护和公关下，很有可能成为下次旅游产品的消费者，让旅行社获得第二次甚至更多的利润回报。可见，外联销售对旅行社的经营起到不可替代的作用。

（5）服务性。外联销售工作的服务性贯穿于整个销售工作的始终。从收集客户需求，到将旅游产品销售给客户，再到后期的客户维护及新客户开发，每一个环节都渗透着销售人员细致入微的服务。尤其是在市场竞争日益激烈的今天，服务的好坏直接决定了竞争的成败。在硬件及价格均势力相当时，无形的服务就起到了举足轻重的作用。谁能抓住客户心理，谁能让客户体会到更多的被服务感，谁就赢得了竞争、赢得了市场。

四、外联销售工作的要求

（一）工作要求

（1）遵守旅游职业道德的岗位规范。

（2）佩戴服务标志，服饰整洁。

（3）熟悉所推销的旅游产品和业务操作程序。

（4）向旅游者/客户提供有效的旅游产品资料。

（5）对旅游者/客户提出的参团要求进行评价，以确保所接纳的旅游者/客户的要求均在旅行社服务提供能力范围内。

（6）向旅游者/客户说明所报价格的限制条件，如报价的有效时段或人数限制等。

（7）计价收费手续完备，账款清楚。

五、素质要求

（一）熟练的知识水平

（1）业务知识。掌握旅游市场销售的业务知识，掌握旅游客源市场和我国主要旅游产品的基本知识，了解国际金融、公关关系、心理学、旅游保险、财会、礼仪礼节知识，掌握国内外同行业的发展动态和信息电子化基础知识。

（2）政策法规知识。掌握我国有关旅游政策及法规，熟悉《经济合同法》《海关法》《反不正当竞争法》《消费者权益保护法》等法规。

（二）政治思想和职业道德

（1）拥护党和国家的方针政策，有一定的政策水平。

（2）有强烈的责任心和事业心。

（3）遵纪守法，廉洁奉公。

（4）重法规，守信用，维护企业信誉。

（5）顾全大局，团结协作，热心服务，讲究效率。

（三）工作能力

外联销售人员应具有较强的工作能力，主要表现在以下几个方面：

（1）分析判断能力。根据旅行社上级的要求，结合市场销售业务实际情况，提出与业务有关的市场销售对策并付诸实施。

（2）创新能力。要有强烈的市场意识，根据客户需求和市场的变化，将旅游资源与自身旅行社业务相结合，适时推出新颖的旅游产品，来吸引旅游消费者。

（3）组织协调能力。能协调好旅游环节中各方的关系，与团队其他成员合作共同完成销售工作。

（4）语言表达能力。能编审旅游产品的广告内容，并具有较强的业务应用文体和业务报告的写作能力，有较强的口头表达能力，有一定的外语基础，对中外文化差异有一定的了解。

（四）良好的气质和修养

开展外联销售工作时，在推销旅游产品的过程中，同时也是在推销自己，推销旅行社的形象。外联销售人员应该通过文雅得体的气质和修养，给客户留下良好的第一印象，有了好印象，才能赢得客户的认可和支持，从而达到销售旅游产品的目的。

（五）良好的身体素质和专业的培训

外联销售的工作特点决定了从业人员一定要有健康的身体、充沛的精力、顽强的毅力和专业的业务知识。

六、外联销售人员工作的岗位职责

（一）提供信息

外联销售工作前要做好旅游市场调查工作，研究国内外旅游市场的发展动态，及时向旅行社经营决策者提供通过调查和预测得出的结论，如产品质量、客户情况、发展趋势等市场信息，以便决策者作出正确的经营决策。

（二）销售产品

外联销售工作的核心内容就是与旅游客户进行业务洽谈，签订旅游合同，同时负责承办国内外旅游团体或旅游中间商的委托代办业务，并且积极参加旅游展销活动、促销活动，做好对外旅游宣传工作，树立良好的形象，招徕更多的客源。其具体内容有：

（1）详细了解旅行社的营销计划。对旅行社的实际情况及优势项目熟悉掌握，以便于接待客户、销售产品。

（2）对旅行社的各种宣传资料准备充分，并能草拟销售文件，做到图文并茂，以更好地向客户推销旅游产品。

（3）对团队的预订及旅行社的销售预订信用政策有详细的了解。

（4）能有效把握产品的现状及潜在客户的信息，随时可进行专项调研。

（5）完成访问报告、销售进展情况报告，且就有关问题作出解释和分析。

（6）使用现代电子销售系统及档案系统。

（7）对外联部在旅行社损益表中的收入与支出所起的直接作用分析和解释。

实践证明，虽然外联销售人员之间性格、沟通能力、仪表风度、教育程度等存在较大的差异，但是他们都可以取得不凡的成绩。这也说明他们的成功是多种因素综合作用的结果。

第 2 节　旅行社市场细分

一、旅行社市场细分的含义和作用

（一）旅行社市场细分的含义

在现代市场经济条件下，任何企业，不管其规模有多大，都不可能为某一市场上的所有顾客提供产品和服务，而只能满足某一部分顾客的需求。因为顾客的需求是复杂多变的，而企业的能力却是有限的。因此，作为以服务为企业生命的旅行社来讲，必须更加慎重地选择市场。旅行社市场细分是指旅行社将属于某一整体客源市场的旅游者，按一种或几种因素进行分类并形成不同特点的各个子市场的一种技术活动。旅行社的市场细分不是由人们的主观意志决定的，而是由旅游需求的多元化以及商品经济内在矛盾的发展引起的，只有当旅游者的个性化需求形成后，旅行社市场产生一定程度的竞争对手时，市场细分才会出现。因此，从这个意义上讲，市场细分是旅游需求进入成熟阶段，旅行社市场进入竞争时代之后出现的一种经营现象。

旅行社之所以对旅游市场进行细分，是因为人们的旅游需求存在着差异性和类似性，这就决定了组成市场的各个部分既可以按类似性进行集合，又可以按差异性进行细分。旅行社市场细分主要有以下三个含义：

(1) 旅行社不同的细分市场具有不同的消费特征。如果旅行社以某种标准将一个整体的旅游市场划分为不同的细分市场，每一个细分市场则代表着一个特定的旅游消费者组群，不同的细分市场代表着不同的旅游消费者组群。因此，各个组群的旅游消费者在旅游需求上具有明显的差别，这是旅行社市场细分的核心与关键。例如，客源市场按其经济条件与消费等级来细分，可分为经济等客源市场、标准等客源市场和豪华等客源市场。之所以这样细分，是因为不同经济条件的旅游消费者对产品质量以及产品价格的要求是不相同的。

(2) 旅行社同一细分市场具有相同的消费特征。由于对旅游客源市场的划分是按相应的细分因素进行的，因此，在同一细分市场内的旅游消费者群体在一个或几个方面具有相同的消费特征，他们之间的需求差异比较细微，因此，核心消费的相似性是同一细分市场的主要特征。

(3) 旅行社的市场细分是分解与聚合的统一。旅行社的市场细分不是简单地将一个整体客源市场加以分解，实际上，完整的市场细分是市场分解与市场聚合的统一。市场的分解是把客源市场具有不同消费需求的旅游者群体按细分因素加以归类，而聚合的过程是将对旅行社产品特性最易作出反应的旅游者集合成群，并一直聚合到足以实现旅行社利润目标所需的市场规模为止。

(二) 旅行社市场细分的作用

没有一项旅游产品能够同时满足所有旅游者的所有需求，既然只能满足一部分旅游者的部分需求，旅游企业针对整个旅游市场的营销就是一种浪费。因此，必须知道哪些旅游者对企业是最有力的市场群体，以便于企业集中力量对这些顾客群体进行市场营销活动。旅游市场细分在旅游企业营销活动中有以下几方面作用：

(1) 有利于旅行社寻找市场机会，开拓新市场。旅游市场存在着大量的市场机会，通过市场细分，不仅可以帮助企业从众多的市场机会中选择适应企业资源潜力发挥的最佳市场机会，而且还可以了解竞争对手的现状，进而帮助企业制定出有效的竞争策略，从而使企业抓住稍纵即逝的市场机会。同时，分析、比较不同细分市场中竞争者的营销状况，着眼于未被满足而竞争对手又较弱的细分市场，寻找有利时机，开拓新市场。

(2) 有利于旅行社制定营销战略。通过市场细分，旅游企业可直观、系统、准确地了解目标市场的需求，从众多细分市场中确定服务方向、产品战略，更合理地确定营销组合策略，及时调整旅游企业产品、价格、销售渠道及促销策略等。

(3) 有利于旅行社提高市场竞争力。市场细分对中小企业的发展有很强的现实意义。中小企业由于实力所限，难以在重要的、规模较大的市场上与大企业竞争。如果中小企业善于通过市场细分，选择那些大企业未曾或不愿意涉足的市场，集中力量，发挥优势，见缝插针，拾遗补缺，准确定位，不仅可以很好地满足某一市场的需求，而且还能有效地规避风险，甚至可能与大企业形成联手配合之势，制定竞争策略，发挥经营优势，应付市场竞争，提高经营绩效。

(4) 有利于旅行社更好地满足旅游的需求。获取利润是所有企业的目的。将市场进行细分，化大为小，化整为零，缩小了市场范围、市场规模，似乎不利于企业获取更多的利润。这种担心不是没有道理，如果将市场不合理地划分得过细、过小，可能会出现上述不利局面。但如果市场细分是准确合理的，那么，就会有利于企业赢得利润。这是因为：第一，通过市场细分进而准确地选择目标市场，可以帮助企业针对顾客的需求和竞争对手的情况制订营销方案，增强营销的针对性和有效性，更准确地向市场提供旅游产品，更符合市场个性化的旅游需求，进而减少资源浪费，节约资源。第二，通过市场细分并选择目标市场，可以使企业了解每个市场的需求特点、规模和发展潜力，从而确定企业的整体市场格局，分清轻重缓急，合理地配置资源。第三，通过专业化经营，可以成为某一个领域里的专家，在该领域形成一定的规模效益。

(5) 有利于旅行社提高应变能力，增强市场营销策略的针对性。准确的市场细分是制定有效的市场营销策略的前提条件。如果不进行市场细分，企业也许只需制订一套或少量的营销计划，现在要对不同的市场制订不同的营销方案，必然会增加营销管理的难度，可能会提高营销成本，然而针对性强了，市场营销效果也会更好。进行市场细分，使企业对某一市场的状况有了更深入具体的了解，能够更加敏感地察觉到市场的变化，使市场信息能够得到及时反馈，从而使企业及时调整市场营销策略，提高在市场竞争中的应变能力。

二、旅行社市场细分的步骤

根据国际市场学家的普遍看法，市场细分一般由以下七个相互关联的步骤组成：

(1) 选定市场范围，确定经营方向。旅行社在确定了总体经营方向和经营目标之后，就必须确定其经营的市场范围，这项工作是企业市场细分的基础。市场范围是以旅游者需求为着眼点确定的，因此通过调查工作分析市场需求动态是必要的。同时，企业应充分结合自己的经营目标和资源，从广泛的市场需求中选择有能力服务的市场范围，不宜过窄或过宽。

(2) 了解客源市场，确定潜在市场需求。在确定适当的市场范围后，根据市场细分的标准和方法，了解市场范围内所有现实和潜在顾客的需求，并尽可能详细归类，以便针对旅游者需求的差异性，决定采用何种市场细分变量，为市场细分提供依据。

（3）分析可能存在的细分市场。通过梳理不同旅游者的需求，同时找出旅游者需求类型的地区分布、人口特征、购买行为等方面的情况，作出分析和判断，“构成”可能存在的细分市场。

（4）确定主要的市场细分标准。企业应分析哪些需求因素是重要的，通过与企业实际情况和各细分市场的特征进行比较，寻找主要的细分因素，筛选出最能发挥本企业优势和特点的细分市场。

（5）为可能存在的细分市场命名。旅行社可以根据各细分市场的主要特征，用形象化的语言或其他方式，为各个可能存在的细分市场确定名称。

（6）评价初步细分的结果，进一步了解各细分市场的消费需求和购买行为。通过深入分析各细分市场的需求，了解旅游市场上消费者的购买心理、购买行为等，对各细分市场进行必要的分解或合并，这项工作将帮助旅行社寻找并发现最终的目标市场。

（7）分析各细分市场的规模和潜力。在前面六个步骤完成后，各细分市场的类型已基本确定，此时旅行社应估算各细分市场的潜在销售量、竞争状况、赢利能力、发展趋势等，并找出市场的主攻方向，进而确定目标市场。

以上步骤有利于旅行社在市场细分中正确选择营销目标市场，但无须完全拘泥于某一种模式，可以根据实际情况进行简化、合并或扩展。

三、旅行社市场细分的原则

旅行社市场细分对其营销活动有着重要的意义。旅行社在进行市场细分时，必须充分注意市场细分的实用性和有效性，使之能为旅行社选择目标市场提供有价值的依据。为此，旅行社市场细分必须遵循以下几条原则：

（1）可衡量性原则。可衡量性是指细分市场的需求特征、购买行为等必须是可以识别和区分的，即通过细分后的各细分市场均需具有明显的差异性，对每一细分市场的规模、购买力大小等均可以作出明确的区分，从而明确各细分市场原则的界限，使不同的细分市场制定营销组合成为可能。一方面，可衡量性原则是指旅游者对产品的需求具有不同的偏好，对所提供的产品、价格和广告宣传等反应不同，才值得细分市场；另一方面，可衡量性原则是旅游者的特征信息易于获取和衡量，否则也难以细分。

（2）效益性原则。效益性原则是指旅行社能在细分后的市场上取得良好的经济效益。理解本原则有三个要点：①虽然市场细分有整体大市场小型化的趋势，但又绝对不能细分到失去一定规模经济效益的程度。②注意到某些细分市场虽然在整体市场中比重很小，但其绝对的规模或购买力足以达到赢利的水平，甚至具有很大的开发价值，如学生市场和探险旅游市场，前者绝对规模大，后者人均消费高，因此各有开发价值。③当细分市场的规模和购买力一定时，是否有利可图还与开发成本有关。当由于外界条件的变化或者通过主观努力使开发成本得以降低时，就可能使一些原本无利可图的市场变为有利可图。

(3) 可进入性原则。可进入性原则要求细分出的市场使旅游产品能够进入，并占有一定的市场份额。它包括客观上要有进入的可能（可接近原则），主观上要有能开发的实力（可行动原则）。可接近性原则是旅游企业利用现有的人力、物力、财力易于进入细分市场。可行动原则是指营销者要有吸引和服务于相关细分市场的实践操作能力，否则，再有吸引力的细分市场对旅游企业也没有意义。

(4) 稳定性原则。严格的旅行社市场细分是一项复杂而细致的工作，因此，细分后的市场应有相对的稳定性。如果变化太快，则已制定的营销组合会很快失效，造成因营销资源重新分配调整而带来损失，并形成旅行社市场营销活动的前后脱节和被动局面。

四、旅行社市场细分的标准

旅行社市场细分从本质上看是把旅游者需求按照特定标准加以分类的过程。消费者需求的不断变化和消费者个体差异的影响，使消费者的需求不同，正是这种不同为市场细分提供了客观依据或基础。通常根据旅游者地理、人口、心理、行为四大因素或这四大因素的组合来细分旅游市场。

（一）按地理因素细分

这是指按照游客所在的地理位置对旅游市场进行细分。旅行社接待的游客来自五湖四海，以中国为例，来华旅行的游客来自200多个国家和地区。不同地区的游客对同一旅游产品的喜好不同。

地理细分包括地区、气候、城市大小、人口空间分布（人口密度）等因素（见表4-1）。地理的差异性使不同地区的游客有不同的追求。如中国的观光旅游因气候变化呈现明显的差异，冬季“千里冰封、万里雪飘”的北国风光，引得南方旅游者心驰神往；而此时的海南岛气候宜人，海滩、闲鸥、绿意，引得北方游客竞相前往。旅游者的许多习惯也与地区有关，如饮食方面的“东甜、西酸、南辣、北咸”就是一例。

表4-1 市场细分地理变量构成表

细分依据	细分变数
地区	国内：华东、华南、西南、中南、西北、华北、东北
	国际：欧洲、北美、亚洲、拉美、非洲
人口密度	城市、农村
城市规模	大城市、中小城市、城镇
地形	山区、平原、高原、盆地
气候	热带、亚热带、温带、寒带

从来华国际旅游者的地理分布看，中国远离世界前两大主要客源输出地——欧美两大区域市场（见表 4－2），中国的国际旅游市场呈现明显的“远国模式”。从国内旅游者的地理分布看，拥有 13 亿人口的中国国内旅游市场呈现明显的“大国模式”，而且旅游市场规模由东到西大致呈由大到小的状况。

表 4－2　2015 年中国入境旅游客源国的地理分布状况

序号	国家	入境旅游人数（万人）
1	韩国	444.44
2	日本	249.77
3	美国	208.58
4	俄罗斯	158.23
5	马来西亚	107.55
6	蒙古	101.41
7	菲律宾	100.40
8	新加坡	90.53
9	加拿大	67.98
10	泰国	64.15
11	澳大利亚	63.73
12	德国	62.34
13	英国	57.96
14	印度尼西亚	54.48
15	法国	48.69

（二）按人口因素细分

这是指把人口统计变量作为旅行社市场细分标准。旅行社市场需求差异还与旅游者年龄、家庭生命周期、性别、家庭人口、文化程度、收入、职业、种族、信仰等有关。

（1）年龄。运用年龄标准进行市场细分时首先是分析人的生理年龄，不同年龄段的人如青少年、成年人、老年人的需求偏好存在着明显的差异，许多产品就是直接针对不同年龄段的人设计开发的：例如在旅游活动中，青年学生可以背包旅行，住青年公寓，参加一些富有刺激、猎奇、冒险性质的活动，旅行节奏比较快等；而为老年旅游者安排旅游活动时则要更加注重旅游的安全性、舒适性，旅行的节奏应当舒缓些，一些怀旧色彩比较浓厚的活动可能会受到欢迎等；如果把年轻人和老年人安排在同一个旅游团内，则会加大旅游服务的难度（见表 4－3）。在运用年龄标准进行市场细分的时候，还要注意心理年龄的差异。一些社会的、心理的因素会对生理年龄起到一定的修正作用。例如，随着老年人健康状况的改善，一些老年人的需求偏见也随之发生了一定的变化。一些老年旅游者不再需要家人的陪伴护理，他们也希望参加有一些刺激性、冒险性的活动。随着我国社会的不断进步，旅游者的心理年龄因素将会影响旅行社对旅游者年龄划定的合理度。

表 4－3　旅行社市场按年龄变量细分特征

细分依据	特征
青少年市场	年轻、活泼，喜欢刺激、新颖的产品，消费水平较低、发展前景好
中年市场	比较理智，人数多，潜力大，商务旅游居多，消费水平高，逗留时间较短
老年市场	怀旧，喜静，收入稳定，时间充裕，比较关心旅游服务质量

（2）家庭生命周期。美国学者用生命周期的方式把美国家庭划分为许多阶段：单身阶段、新婚阶段（无子女）、满巢Ⅰ阶段（年轻夫妇，有 6 岁以下子女）、满巢Ⅱ阶段（中年夫妻，有6岁以上未成年子女）、满巢Ⅲ阶段（年长夫妇与未独立的成年子女同住）、空巢阶段和孤独阶段。单身青年被称为“单身贵族”，他们虽不富裕，但喜欢旅游，单身青年旅游市场潜力很大；新婚夫妇尚无小孩，出去旅游的可能性较大，有了小孩而小孩又在婴儿期中旅游的可能性较小；孩子长到少年期，全家出去旅游的可能性增加；孩子长大离家后即所谓的“空巢期”，夫妇出去旅游的可能性增加，对健康型旅游产品情有独钟。

（3）性别。性别不同对旅行社产品需求会有一定的差异。我国有句古语，叫“男女有别”。这说明由于男女性别的差异，他们的产品需求偏好、对价格和促销的反应、购物习惯和特点等方面都有许多不同，要求企业采取相应的营销策略。男性旅游者与女性旅游者对旅游服务和项目的需求表现出一定的差别。公务旅游以男性为主，家庭休息时间也一般由男性决定，但家庭旅游决策和目的地的选择通常由女性决定。

（4）文化程度、职业、经济收入。文化程度越高，旅游的欲望越强；文化水平越高，一般工作职位也越好，经济收入越高，旅游支付能力越强，出去旅游的可能性越大。在知识经济时代，传统意义上的“百万富翁”已不能描述靠知识致富的年轻人，许多富有的年轻人也加入了豪华旅游团的行列中，成为高档酒店和娱乐场所的常客。旅游企业了解按文化程度、职业、经济收入划分的细分旅游市场，可制定相应的营销组合进行应对。

（5）种族与信仰。种族无高低贵贱之分，但不同种族、不同信仰的游客的需求有一定差异。如西方人信仰基督教者较多、阿拉伯人信仰伊斯兰教者居多，很多黄种人信仰佛教等，旅行社了解细分市场的这种差异，可以避免误会，并提供更适应这些不同种族、不同信仰的游客的营销组合。

（三）按心理因素细分

这是指按照旅游者的社会阶层、生活方式和个性特征等心理因素进行旅游市场细分。

（1）社会阶层。一个人所处的社会阶层，通常是其职业、受教育程度、文化修养、收入水平和价值观等多方面因素共同作用的结果。因此，人们所处的社会阶层不同，旅游需求也会有所不同。在西方一般把旅游者分成六种社会阶层，这些阶层的细分市场需求有不同特点（见表4－4）。表中“旅游需求特点”只反映不同社会阶层旅游者的平均取向，不等于每个阶层中所有游客都是如此，如上层社会中不乏有人追求体验平民化旅游，白领阶层中选择“体验真正农家生活”的旅游项目者大有人在。

表4－4 旅游者所处社会阶层与旅游需求特点

所处阶层	旅游需求特点
上层	享受、豪华、品位
次上层	享受、高档、品位
中上层	享受、中高档
中层	享受、中档
中下层	享受、中低档
下层	放松、低档

（2）生活方式。生活方式是一个人对生活、消费、工作、娱乐等不同的态度。旅行社可根据旅游者群的生活方式的不同来细分旅游市场，设计不同的营销组合适应其需要。如对“经济型细分市场”的旅游者，向他们提供经济实惠的旅游产品会受到欢迎；对时髦的旅游者，向他们提供新产品时会有较大的感召力；对于追求体现自我价值的旅游者，提供体现其成就和价值的旅游产品会使他们喜上眉梢。

（3）个性。个性不同的旅游者需求差异也较为明显。例如，个性孤僻的人不太喜欢团体旅游，更偏爱自助游；情感丰富的人更关注情感服务，等等。根据个性细分旅游市场，旅游企业可提供个性化产品和服务。

（四）按行为因素细分

这是按照旅游者旅游目的、追求的利益、购买时间与方式等行为因素将旅行社市场划分为不同的细分市场。

（1）按旅游目的地细分。有的旅游专家根据旅游目的把总旅游市场划分为五种主要细分旅游市场。第一种是观光旅游市场，旅游的目的是了解异国他乡的文化风俗、民情和景观；第二种是度假旅游市场，在旅游目的地停留时间较长，以度假休闲为主；第三种是商务旅游市场，消费水平高，对旅游产品和服务要求高；第四种是会议旅游市场，消费水平高，对设施设备要求较高，要求会议地点交通便利、集散性好；第五种是探亲访友旅游市场，停留时间较长，多为经济型旅游。

（2）按追求利益细分。按旅游者追求的利益细分市场，最大的问题在于正确理解“利益”的不同含义。如好名者，参加旅游在于追求声望；理性者，追求的是价值与效用；等等。根据旅游者所追求的利益细分市场，旨在给不同的旅游者群提供各得其所的利益。

（3）按购买时间和方式细分。按购买时间和方式细分即依据旅游者出游的时间、购买旅游产品的渠道及旅游方式来划分旅游市场。由于旅游活动的时间性、季节性非常突出，按购买时间的差异可把总体旅游市场划分为旺季旅游市场、淡季旅游市场、平季旅游市场，或划分为平时旅游市场、节假日旅游市场等。按购买方式不同可把总体旅游市场划分为散客市场、团队市场。

（4）按购买数量和频率细分。按购买数量和频率细分是指按旅游者购买旅游产品数量和频率特征来细分，可以分为较少旅游者、多次旅游者和经常旅游者。这种市场细分有利于深入描述、探析不同购买者数量特征的旅游群体在人口属性与心理特征、媒体习惯方面差异的深层原因。通过关注特定服务产品的使用频率，旅游企业可以加强与经常使用者的关系或是通过多样化策略使得小量使用者变成大量使用者。

（5）按对旅游产品了解程度细分。按人们对旅游产品了解程度为标准细分，可把总体旅游市场划分为毫无知晓者、些许知晓者、知晓者、感兴趣者、希望得到者、打算购买者。根据各细分市场的潜在旅游者对旅游产品的了解程度不同分为旅游产品了解程度不同的潜在旅游者群体，旅行社可采取不同方法与他们沟通。

（6）按对旅游产品的态度细分。人们对旅游产品的态度分别有敌视态度、积极态度和热情态度。各细分市场对旅游产品的态度不同，旅行社要有相应的应对方法。对于持敌视、否定、不关心态度的人士，旅行社要找出其原因，检讨现有的营销组合，促进这些人士的态度向有利于本企业的方向转化；对于持积极、热情态度的人士，旅游企业要“趁热打铁”，促其尽早转化为购买行动。

（7）按品牌忠诚度细分。依据人们对品牌的忠诚度可分为坚定的忠诚者、动摇的忠诚者、转移的忠诚者和游离者四类。坚定的忠诚者，购买旅游产品具有唯一性、排他性，永远只购买某一品牌的旅游产品；动摇的旅游者，忠于两种和两种以上的品牌；转移的忠诚者，从忠于某一品牌转向忠于另一品牌；游离者，可购买任一品牌的旅游产品，不忠诚任何一种品牌。对于品牌忠诚度不同的细分市场，旅行社可通过调整营销组合，提高人们对本企业品牌的忠诚度。

五、旅行社市场细分的方法

旅行社市场细分的变量因素复杂多样，必须根据具体旅游者的需求特征和旅游营销者要达到的目标选择运用，旅行社市场的细分方式具体有如下几种：

（一）单一变量细分法

单一变量细分法就是根据与旅游者需求密切相关的某一最重要的变量因素细分市场。这种方法能将市场迅速划分清晰，而且细分后的市场特征较为鲜明，但单一细分不能对市场进行深刻的调研分析。在大多数情况下，此方法只能作为市场细分的起点，即先期用此方法对市场作比较粗略的划分。

（二）综合变量细分法

综合变量细分法就是选择并综合运用与旅游者需求差异紧密相关的两种及两种以上

的变量因素，对特定的旅游市场进行细分的方法，如可同时以家庭生命周期和家庭收入等变量因素交叉细分度假旅游市场。这种方法比单一变量细分法更能准确、深入地划分旅行社市场中每一个不同的消费群体，有助于旅行社采取准确、合理的市场营销策略，但由此会增加市场细分时间、费用和人力等。

（三）完全细分法

根据不同旅游者消费需求差异，最终将每位旅游者分成一个特定的细分市场，被称为完全细分法。这种方法的最终目的是要针对每位旅游者而定制满足其特殊需求的产品和服务。例如，上海锦江饭店专门研究、掌握每位高级贵宾的需求特点，为之建立服务档案，由此采取个人针对性很强的特殊服务方式以满足其需求。由于完全细分法营销成本太高，工作程序太复杂，在绝大多数情况下都不可能被旅行社所采用。但对于某些具有很高个人消费水准的市场，尤其是某些高级别的商务旅游者市场，就完全可以采用本细分市场法。

具体运用以上方法时，还应具体注意以下几点：

（1）细分变量与细分方式的选取必须与特定的旅游企业性质和营销目标相适应。

（2）选择和运用有关细分变量的数目一定要适当。变量数目越多，细分化程度越高，细分精确度就越高，但是，旅游营销人员付出的代价也会随着细分市场的增多而成倍递增，而每个细分市场的规模会越来越小。

（3）选择和运用细分变量时，要密切关注细分因素和旅游者偏好的动态变化。

第 3 节　旅行社目标市场及市场定位

一、旅行社目标市场

（一）旅行社目标市场的含义

目标市场是指旅行社在市场细分的基础上，根据自己的优势条件相应地选择一个或几个细分市场作为自己的营销对象，被选择的细分市场即为目标市场。

目标市场是旅行社营销活动所要满足的市场，是旅行社决定要进入的市场。旅行社目标市场的选择是在市场细分的基础上进行的，市场细分是旅行社选择目标市场的基础，目标市场的选择则是旅行社市场细分的结果。实践证明，由于旅游需求存在着差别，旅行社受企业资源和管理能力的制约，不可能面向整个旅游市场，满足所有旅游者的全部需求，而只能满足特定旅游者群体的需要。因此，旅行社在营销决策之前，必须选定经营吸引力大且能够进入的细分市场作为自己的目标市场，充分发挥企业资源优势，并在此基础上形成市场竞争的优势。

（二）旅行社目标市场应具备的条件

旅行社选择什么样的细分市场作为目标市场，最终是要考虑市场对旅行社是否具有相对理想的长期赢利潜力。因此，具备一定条件的细分市场才能作为旅行社的目标市场。比较理想的市场必须符合以下要求：

（1）具备一定的规模和发展潜力。这是旅行社选择目标市场的首要条件。因为对旅行社来说，要开发一个新市场，无论规模大小都需要付出较高的广告、宣传费用。如果市场规模过小，旅行社进入后得不偿失，这样的细分市场则缺乏开发价值，无须进行开发。同时从现代市场营销观念来看，旅行社满足旅游消费者的需求，不仅是满足现实的旅游需求，还要发掘尚未满足的、未来的潜在旅游需求。对旅行社来说，市场上存在尚未满足的旅游需求，就意味着市场机会的存在，意味着潜在效益。因此，目标市场需要具备一定的规模和充分的发展潜力，这既是现代市场营销观念的要求，也是旅行社选择目标市场的客观要求。

（2）具有一定的购买力。具有一定的购买力是旅行社选择目标市场的必要条件。由于购买力是实现消费的重要前提。只有具有现实的购买力，才能把潜在的旅游需求转变为现实的旅游需求。因此，旅行社在选择目标市场时，针对目前旅游消费者的购买力进行分析，不具备购买力的市场，尽管发现旅游消费者有潜在的需求，也不能作为目标市场。应当注意的是，在分析旅游消费者的购买力时，不仅要分析其收入水平和经济实力，还要研究其消费需求。

（3）目标市场尚未被竞争对手完全控制。目标市场尚未饱和或未被竞争对手完全控制，在这样的情况下，旅行社才可能有机会进入目标市场，并在进入后在市场中通过充分发挥自己的优势赢得一席之地。如果竞争者已经完全控制了该目标市场，对于旅行社来说，除非旅行社自身实力雄厚，入市后方能与竞争者角逐；否则在竞争中，会以失败而告终。

（4）具有市场竞争优势。目标市场的选择，不但要考虑外部客观条件，还要考虑旅行社本身的主观和客观条件。在旅行社具有较好的人力、物力、财力及经营战略和经营管理水平等主客观条件时，细分市场才能作为旅行社的目标市场，旅行社进入该目标市场后，才有可能具备竞争优势，在市场竞争中取胜。

（三）旅行社目标市场策略

旅行社通过对细分市场进行评估后，可以选择自己的目标市场营销战略。一般而言，可供企业选择的目标市场战略有三种，即无差异性市场营销、差异性市场营销和集中性市场营销。

（1）无差异性营销。无差异性营销策略是指旅行社把整个市场看作一个整体，即一个大的目标市场，不再细分，只推出一种旅游产品，运用一种营销组合，满足整体旅游市场中大多数旅游消费者的需求所采取的营销策略。这种策略的最大优点在于：能减少营销活动费用，降低旅游营销成本。其缺点在于：忽视了需求的差异性，产品单一，满足不了旅游消费者多样化的需求；不利于旅行社在激烈的市场竞争中取得长期优势。该策略适用于那些垄断性强、吸引力大的旅游产品，如故宫、长城、秦兵马俑、九寨沟、张家界、黄山等世界自然文化遗产，而不适用于大多数旅游产品，因而对旅行社来说，不宜经常采用。

（2）差异性市场营销。差异性市场营销是指企业在市场细分的基础上，按照各个细分市场的不同需求，分别制订相应的市场营销计划，为各个细分市场的顾客服务，进而实现对市场的全面覆盖。差异性市场营销战略的优点是明显的：第一，它为不同的细分市场提供了不同的市场营销计划，从而能够有针对性和目的性地更好地满足不同的顾客需求，适应了个性化需求的发展趋势。第二，它可以通过多元化的产品赢得在不同的细分市场上顾客的信任，进一步提高了顾客的购买率和重复购买率，出现了越来越多的品牌忠诚者。第三，它通过多样化的市场营销，扩大了市场占有量，有利于扩大企业的销售总额。第四，有利于在竞争中分散企业市场经营风险，降低了企业的经营风险。差异性市场营销战略也是有局限的，集中体现在：第一，企业的经营成本和费用增大了。这主要是由产品和营销的多元化所带来的。企业不要将市场划分得过细，以减少这种不利因素的影响。第二，实行差异性市场营销战略要求企业具有较强的实力，中小型企业因受其资源限制，难以实施差异性市场营销战略。

（3）集中性市场营销。集中性市场营销是指企业在市场细分的基础之上，只选择一个或少数几个近似的市场作为目标市场，集中企业的全部力量，制订一套市场营销计划，试图在较少的市场上争取较高的市场占有率。集中性市场营销战略的优点是：第一，它比较适合那些资源有限的中小型企业开展专业化经营。中小型企业限于自身实力，很难在规模更大的多个市场上展开竞争。与其将有限的资源分散在许多市场上，竭力维护一点点市场份额，不如缩短战线，集中优势在一个或少数几个市场上获得较高的市场占有率，扩大销售总额，赢得较多的利润。第二，由于实行专业化经营，使企业能够更深入地了解市场，对市场动态比较敏感，有利于企业对市场变化随时作出反应。第三，由于生产和营销的专业化，有利于降低企业的成本和费用，扩大销售量，获得较高的利润率。集中性市场营销战略的局限在于企业要承担市场单一化的风险。由于企业的目标市场集中在少数细分市场上，一旦这些市场的情况发生不利于企业的变化，就会影响到企业的全部市场，因此集中性市场营销的经营风险比较大。避免风险的基本办法是不要使企业经营过分集中在目标市场上。

二、旅行社市场定位

（一）旅行社市场定位的含义

对旅行社而言，定位就是要在消费者心目中获得一个据点，创造出一个心理位置，以获得有利地位。具体地讲，市场定位是旅行社针对竞争者现有产品在目标市场上的经营状况，根据目标市场需求群体对竞争者产品特征或属性的重视程度，来树立本企业产品的特色与形象，并把这种特色与形象传递给目标市场群体，从而使旅行社在目标市场上确立一定的市场位置。

所谓市场定位是指企业根据目标市场上的顾客需求和竞争者现有产品所处的位置，发挥企业自身优势，为目标市场设计并提供具有一定特色的产品，塑造并树立一定的市场形象，使细分市场上的顾客能够分辨本企业与竞争者的差异。

市场定位对于企业来讲至关重要，企业在市场上的位置一旦确定，不仅意味着企业已经选定了目标顾客，而且还意味着选定了竞争对手。企业要敢于竞争，更要善于竞争，慎重地选择目标顾客与慎重地选择目标竞争者对于企业是同等重要的。企业要想获得竞争的主动，应当在细分市场上最大限度地发挥自身竞争优势。因此，市场定位的实质就是寻求企业的竞争优势。

（二）旅行社市场定位的步骤

旅行社在进行市场定位时，必须分析旅行社的竞争形势，确定旅行社的市场地位。旅行社在进行市场定位时，需要通过如下步骤：

（1）满足目标市场旅游消费者的需求。旅游消费者对旅行社产品的需求，是促成其购买行为的决定性因素。如果旅行社塑造的市场形象不能满足旅游消费者的需求，这样的定位将是无效的。因此，旅行社管理人员要分析研究旅游消费者对目前旅行社的看法，最大限度地满足旅游消费者的需求。

（2）确定竞争者的市场定位。通过分析旅游消费者的需求，进行营销调研，认真地分析竞争者，掌握主要竞争者的各种有关信息，包括他们的市场目标、财务状况、组织机构、产品特色、产品价格、服务质量、管理水平等，搞清他们的市场定位，从而正确地确定竞争对手在特定目标市场上的位置，全面评估竞争对手的市场定位。

（3）明确旅行社竞争优势。旅行社可能拥有许多优势，在许多方面显示出自己的特点和个性，但有些优势相对不重要。旅行社应当扬长避短，明确自己相对重要的优势，如管理风格、服务、价格、地理位置等，这些特征构成了自己与竞争对手的差别，在市场上树立了鲜明的形象。

（4）显示旅行社竞争优势。竞争优势不会自动在市场上显示出来，企业应采取一定的实际行动。旅行社应当用图片、文字、色彩、音响等手段，将构思好的形象具体地创造出来，并将产品和经营的主要特色通过合适的促销工具和大众宣传媒介准确地传达给目标市场的旅游消费者，进而促使目标消费者认同，喜欢本企业的市场定位，选购本企业的产品。

（三）旅行社市场定位的策略

旅行社能否与目标顾客实现心灵的双向沟通，塑造出能够让目标顾客高度注意、认同和乐意接受的市场形象，使市场形象具有鲜明而独特的个性，以在目标顾客心目中拉大与竞争对手的差距，这将是旅行社市场定位成败的关键。为了成功地进行市场定位，旅行社就要相应地采取适当的定位策略。旅行社市场定位的策略多样，常用的有以下几种：

（1）领先定位。领先定位是指通过展示旅行社独一无二的属性，在消费者心目中占据领先的位置。这是最容易实施的一种定位策略，但领先定位要求旅行社的产品是一流的，其质量、价格或服务等方面具有绝对的优势，其他产品无法与之相比。由于实力雄厚、绝对领先的旅行社毕竟还是寥寥无几，因此，多数的旅行社要依据其他方法进行定位。

（2）比附定位。比附定位是指旅行社以竞争者产品为参照物，依附竞争者定位。实践证明，与处于领导地位的第一品牌进行正面竞争往往面临许多困难，而且大多数以失败告终。因此，比附定位应避开第一位，但要抢占第二位。由于多数商品或服务的促销宣传都不甘声称自己居人之后，少数定位于第二的品牌反而给消费者留下深刻印象。比附定位最经典的案例就是美国汽车出租公司——艾维司（Avis）公司的定位。该公司最先承认不如第一位的赫兹（Heriz）公司后，获得了顾客的广泛认可，营业额直线上升。国内一些大旅行社提出了要做“中国的运通”的口号，目的就是利用美国运通公司在世界上良好的旅游批发商形象来获得国际旅游者的认可。

（3）逆向定位。逆向定位强调并宣传定位对象是消费者心目中第一位形象的对立面和相反面，同时开辟一个新的易于消费者接受的心理形象阶梯。应用逆向定位取得成功的最著名的是美国七喜汽水公司。当时，美国的饮料以三大可乐最为畅销，其中可口可乐完全占据了市场的垄断地位，其他品牌难以插足，七喜汽水也自知不可能与之正面抗衡。为此它巧妙地应用了逆向定位策略，在更新消费者观念上大做文章，创造了全新的消费观念，即把饮料分为可乐型和非可乐型两种，可口可乐是可乐型饮料的代表，而七喜汽水则是非可乐型饮料的代表，并开展了大规模的广告宣传活动，使七喜成为非可乐型饮料市场中首屈一指的名牌饮料。

（4）空隙定位。空隙定位是在人们的心目中寻找一个空隙乘虚而入，以树立与众不同、个性鲜明的主题形象。空隙定位的依据是多种多样的。例如，麦当劳的目标只瞄准 17 岁以下的少年儿童，尤其是儿童，“小丑”罗纳德是其定位的精髓；肯德基则定位于 21 岁以上的年轻人，其店堂氛围幽雅、温馨。此谓占领年龄空隙。有的旅行社采取薄利多销的策略，给人实惠；有的旅行社则面向高档客源市场，优质高价。此谓占领价格空隙。

（5）重新定位。重新定位是指旅行社改变目标消费者对其原有的印象，使目标消费者对其建立新的认识。这种定位旨在使旅行社走出困境，重新获得增长与活力。旅游市场变化万端，旅行社若发现原有旅游产品在消费者心目中毫无个性或缺乏特色、竞争优势削弱，可以通过重新定位赋予产品更新的特点，或通过媒体进行宣传，在消费者心目中树立新的产品印象，调整旅游产品在消费者心目中的位置。严格地说，重新定位并非一种独立的定价方法，而是旅行社应当采取的再定位策略。

第4节 旅行社产品销售

销售工作是联系旅行社产品开发与最终转移到旅游者手中的中间环节，是旅行社产品与旅游市场之间的桥梁和纽带，选择合适的渠道并采用灵活的策略，有助于将产品推向旅行社所设定的目标市场。与此同时，通过有效的促销管理，使旅行社产品有良好的市场口碑，进而提升企业的市场感知度和美誉度。

一、旅行社产品渠道策略

（一）旅行社销售渠道的概念

旅行社的销售渠道是指旅行社通过直接或间接的方式，将其产品转移到最终消费者手中的整个流通途径。在这个过程中，旅行社出售的旅游产品是销售渠道的起点，消费者购买旅游产品是销售渠道的终点。

（二）旅游产品的销售渠道

旅行社产品的销售渠道分为两大类：直接销售渠道和间接销售渠道。

1. 直接销售渠道

直接销售渠道就是指旅行社直接将产品销售给最终消费者，没有任何中间环节的介入。这种销售渠道又称为零环节销售渠道。直接销售渠道可划分为三种形式：①旅行社利用电话、传真、计算机网络等向客源地的旅游消费者销售旅游产品，接受他们的预订，或是由旅行社的销售人员直接上门向企业团体客户销售自己的旅游产品。②旅行社利用自己的门市部，向登门购买旅游产品的旅游者直接出售其产品，这是我国旅行社最传统也是最基本的产品销售方式。③旅行社在自己的目标市场区域设立销售网点，向旅游消费者在销售地现场进行零售。比如中国国际旅行社总社就在美国洛杉矶设有分社，直接向美国消费者销售前往中国旅游的产品。

直接销售渠道的优点主要包括：①简便。旅行社直接向旅游者销售其产品，手续简便，便于操作。②灵活。旅行社在销售过程中可以根据旅游者的要求对产品进行适当的修改和补充。③及时。旅行社通过直接向旅游者销售产品，可以及时将开发的最新产品尽快送到旅游者面前，有利于旅行社抢先于竞争对手占领该产品的市场。④利润高。直接销售渠道避开了旅行社和旅游者之间的中间环节，节省了旅游中间商的手续费等销售费用，增加了旅行社的利润。

直接销售渠道的不足之处在于，首先，没有哪家旅行社能有人力、财力在世界各地设立自己的销售机构；其次，并非所有国家和地区都允许外国旅行社进入。所以，我国的国际旅行社在国际入境游业务中采用的主要是间接销售渠道，而国内旅行社大多采用直接销售渠道。

2. 间接销售渠道

旅行社产品的间接销售渠道，是指在旅行社与旅游消费者之间介入了旅游批发商、旅游经营商、旅游零售商、特殊媒介者等旅游中间商或代理商，才使得产品销售得以实现的一种途径。常见的间接销售渠道包括单环节销售渠道、双环节销售渠道和多环节销售渠道（见图 4－1）。

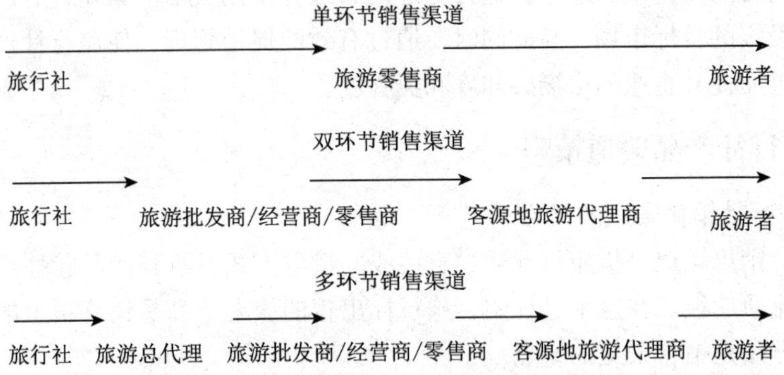

图 4－1　旅行社市场间接销售渠道划分

（1）单环节销售渠道。单环节销售渠道是指在生产旅游产品的旅行社和购买该产品的旅游者之间存在着一个中间环节。即：旅行社—旅游零售商（旅游批发商、旅游经营商）—旅游者。由于各种旅游业务的差异，旅游中间商的角色由不同的旅行社充当。在国内旅游业务方面，充当这个中间商环节的主要是旅游客源地的组团旅行社；在入境旅游业务方面，往往由批发商、旅游经营商或旅游代理商担任中间商的角色；在出境旅游业务方面，旅游客源地区的组团旅行社则成为旅游中间商。这种销售方式成本较高，而收益较低。一般情况下，通过这种方式销售的大多为包价旅游产品，既适合团体旅游者，也符合散客旅游者的要求。

（2）双环节销售渠道。双环节销售渠道是指在生产旅游产品的旅行社和购买该产品的旅游者之间存在着两个中间环节。即：旅行社—旅游批发商（旅游经营商、旅游零售商）—客源地代理商—旅游者。这种销售渠道多用于入境旅游产品的销售。在双环节销售渠道中，生产产品的旅行社先将产品提供给境外的旅游批发商或旅游经营商，然后再由他们出售给各个客源地的旅游代理商，并由他们最终销售给旅游者。

（3）多环节销售渠道。多环节销售渠道包括三个或者更多个中间环节，主要用于销量大、差异性小的某些入境旅游产品。多环节销售渠道的操作程序是先由生产产品的旅行社将产品销售给境外的一家旅游批发商或经营商，这个旅游批发商或经营商充当该旅行社在某个国家或地区的产品销售总代理，然后这个总代理把产品提供给散落各地的旅游代理商，实现成批量地购买和销售旅行社的产品。即：旅行社—旅游总代理—旅游批发商（旅游经营商、旅游零售商）—客源地代理商—旅游者。

间接销售渠道的优点主要包括：①间接销售渠道具有广泛的影响面。旅游中间商往往在客源地区拥有销售网络或同当地的其他旅游机构保持着广泛的联系，能够对广大潜在旅游者施加影响。②间接销售渠道在产品销售过程中具有较强的针对性。旅游中间商对所在地区旅游者的特点及需求比较了解，能够有针对性地推销最适合旅游者需要的产品。③间接销售渠道的销售量一般比较大。旅游中间商是以营利为目的，专门经营旅游业务的企业，具有较强的招徕能力，能够成批量地购买和销售旅行社的产品。

间接销售渠道的主要缺点就是销售成本高。由于间接销售渠道中存在着一个或多个中间环节，导致旅行社产品的最终价格提高。

（三）旅行社的间接销售渠道策略

旅行社间接销售渠道策略主要采取以下三种：广泛性销售渠道策略、选择性销售渠道策略和专营性销售渠道策略。

1. 广泛性销售渠道策略

广泛性销售渠道策略通常是旅行社在自设销售网点实力有限的情况下，为了扩大其产品销路而广泛选用旅游中间商的经营策略。这一策略的特点是在使用旅游中间商时不加任何选择，只要对方愿意经销或代销其产品并接受双方商定的利益条件，便可以成为销售该产品的旅游中间商。对经营国际入境旅游业务的旅行社来讲，广泛性销售渠道策略是通过多家旅游批发商把产品广泛散布给旅游零售商，以便及时满足旅游者需求，方便顾客购买；对经营国内旅游业务的旅行社来说，广泛性销售渠道策略是广泛委托各地旅行社销售产品、招徕客源的一种策略。

人们对于旅行社产品的销售和其他日用消费品的销售一样，都希望迅速、方便地满足自己的需求。特别是在旅游发达国家，人们外出旅游频繁，有众多的零售商提供旅游产品以方便旅游者购买。广泛性销售渠道策略的优点是采用间接销售方式，选择较多的批发商和零售商销售产品，方便旅游者购买。由于销售渠道广泛，便于旅行社联系广大旅游者和潜在旅游者，在旅行社开始向某一市场推销产品时，采取这种渠道策略有利于发现理想的中间商。这种渠道策略的不利之处在于成本较高，而且由于产品销售过于分散，会给旅行社的销售管理增加一定的困难。

2. 选择性销售渠道策略

选择性销售渠道策略通常是指旅行社根据自己的销售实力和目标市场分布格局，在一定的市场区域范围内挑选少数旅游中间商经销或代销自己的产品。这种策略尤其适用销售价格较高或数量有限的旅游产品。目前，我国旅游业面向国际旅游市场提供的包价旅游产品基本上都是采用这一策略进行销售。

采用广泛性销售渠道策略的旅行社，经过一段时间后，往往可以根据中间商在市场营销中的作用、组团能力以及销售量的变化情况，选择其中有利于产品推销的几家中间商。这种策略的优点是有目的地集中少数有销售能力的中间商进行产品推销，可以降低销售成本。缺点是如果中间商选择不当，则有可能影响相关市场的产品销售。

3. 专营性销售渠道策略

专营性销售渠道策略是指旅行社在一定时期、一定地区内只选择一家中间商的渠道策略。通常情况下，作为旅行社总代理的中间商不能同时代销其他竞争对手的产品。专营性销售渠道策略的优点在于可以提高中间商的积极性和推销效率，更好地为旅游者服务。此外，旅行社与中间商联系单一，可以降低销售成本，而且产销双方由于利害关系紧密，能更好地相互支持与合作。这一销售渠道策略的缺点在于，如果专营中间商经营失误，就可能在该地区失去一部分市场；若中间商选择不当，则可能完全失去该市场。

（四）旅游中间商的选择与管理

旅行社选择旅游中间商，应当先进行综合分析，确定自己的目标市场，建立销售网的目标、产品的种类、数量和质量、旅游市场需求状况和销售渠道策略，在此基础上有针对性地选择适合自己需要的旅游中间商。

旅行社对旅游中间商的考察应从以下几个方面进行：

1. 中间商可能带来的经济效益

毫无疑问，旅行社选择中间商的目的在于扩大销售、增加效益。因此，旅行社应选择销售成本相对较低、产生利润相对较高的销售网和中间商。对经济效益的追求要求注重风险与利润的对称。一般说来，在利润相同的情况下，风险最小的销售渠道是最理想的销售渠道。但是，风险小往往利润也小，风险大往往利润也大。所以，旅行社应根据自己的经营实力，在利润大小和风险高低之间进行平衡与选择。

2. 中间商目标群体与旅行社目标市场的一致性

中间商的目标群体必须与旅行社的目标市场相吻合，而且在地理位置上应接近旅行社客源较为集中的地区。这样便于旅行社充分利用中间商的优势进行产品销售。例如，美国是我国国际旅行社的主要目标市场之一，而美国只是一个大的地理概念，其出国旅游市场并非均匀分布，而是相对集中地分布在有限的区域。因此，旅行社选择的旅游中间商在地理位置上应接近这些客源相对集中的地区，并在此基础上考虑旅游中间商的目标群体与旅行社的目标市场是否一致。

3. 中间商的信誉与能力

旅游中间商应当有良好的信誉和较高的声誉，并具有较强的推销能力和偿付能力。讲究信誉是旅行社利益不受侵害的保证，较高的声誉将决定旅游者对中间商的信任程度，从而直接影响其销售能力；而中间商的偿付能力是双方合作的经济保障。

4. 中间商对旅行社业务的依赖性

中间商的业务范围各不相同，对旅行社的依赖程度也存在差异。有的国外中间商专营中国旅游业务，对我国旅行社具有相当的依赖性，如英国的促进旅行社和日本的日中和平观光公司等旅行社全部经营中国旅游业务。而有的中间商则同时经营许多国家、许多旅行社的产品，对某个具体旅行社依赖性较小，甚至不存在任何依赖性。在可能的情况下，旅行社应对此加以考虑，因为这直接关系到中间商的努力程度。

5. 中间商的合作意向

旅行社应通过不同的渠道，了解中间商是否有意与旅行社合作。因为在旅行社选择中间商的同时，中间商也在选择旅行社，这是一个相互选择的过程。旅行社在选定中间商后，便可以签订合同，并开展业务合作。

另外，旅行社在选择销售渠道成员时也要注意中间商的规模与数量。如果选择的中间商数量过多，则会造成促销方面不必要的重复与浪费，而且中间商本身也会因粥少僧多而影响销售积极性；如果选择的中间商数量过少，则又有可能形成垄断性销售或销售不力的局面。如果选择的中间商规模大、实力雄厚、组团能力强，则可能形成垄断性销售的局面，使旅行社受制于人；如果选择的中间商规模太小，往往组团能力差，不利于旅行社的产品推销。中间商规模与数量的确定取决于旅行社的经营实力和销售渠道策略。

二、旅行社产品销售的原则及步骤

旅游产品销售是一项系统性、流程化的工作。只有前期准备、中间操作、后期完善等各环节做好工作，才能顺利完成最终的销售目标。

（一）销售的基本原则

对旅游消费者设定较高的标准。当争取到一些消费力比较好的客户时，可以选择性地放弃部分评价较差的客户。客户数量的多寡并不重要，素质才是最值得考虑的因素。同理，销售数量多寡并不重要，重要的是能否获利。旅行业者或许以为销售量多一定是与获利成正比，其实不然。大多数销售员往往花太多时间追逐虚幻，以至于遭到失败。在寻求的活动中，只有积极地计划，持续地实行，才能达到目标。以往一些使用广告攻势、直接寄信、老客户推荐、加入俱乐部、参与公众事务或举办演讲等手法比较常用，这些虽然都不再是新的花招，但每一个手法都值得一试，而且影响深远。旅游商品销售的五个基本原则依次为：

（1）创造旅游需求原则。销售部门应时常探求旅游消费者的需求，并开发出能满足此项需求的旅游服务项目，随时修正与扩大旅游商品的需求层面。

（2）旅游渠道系统化原则。销售管理是确立能使旅游业者生存的销售方式或建立其经济规模的系统化销售渠道，结合旅行同业的组织并强化整体销售组织体制，以满足旅游消费者的需求。

（3）销售为中心原则。为了满足旅游消费者的需要，认真设定与旅游业者的营业相适应的公司组织形态与营业内容，如区位优势、旅游商品内容、销售通路、定价政策等，都必须以满足旅游消费者需求为前提，并从中获取旅游业者本身应有的利益，充分发挥旅游业者积极主宰旅游市场的优势，不能在观念上滞后于社会发展及落后于旅游消费者的思维。旅行社经营者应以销售为中心经营及管理，追求实现与消费者利益的完美结合，展开有效的销售计划或商业活动。

（4）科学的管理原则。过去旅游业者所擅长的是经验法则。不论是下年度预算、下一季销售目标、人力配置还是中长期外汇的买卖等，所下的决策依据往往是“经验法则”大于理性、系统与科学性的分析与讨论，反正领导说多少就多少、怎么做就怎么改。现在经营环境急剧变化，在利润空间有限的条件下，是不容许有所误差的。应通过科学的管理原则与管理方法——计划实施（plan）、执行（do）、考核（check）、改善（action），确保利润的实现。

（5）非价格竞争的原则。非价格的销售活动包括旅游销售员本身的热忱、访问次数、顾问式销售的实践手法、对零售商的援助及辅导活动、旅游商品本身的品质特性与内容等非价格层次的销售竞争诉求。

（二）旅行社产品销售步骤

旅游推销人员推销按照一定的步骤进行，每一个步骤都值得重视，推销步骤按部就班，推销方法因人而异，是取得良好业绩的必要条件。推销步骤主要有七个方面（见图 4－2）。

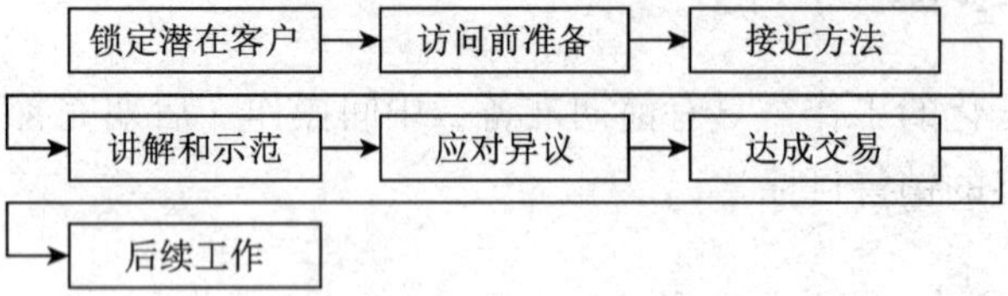

图 4－2　旅游人员推销步骤

（1）锁定潜在客户。旅游推销人员首先要寻找推销对象，即客户。推销人员可以通过多种渠道寻找潜在客户，如可从上游旅游供应商、下游旅游中间商处寻找潜在线索，从潜在客户的行业组织寻找线索，从电话簿中寻找线索，从报纸杂志、广播电视、互联网等媒体中寻找线索，从政府驻外机构寻找线索等。有了潜在客户以后，推销人员还必须进行筛选，剔除没有价值的线索，发现并锁定有价值的客户。

（2）访问前准备。旅游推销人员在访问客户前要做必要的准备，包括尽可能了解访问对象的需求特点和性质、所在机构的状况、购买风格、主要决策人等。推销人员还要考虑选择对客户适宜的访问方法，如电话访问、登门访问等。确定访问时机也很重要，如正赶上客户出差、开会或工作繁忙，就不宜上门造访。

（3）接近客户的方法。旅游推销人员接近客户时，为避免吃“闭门羹”，需要给客户良好的第一印象，包括得体的着装、适合的开场白、恰如其分的谈话内容，争取“润物细无声”地被客户接纳。

（4）讲解与示范。旅游产品基本上是无形产品，旅游推销人员无法向客户提供现场实物展示，就需依靠讲解和图片等示范来吸引客户。旅游推销人员讲解示范时，可借鉴如下三种方式：①固定法。旅游推销人员事先背下文字部分，在讲解时照本宣科，同时以图片资料等方式辅助进行讲解示范。②公式法。旅游推销人员先与客户讨论，再根据其特点把客户分成若干种类型，对不同类型的客户采用既定的讲解示范方法。③需求满足法。旅游推销人员要多倾听客户意见，抓住客户真正需要的关键点和解决客户心存疑虑的主要问题，分别找到适合不同客户需求的最佳卖点进行推销。在具体做法上可采取五种策略影响客户，通过强调本企业所提供的旅游产品在质量、品牌、价格、服务等方面的优势来打动客户，通过专门知识说服客户，通过建立良好关系来维系客户，通过适当的服务感动客户，通过建立良好的个人形象赢得客户。

（5）应对异议。旅游推销人员在推销时，一般情况下客户不管是否有兴趣都会提反对意见，有的客户甚至已作出了购买决定，还挑旅游产品、服务、价格等方面的“毛病”，以此要求推销人员提供更多的优惠。推销人员要善于应对各种反对意见。首先，对本企业所提供的旅游产品要心中有数，要有信心；其次，把客户反对意见看成是常态，甚至可把反对意见看成客户对旅游产品感兴趣的另一种折射；最后，不直接反驳，最好是列出现象，让客户自已得出结论。

（6）达成交易。旅游推销人员要善于捕捉时机，把客户的购买愿望转化成实际购买行为。经验丰富的推销人员往往能很好地把握火候，一旦时机到来，他们总会用肯定的询问诱导客户成交，如某企业要组织团体旅游，推销人员会问：”贵公司把旅游团发团时间定在××时还是××时?”

（7）客户追踪。推销人员在授权范围内代表旅游企业与客户签约后，并不等于推销工作的结束。推销人员要把有关信息传递给客户并把交易情况通报所在企业，各部门齐心协力准备好为客户服务。现代旅游企业特别重视对“回头客”的争取，一笔交易的达成，也意味着新一笔交易的起点。所以，推销人员在达成交易后还要追踪客户是否满意。

（三）旅游销售的趋势

社会结构产生变化，政治结构、经济结构与世界旅游市场等产生变化，使旅游上游供应商、旅游业大型批售商、旅游零售商与旅游从业者面临挑战。因为外界销售环境结构变化，所以导致具体的旅游销售趋势也产生变化（见表4－5）。

表4－5 旅游销售趋势改变表

过去	现在
1. 对潜在和现有客户一无所知	1. 确认潜在和现有客户
2. 创意导向	2. 反应导向
3. 遍及整个市场	3. 满足每一个潜在利润基点
4. 评估整个市场	4. 计算赢得多少新客户
5. 广告独白	5. 和旅游消费者对话
6. 对旅游消费者疲劳轰炸	6. 和旅游消费者建立关系
7. 被动的旅游消费者	7. 涉入的参与者

续表

过去	现在
8. 大众行销	8. 直接大众行销
9. 独特性的销售主张	9. 附加值主张
10. 单一销售通路	10. 多重行销通路

来源：沈小君．旅游业务操作师．中国劳动社会保障出版社．2009，P. 324。

1. 生活形态的改变

生活个性化→生活多样化→生活趣味化→生活流行化。

2. 消费者个人意识为主

旅游生产者→旅游消费者→旅游消费的决策者（有权利决定于付钱的人）→旅游消费实际参与者（真正去玩的人）

也就是说从过去未开发出境观光的“量少价高消费”、开发出境观光的“大量消费”至全民观光的“选择消费”。

3. 价值观趋势

过去以物质满足为前提→输人不输阵，别人出境我也要去→该去的都去过。

现在自我实践，去自己真正想去的地方。意即由自我实现的需要朝向自我满足的需要发展。

4. 销售方法趋势

（1）旅行社生产者导向→旅游消费者导向→旅游个性化导向。

（2）办公室销售→新媒体销售→旅游经纪人销售。

（3）少种少量旅游商品→少种多量的旅游消费→多种少量的旅游消费→多种多量的旅游消费。

（4）面对面人际销售→形象与品牌销售→口碑销售。

5. 销售规划的必要性

实际的销售周期是指通过一次或多次的销售拜访，成功地完成一次销售所需要的时间，它取决于订单的大小、复杂性，以及销售人员的办事效率和影响力。对于每个销售拜访，有些核心部分都是不可忽视的，必须在拜访前做好充分的规划。

（1）销售内涵的规划。主要包括：①介绍自己及自己的旅行社。②感谢潜在客户花时间接受拜访。③表达自己的热诚。通过握手、微笑以及开朗的表情，表达你的诚意。④表现出自信、热心与得体。⑤仪表是塑造正面形象的一个重要因素。整洁、得体的装扮是销售员的形象与象征。⑥拜访前做好准备工作。无所事事的感觉最令人焦虑不安，它不只让你心神不定，也浪费你的宝贵销售时间，不要有“看着办”的心态。⑦利用开放式问题打开潜在客户的话匣子。⑧了解潜在客户的业务内容。⑨开始和潜在客户交谈时，不妨边谈话边观察他们的人格特质，是热心、直肠子、优柔寡断、内敛还是冷漠，并据以调整销售策略。在销售周期的初期阶段，也许要拜访许多不同的部门，和许多人洽谈，才能找到关键人物。此外，中、高管理阶层，财务及营业部门主管，立场不一，需要协调沟通。因此，不能靠着一套推销术语打通所有关卡。必须让所有阶层的人对你的解决方法都感兴趣，争取到向所有阶层推销的权利。潜在客户会向他们所喜欢的销售员购买产品，抓住他们的注意力，激发他们的兴趣，建立和谐关系，赢得他们对你的信任和喜欢。

（2）解决方案的吸引力规划。主要考虑以下问题：①提案是否迎合客户需求？②提案是否符合潜在客户要求？③提案是否能提高潜在客户的需求迫切性？④提案是否能诱发潜在客户采取行动？⑤要向潜在客户证明提案是他所能做的最佳旅游决策。

视解决方案或服务的复杂性，或许要做一次以上的说明。初步的旅游产品说明应该：①对解决方案作概要说明。②针对洽谈的特定对象，强调某一利益。③说明解决方案迎合潜在客户需求及条件，并且叙述解决方案的结果及利益。④询问“在我做最后的旅游产品说明时，是否能得到你完全的配合”。

销售的基本概念假设“旅游消费者及企业不会购买足够的贵公司旅游产品及服务”，在此假设前提下，旅游产品及服务是被卖出去的，而不是被购买过去的。如果客户的满足被摆在敲定订单之下，则买卖双方之间可以建立起信赖的关系。过去旅游业者在客户资料处理上，浪费了无以计数的时间，但却甚少挪出时间来设定目标；努力了解客户，却未进一步作策略规划；花了时间收集资料，却从未拿来加以运用；或者针对客户做了策略规划，却未认识开发其中所存在的潜在机会。因此，策略从未反映出真正潜藏的机会。正如萧伯纳老年时向观众所说的：“我年轻时，计划每周排出两段时间，什么事也不做，只是静下来思考。我从未达成这个计划，但设法去做而已，已经让我名利双收。”

目标与目的之间是没有冲突存在的。目标表现理想中的一面，目的则比较实际，是准确描述，而且是可衡量的，可以通过在较短时限内能达到的成果来确认。经营环境瞬息万变，过去善于“销售”公司的行之有效的解决方法，现在却忽然发现已难以奏效，对大中型客户如果一直套用以前的销售方法，就很难达到营业收入及盈余的目标。许多拜访大客户的销售员，不但缺乏规划方面的训练，而且缺乏向客户渗透并进行长期策略研究的训练。

三、潜在客户的开发

对于潜在客户的开发，需要旅行社去了解分析、吸引、创造潜在客户，将潜在客户开发之后，也要进行“永续经营”，即做好“顾客关系管理”。

（一）潜在客户的四大分类

（1）新的潜在客户。一位销售员不能说他已 100% 控制他所分管地区的客户，必定还有找寻新的潜在客户的余地。不管对方是何等人物，都有可能变成新客户，要不时地在这一类客户身上下大功夫。

（2）旧客户。在每一家旅行社的计算机数据上，都有上千位的旧客户，应该常常邀请他们再度惠顾。在他们之中，也许有人怀着被公司忽视的感觉，也有对公司不怀好感的人。应该访问他们，调查从前的交易有何毛病，并改正过来，抓住重做交易的机会，这项工作与寻觅客户同样重要。

（3）失去的客户。在竞争中被同业抢过去的客户，也不能忽视。这是强而有力的潜在客户，应该把和他来往的事实记载在潜在客户的分类簿上，等待下次机会。

（4）现有客户。新行程的开发与新旅游产品将促使与现有客户之间的交易更显活泼。向现有客户销售的成功概率大增，也远比卖给新客户容易。

（二）如何寻找潜在客户

潜在客户就是可能有意愿购买的客户。客户有了意愿以后，销售员必须以积极的行动去争取，否则潜在客户永远也成不了真正的客户。一般来说，可以将潜在性的顾客区分为两大类：准客户，就是已经表现出购买意愿的人；流离客户，就是虽然现在抓不到客户的意愿，但他们却是想争取的对象。

不论哪一类的客户，都是销售员超越原先业绩的筹码。达成这样的共识以后，再进行进一步探讨；到底要掌握多少潜在客户才算合理？从发出广告单到亲自登门拜访，事先都必须评估所花费的成本。因此，到底要针对多少对象去努力，完全要看公司的财力、性质，以及个人的能力来衡量。但是千万别以为用应付完现有客户剩余的时间来做这件事情就足够，开发潜在客户是一个耗时、耗神、需精心计划的大工程。

寻找潜在客户时，一个很重要的方面就是保持良好的心态。比较正确的心态是要随时挑战自己，突破现状，而不是抱着跑掉一个客户、再赶快找新客户来弥补的心理做事。

1. 客户的形态

列出评估客户的原则，可供参考：销售利润、销售工作的成就感、对等关系、对卖方的期许、更换旅行社的原因、善意的询价、客户的成长机会、特殊的要求。假如客户提出一些较特别的提案，这时候就必须考虑以下问题：这样的要求是否合理？他们值得这样投资吗？只要客户的要求尚属合理，适当收费也是应该的。选择大客户为合作的对象，原因有三个：第一是较有发展潜力，第二是利润较高，第三是较容易维持长远的合作关系。

失去一位潜在客户，总比失去一位现有客户所造成的损失要少。做好评估工作，将可让自己拥有更愉快、获利更高的合作关系。

2. 寻找准客户的两项原则

寻找准客户时，必须掌握下列两项原则：

（1）随时随地寻找准客户。

（2）妥善运用所有的人脉。每一个人都有基本的人际关系，下列这些人际关系就是重要的人脉：亲戚、工作的关系、学校的关系、拥有共同兴趣的朋友、住宅的关系、社团的关系、其他买卖关系。

3. 寻找准客户的技巧

寻找准客户，请参考下面五个技巧：

（1）直接访问。直接访问就是销售员挨家挨户直接拜访可能购买的消费者；或是打电话给陌生人以获得访问的机会；或是寄推销函给陌生人，再用电话追踪以获得拜访的机会。由于直接访问的对象都是毫无关系的陌生人，因此，取得订单的概率不大，可是对于人脉较差的新的销售者却是寻找准客户的方法之一。由此可知，直接访问的首要条件就是肯吃苦、能耐劳与够勤快。

（2）老客户的介绍。所有的销售好手都知道，老客户是寻找准客户最好的来源。开发新客户就像垦荒，费时费力，事倍功半，与老客户接触，好比在设施完善的农场上耕耘，驾轻就熟，事半功倍。老客户不但会重复购买，而且可能介绍许多准客户。老客户的一句话往往胜过销售者的十句话，威力无比。每一个老客户都有他所触及的数十人的关系网。假如他喜欢你、欣赏你，愿意介绍数十人成为准客户，你将受益无穷。因此，销售者一定要设法去使客户满意旅游产品，愿意再次光顾，并介绍准客户来。

（3）依靠各单位代表的协助广结良缘。培养良好的人际关系，各单位代表能够由“点”至“线”，进而推广至“面”，就是销售员的最佳“线民”。他们随时随地得知购买信息，只要发现准客户，就会立刻通知销售员，发挥出最大的销售人脉与销售力。成交之后，可以付给“线发”固定的佣金或非金钱上的酬谢，如免费参加旅游、赠送礼物等。

（4）旅展。展示旅游产品是获得准客户的好方法。前来参观的消费者，大都是对旅游产品有兴趣者，也就是销售员所渴求的准客户。这时，如果能知道参观者的姓名与地址，那就是一份准客户的名单。一般人怕销售员纠缠、骚扰，大都不愿留下姓名与地址。因此，必须给这些准客户一个留下资料的好理由。

（5）名册。利用各种名册以获取准客户。这些名册包罗万象，如工商名录、企业指南、企业名人录、工厂名录、电话簿、社团会员名册、同业工会名册、毕业纪念册，以及各种俱乐部名册，如圆山俱乐部、太平洋俱乐部、银行家俱乐部等，还有新公司的工商登记及监理所汽、机车登记。

四、客户的管理

客户是旅行社重要的经营基础和生产资源，狭义的客户是指旅行社的客源，即旅游者。广义的客户是指与旅行社有经济和业务来往的供应商、其他服务机构和旅游者。旅游业是一个高关联度的产业，旅行社作为提供旅游产品的企业，它所提供的产品必定受到其他部门或企业的影响，离开交通运输、餐饮、景区（点）、宾馆饭店，甚至气象预报等，旅行社的产品就什么都不是，旅行社也无法正常经营，所以有时候戏称旅行社为“全求人”，从另一个角度也反映了旅行社的这一特性。因此，如何选择运输工具、选择哪些景区（点）组成线路、选择什么饭店合作等一系列的问题在旅行社经营中就显得十分重要。外联部承担着旅行社对外活动的重要职能，选择与谁合作共同完成旅游经营活动是其重要的业务工作，用广义客户的概念去进行市场开发、产品设计、市场营销、创新产品，可以使旅行社时时处于主动的位置。当然，科学的客户管理程序是保障实现这一目的的基础。

（一）建立客户档案

档案是旅行社经营的历史记录和经营管理资料的综合，客户档案是旅行社经营过程中与供应商、分销商、旅游者、其他相关部门或企业发生各种业务关系的历史记录，建立客户档案，就是本着科学、系统、延续、客观的原则，将与旅行社经营有密切联系的企业或个人的基本情况以及与旅行社所发生的业务关系情况，采用一定的方法记录并整理的过程。通过客户档案的建立，旅行社可以从中分析并选择稳定的合作伙伴，建立独特的合作模式，形成一定的企业族群。同时，通过建立客户档案，旅行社也可以从中分析出市场发展趋势和旅游者消费偏好的变化情况，从而及时、有效地调整经营策略，规避经营风险，降低经营成本。

（1）分门别类建立客户档案。与旅行社经营业务发生关系的客户有很多，如景区景点、宾馆酒店等是为旅行社提供产品基本要素的供应商，广告公司、新闻媒体则是对市场营销构成重要影响的传播途径，机关、企事业单位、社区甚至个人是重要的客源市场，不同类型的客户对旅行社经营起到不同的作用，对客户进行分类是建立客户档案的基础。可以按照供应商、分销商、传媒、消费者等分类建立客户档案，也可以按照旅游产品生产的工艺流程建立上游企业、水平合作伙伴、下游企业或消费者客户档案。但不论采取哪种方式，准确界定合作性质和一户一册是基本原则。

（2）按照一定的顺序排列客户档案。随着经营的持续，与旅行社发生业务关系的企事业单位会越来越多，客户档案的规模也会越来越大，查阅起来会相当有难度。这就要求在客户档案建立初期充分预见，按照一定的顺序科学排列客户档案，否则可能会形成客户档案混乱、查找困难的情况。可以采用客户名字开头的英文字母排列顺序，第一位字母相同则选择第二位进行排列，以此类推；也可以采用先分区，即根据客户类型先划分大类，再细分，即在大类内按照一定方式排列。不论采取哪种方式，在排列的同时建立一个快捷查寻的客户档案目录都是必要的。

（3）选择重要客户，建立 VIP 客户档案。与旅行社发生业务关系的企事业单位有很多，如果每一个都建立客户档案，既费时费力，又给查阅带来很大的困难，而其中很多可能是一次性客户，为其建立客户档案意义不大又使得管理成本上升，因此选择重要客户建立客户档案是十分关键的。信誉度高、规模较大的供应商，具有丰富的旅游新产品宣传经验的传媒，有稳定支付能力、热爱旅游的旅游者和企事业单位应占客户档案中的主体。而信誉度不高或者虽然信誉度高但没有合作愿望的供应商、传媒和偶尔参加旅游活动的消费者就没有必要为其建立客户档案。同时，在客户档案中对客户也要区别对待，为那些对旅行社经营构成重大影响（一般以对经营利润的影响比例来确定，对年度经营利润影响达到 5% ~15% 的为一般重要客户，超过 15% 的为重要客户）的客户，建立 VIP 客户档案，其档案要尽可能详细并及时更新，以确保合作的针对性和高效性。

（二）巩固客户关系

单纯建立客户档案对旅行社经营仅仅能够具有一定的参考作用，客户关系的巩固对旅行社的经营则有更重要的作用。良好的客户关系建立在真诚合作、及时沟通的基础上，通过程序化的巩固客户关系，不仅可以使顾客档案保持不断更新的状态，而且可以使与客户之间的联系越来越紧密，甚至建立战略合作伙伴关系。

（1）及时回访客户。关系的巩固是建立在密切联系和信息沟通的基础上，及时采取电话沟通、上门拜访、邀请座谈等形式，可以有效巩固客户关系。当然，过于频繁的联系有时候也会影响客户正常的工作和生活，起到适得其反的作用。选择合适的时机和一定的频率是非常重要的，可以选择一些重大节日，每隔一至两个月与客户联系一次，上门拜访前一定要进行电话预约。

（2）通过邮寄印刷品保持客户关系。对于旅行社不断创新的旅游产品，客户不可能都会及时了解到，通过印刷新产品说明并在第一时间投递给客户，可以帮助客户了解产品情况，也可以使客户意识到旅行社时刻都在关注他。这也是其他类型企业经常采用的一种巩固客户关系的方法。在邮寄印刷品时，客户单位名称与联系人或客户姓名、地址一定要书写准确。印刷品要印制精美，内容言简意赅，附有一定的优惠条件，一次投递的印刷品数量不宜太大。

（3）组织联谊会或答谢会巩固客户关系。在一定时间选择一些 VIP 客户组织联谊会或答谢会，或以旅行社为龙头、外联部工作人员为主要承办人员组织一些联谊活动，一方面可以联络感情，巩固客户关系；另一方面可以了解客户需求的变化，有针对性地及时调整产品。在组织联谊会或答谢会的过程中，要事先对客户进行认真分析，有针对性地制定活动内容，活动时间和场地要安排得当，活动方式要轻松、高雅、令人回味，可以采用冷餐鸡尾酒会 + 文艺节目 + 参与性趣味活动 + 抽奖或赠送纪念品的形式。

（4）设立年度奖励积分强化客户关系。对在一年内为旅行社提供服务或购买旅行社产品达到一定金额的供应商和旅游者提供年度奖励，可以奖励在一定时间内免费享用一定数量的特色旅游产品，以此来强化客户关系。

（三）客户评估

随着旅行社业务的发展，与客户的关系也会随之发生变化和调整，与旅行社协调一致、共同发展的客户会被保留下来，其他客户可能会被重新选择继续保持还是终止客户关系。客户评估可以帮助旅行社客观分析客户情况，进而决定客户关系的发展方向。

（1）客户评估是建立在旅行社经营业务需要的基础上，评价客户对旅行社经营利润的影响程度，对旅行社经营业绩构成重要影响的客户无疑是要被重点关注的，与这些客户的合作关系如何是评估的主要内容。

（2）客户是否与旅行社经营发展的方向协调一致也应该是客户评估的内容之一。随着时间的推移，原来合作密切的供应商可能会由于其业务发展与旅行社发展方向不一致而使合作内容越来越少，甚至停止合作；旅游者也会因为消费偏好的转移而选择其他旅行社的旅游产品。对这些客户的评估可以帮助旅行社决定是否调整经营策略和产品方向，以便保持继续与之合作。当然，旅行社也会根据自身需要不断寻找和挖掘新的合作伙伴和消费者。对这些客户的评估可以让旅行社了解他们在旅行社经营中所处的地位如何，从而决定采取哪些措施更好地处理与他们的关系。

（3）客户评估必须有统一的标准，可将评估内容设计成表格，采取项目打分法进行评估。尽量参考历史资料和客户档案，获得分析数据，避免由于个人偏好而决定与客户关系发展方向上的错误，克服客户评估中的盲目性。同时，由专业人员集体进行客户评估，避免非专业人员或个人在评估中对数据资料和分析方法不熟悉造成的误差。

第 5 节　旅行社产品促销

一、旅行社促销的含义

（一）旅行社促销的概念

促销是指旅行社把有关企业的产品信息通过各种方式和手段，利用各种渠道和工具传递给旅游消费者，促进其了解、熟悉旅行社产品，产生兴趣，形成需求，并最终实现旅行社产品的有效销售。促销的主要功能是刺激交易，如果效率高，促销将会实现原本不会发生的交易。因为促销通过信息的流通，说服旅游者作出购买决定，所以其本质是旅行社和旅游者或旅游中间商之间的信息流通。

（二）旅行社促销的作用

旅行社进行促销可以起到实现或加强旅游者购买行为的作用。当旅游需求处于潜伏状态时，通过促销可以引发需求，吸引潜在的游客。具体来说，有以下几个方面的作用：

（1）提供产品信息。旅游市场上，旅行社和旅游者之间存在着信息分离，旅游者对旅行社产品了解甚少，旅行社必须进行沟通与促销活动，采取各种有效方法，及时向中间商、旅游者传递有关产品信息。旅行社在整个营销过程中，通过不断地向旅游者提供有关信息，不仅能引起注意，使他们及时了解旅行社和旅游产品，而且能密切旅行社、中间商和旅游者之间的关系，加强相互间信息沟通，扩大销售。

（2）引导旅游需求。通常人们的需求只是作为一种潜在愿望存在，至于何种具体产品能够满足旅游者的需求，仍是不确定的，旅游者的购买行为往往要受到促销宣传等外界因素的影响，具有可诱导性。旅行社通过促销宣传，可以调整、引导甚至创造旅游需求，激发游客的购买欲望，使市场需求朝着有利于旅行社的方向发展。

（3）突出产品优势，提高竞争实力。在竞争激烈的旅游市场环境中，存在着许多不同旅行社生产的同类产品，旅游者自己难以识别。旅行社在促销过程中，宣传自己产品不同于竞争产品的特色和优势，帮助旅游者认识购买本旅行社产品所获得的特殊利益，能在旅游者心中建立起对本旅行社的了解和信任，激发消费者对本产品产生偏好，从而扩大产品销售，不断提高企业竞争力。

（4）扩大知名度，稳定销售。声誉是旅行社的名声和市场形象，反映了旅游者对旅行社的综合评价和看法，对旅行社的产品销售起着至关重要的作用。旅行社通过促销活动，可以扩大本企业的知名度，有助于加深旅游者对旅行社的印象，提高企业声誉，使旅行社获得稳定的销售和市场占有率，在市场上树立本旅行社产品的独特形象。同时，当产品的季节性等因素造成需求与供给不同步时，促销可以平衡供求；当旅游需求发生动摇或衰退时，通过促销可以使需求得到一定程度的恢复，稳住游客，保持旅行社的市场占有率。

二、旅行社促销策略的制定

（一）旅行社促销策略

促销策略是旅行社市场营销组合策略的基本构成要素之一，它由媒体广告、销售推广、直接营销和公关等要素组合而成。促销策略是由多种不同的促销方式组成的，在设计促销方式时，必须确信这些方法能让特定的目标市场接收到正确的信息。

影响促销策略的因素主要有：促销目标；市场特点；产品特点；旅游者购买准备阶段。旅行社主要通过以下步骤来制定促销策略，具体包括：①确定目标受众。②确定促销目标和工作。③设计促销信息。④确定促销费用。⑤确定促销组合。⑥评估和控制促销活动。

（二）旅行社促销策略的制定

旅行社促销策略制定的基础是旅行社的总体发展战略和总体发展战略指导下的市场营销策略，因为促销策略只是旅行社市场营销策略的一个组成部分，它不可能孤立于旅行社的总体营销策略而存在。对于旅行社的促销策略来说，总体目标是基础，总体预算是保障，而所有促销要素目标都必须为总体目标服务，所有促销要素预算都受总体预算的限制。旅行社促销效果既是检验策略有效性的重要环节，也是旅行社不断提高促销管理水平的重要途径。

三、旅行社促销目标的确定

简单地说，旅行社的促销目标就是旅行社在一定时期内，通过对各种促销要素的有机组合而要达到的总体目标。

在旅行社的经营实践中，总体促销目标是确定旅行社各促销要素目标的依据，同时旅行社促销的总体目标也是通过各促销要素目标的实现而达到的。

旅行社在一定时期内的总体促销目标是旅行社促销策略的基础和核心，这是因为：促销目标不仅决定促销预算和促销要素的组合策略，同时也是评价促销效果的依据。因此，旅行社促销目标的确定便成为旅行社促销策略成败的关键，并会直接影响旅行社的市场营销策略。

旅行社的促销目标一般应符合以下要求：①目标必须具体、准确。②目标必须量化、可测定。③目标必须现实可行。④各促销要素目标必须协调一致。

一般说来，旅行社促销目标可以划分为两类：一类为直接目标，是指寻求观/听众明显行为反应的目标，如提高 10% 的销售额，增加 5% 的市场份额等；另一类是间接目标，是指不直接导致消费者行为的目标，如提高产品知名度、改善形象、传播知识、改变旅游者态度等。间接目标对消费者行为可以起到积极的影响和促进作用。

在旅行社采用直接销售渠道的情况下，促销目标的确定和表达一般较为直观。在旅行社广泛采用间接销售渠道的情况下，促销活动的对象并不是其最终消费者，而是旅游中间商，因而旅行社促销活动的主要目标也随之变化，主要表现在以下两个方面：

（1）向旅游中间商提供信息。旅行社应经常通过不同的渠道向旅游中间商提供最新的产品信息，使中间商能及时掌握市场产品的变化情况。实践证明，邀请旅游中间商到实地考察是非常必要的方式，这既可以使旅游中间商亲自了解旅游目的地的情况，又可以借此机会与旅游中间商建立起良好的私人联系，这种私人联系有助于旅行社产品的销售。当然，这种推销方式所需费用较高，只适用于较为重要的客户。旅游中间商一般都会编印自己的产品目录，以备客人索取。国外旅游经营商编印产品目录后，广泛发送给旅游批发商和旅行代理商。旅游经营商的产品目录一般印制精美，图文并茂，并附有价目表，以备客人选择。由于这一推销方式影响大、效果好，所以能在主要客源产生地中间商印制的产品目录中占有一席之地，也就成为旅行社产品推销活动的基本目标之一。

（2）签订合同。合同是指当事人之间为实现一定的经济目的、明确相互权利义务关系的协议。旅行社与中间商签订合同的目的在于以法律的形式明确双方的合作关系，并确保各自利益的实现，它是双方合作的基础和依据。合同的具体内容由当事人协商确定，国家旅游局制定的《中外旅行社组团业务合同范本》可供参考。

四、旅行社的促销组合与基本促销技巧

（一）旅行社促销组合的概念

促销组合是指旅行社为有效地沟通信息，达到特定的促销目标，而对不同促销方式的选择、组合和运用。

旅行社促销的方式是多种多样的，就广义而言，市场营销组合中的多个因素都可纳入旅行社促销组合中。就狭义而言，旅行社促销组合仅指具有沟通性质的促销工具，主要包括各种形式的广告、人员推销、销售促进、公共关系。上述四种促销形式或工具各有其特殊的潜力和适应性。此外，随着科技的发展、通信业的发达，直接营销、网络营销等也日益显露出其重要的促销地位。

有效的促销组合具有以下功能：①向潜在旅游消费者或中间商提供产品信息。②劝说人们形成对特定产品和品牌的偏爱，或在特定旅行社购买旅游产品等。③诱导旅游消费者的购买行为即刻指向营销者所提供的产品。

（二）基本促销技巧

旅行社所出售的是无形服务，因此，与顾客关系对于旅行社的促销有着至关重要的影响。营销人员的销售技巧高低直接反映企业本身的素质高低。下面主要介绍两个基本销售技巧：

（1）接听电话技巧。绝大多数旅行社与客户或顾客的日常接触是通过电话来进行的，接电话的技巧非常重要，接电话的风格常常影响客户或顾客对旅行社的第一印象，甚至影响企业的形象，灵活使用礼貌语言是非常重要的。在这个环节上，应做到：迅速接电话（有试验证明电话铃响过第三声时，接电话最佳），要用愉快的音调，进行适宜的问候，做好笔录工作，相关业务要熟悉，耐心倾听，解释能力要强，需要时迅速回电话。

（2）保持最佳的工作状态。笑脸相迎每一位顾客，如果相识，应表现得更加亲密；对等待的顾客应及时给予一些温暖，如倒水、请他先看一些有关的资料；牢记每一位顾客的名字；与初次见面的顾客应进行一些轻松愉快的交流；把小事当大事来做；足够的知识准备；保持谦虚的态度，同时应具备灵活机智的谈话技巧；对每一位光临本企业的顾客都应表现出一种欣赏。

五、旅行社促销效果的评价

（一）促销效果的测定

促销效果评价主要是通过促销反馈信息来衡量某种促销组合或具体促销方案的效果。衡量的标准主要是促销策略实施之后旅行社产品销售量增减的幅度。通常情况下，促销策略实施后产品增销的幅度越大，说明促销的增销效果越大，反之则小。如果在市场疲软或产品进入衰退期的情况下，由于促销的作用，产品销量下降的速度越慢，则说

明促销的减缓效果越大，反之则小。当然，旅行社产品销售量的增减，受到主观和客观多种因素的影响，促销只是其中的一个因素。因此，促销效果的测定要达到极其准确的程度是很困难的。尽管如此，由于促销的销售效果是旅行社一切促销活动的最终目的，加之销售效果的测定比较简便易行，所以销售效果的测定便成为促销效果评价的重要方面。销售效果测定的方法主要包括以下两种：

（1）比值法。这种方法是以促销前后产品销售量的变化来进行测定，简便易行，在旅行社中较为通用，其公式为：$R = (S2 - S1) / P$ 式中：R 表示促销效益，S2 表示本期促销后的平均销售量（一月或一年），S1 表示未促销前的平均销售量（一月或一年），P 表示促销费用。由于促销效益和销售量之间并非绝对呈正比关系，因而运用这种方法评价促销效果时，要注意排除促销以外其他因素的作用，如市场的变化、竞争对手促销活动的加强与削弱、偶然性事件的影响等，都会不同程度地影响旅行社产品的销售量，不应把全部销售量的增长都归因于促销活动。

（2）增长速度比较法。这种方法是将几个时期的销售额与促销费用的平均增长速度相比较，观察促销活动在一个较长时期内的销售效果。如果销售额增长的速度大于促销费用的增长速度，则说明促销效果比较好。

（二）自身效果的衡量

促销的自身效果又叫接触效果，是指以促销活动的视听率、记忆度和产品的知名度等因素为依据测定的促销效果。

旅行社的促销活动推出后，由于社会、自然、经济、市场等方面的原因或各种意想不到的变化，产品的销售量不但没有增长趋势，反而出现下降趋势。在这种情况下，因为有更多的人了解了旅行社促销的产品，对于旅行社来说，促销的目的应该被认为是达到了。另外，旅游消费者最终的购买行为的产生，通常也不是某一项或某一次促销活动的结果，而是旅行社采取的一系列促销活动互相作用的产物。因此，那种单纯以销售量的变化来衡量促销效果的做法具有一定的片面性和局限性。衡量促销自身效果的指标主要有视听率、记忆度、理解度、知名度和注意度等。

思考与练习

1. 简述旅行社的间接销售渠道策略。
2. 旅行社如何选择旅游中间商？
3. 简述旅行社市场细分的原则。
4. 旅行社产品的销售流程是什么？
5. 如何制定旅行社促销策略？

第5章 旅行社的产品策划

【学习目标】

通过本章学习，理解旅游产品和旅行社产品的概念，掌握它们的分类和特征，把握旅行社产品的形态，了解旅行社产品的策划流程，掌握旅行社产品的策划创意、原则，能够从产品流通和产品开发角度来策划旅行社新产品。

【内容结构】

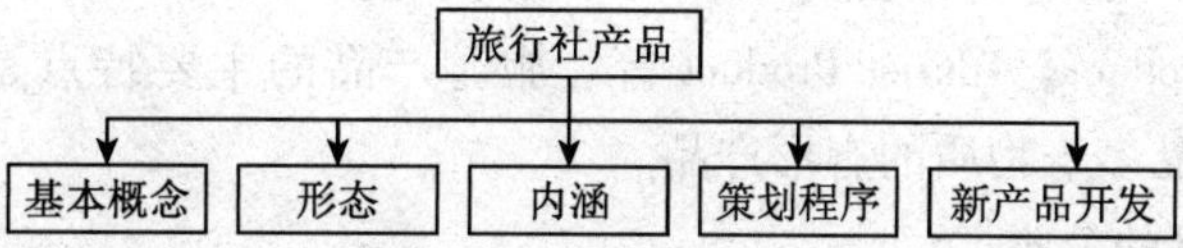

【重要概念】

旅游产品　旅行社产品　旅行社产品组合　节事活动产品

产品是旅行社赖以生存的基础，没有产品，经营管理便无从谈起。若要保证旅行社的经营持续而有效，旅行社实行产品管理至关重要且必不可少。旅行社的产品管理者可以从旅游产品入手，监管旅行社产品的管理。

第1节 旅游产品和旅行社产品的概念

一、旅游产品

（一）旅游产品的定义

旅游产品是指旅游企业为了诱发和满足旅游者的需求而提供的有形产品和无形产品的总和。即旅游企业向旅游者（顾客或消费者）销售的各种实物、服务、信息等。从旅游者的角度来看，旅游产品就是旅游者从离开家到返回家的所有经历。包括住宿、自然环境、交通、餐饮、娱乐和其他吸引物等。旅游者购买旅游产品需要付出时间、金钱、环境等方面的代价。旅游企业生产旅游产品本身就是为了迎合旅游者的需求以获取收益，这也正是旅行社的本质所在。泰勒（Talor）认为，旅游产品难以被看到或是测量，但它具备产品的属性，旅游企业的主要目标就是提供旅游产品。

一般意义上，旅游企业包括：住宿业、旅行社、交通部门、旅游景区等企业。

现在关于旅游产品的英语翻译版本不一，例如：Travel Product、Travel & Tourism Product、Tourism Product、Tourist Product 等。旅游产品的主要特点是精神的、观念的、抽象的、无形的产品多于物质的有形产品。

（二）旅游产品的分类

旅游产品大体上可分为旅行社产品、酒店产品（住宿、餐饮、设施等各种酒店服务产品）、旅游餐饮产品（各种食堂及餐饮店如旅游景点处的风味小吃店等）、旅游交通产品（航空、火车、汽车、船舶等）、旅游购物产品、其他旅游产品等（见图 5－1）。

旅行社产品是由旅行社生产和销售的产品，可分为国内旅游产品、入境旅游产品、出境旅游产品。酒店旅游产品主要是指住宿、餐饮等各种酒店服务产品。有时酒店为了增强产品在特定地区的竞争力，也会开发包括客房和辅助设施以及餐饮的综合产品。旅游者在旅游途中购买的产品是购物旅游产品，也称旅游购物产品。一般指的是旅游地的纪念品、当地的土特产品或者特殊产品。其他旅游产品主要包括照片、博物馆、剧场及歌剧、各种旅游地民俗、文化、制度、风土人情、环境、人种、气候等和各种娱乐设施（Recreation 设施）及体育设施。

同样的产品，根据旅行社的创意进行产品化后销售会变成特殊旅行社产品。换句话说，只要旅游者认为那是产品，并为之支付时间和费用的话，这种资源就会变成产品。例如，旅行社在代销火车票时收取佣金，使火车票具有了旅行社产品的价值；然而同样的车票在火车站窗口被销售时，它只是交通工具的票据而已。同样的，旅行社选择某些饮食品种进行产品化之后，这些饮食就变成餐饮旅游产品，具有旅游产品的属性。

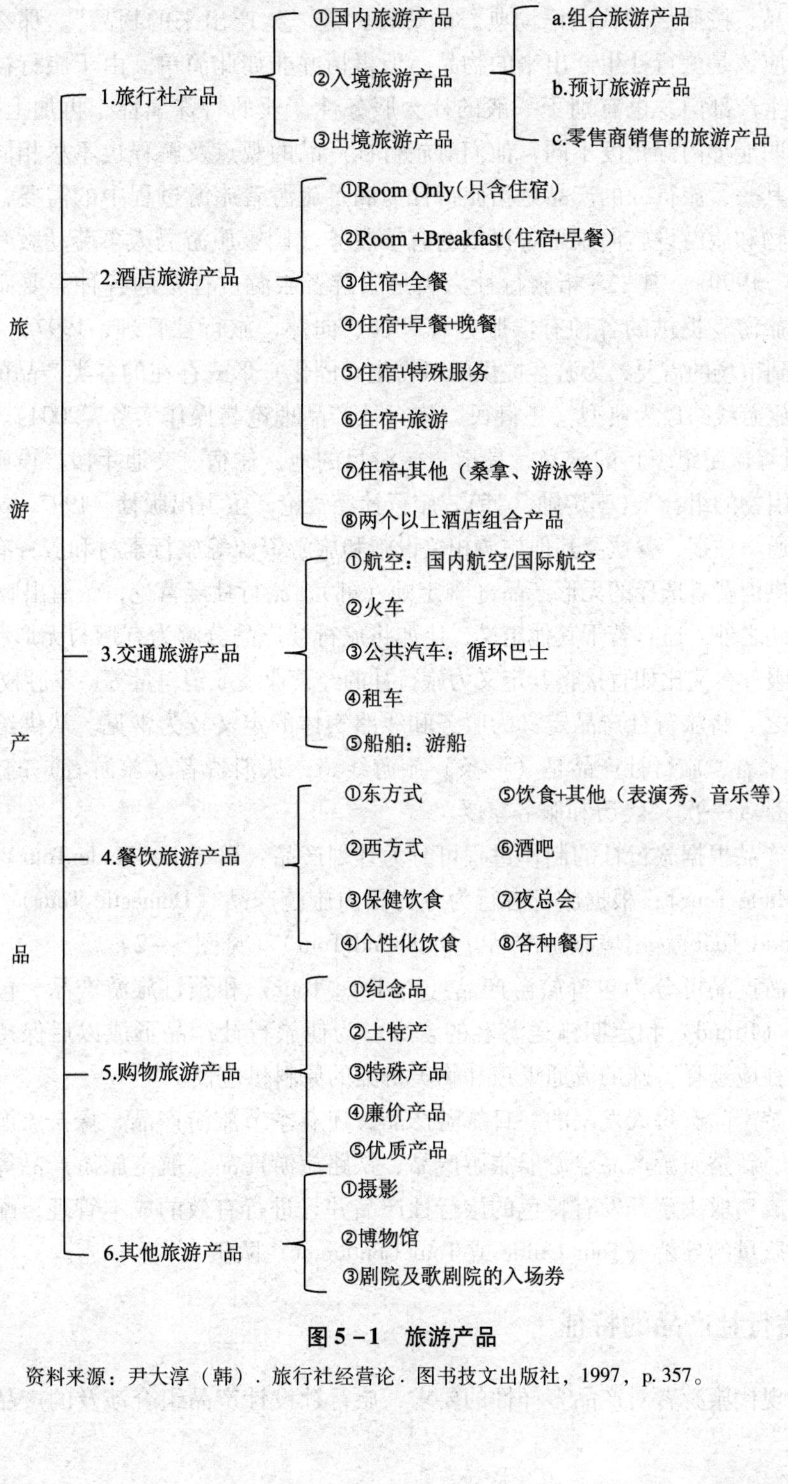

图 5－1　旅游产品

资料来源：尹大淳（韩）．旅行社经营论．图书技文出版社，1997，p. 357。

二、旅行社产品

所谓产品，按照《现代汉语词典》的解释，是“生产出来的物品”。那么，旅行社的产品，则应该是旅行社生产出来的物品。但事情并非如此简单。由于旅行社体现出既不同于物质生产部门，也有别于一般的社会服务性产业的特殊属性，再加上研究学者、从业人员、职能部门等角度不同，他们对旅行社产品的观点及解释也不尽相同，试列举几种如下：其一，旅行社的产品是指旅行社为满足旅游者旅游过程中的需要，凭借一定的旅游吸引物和旅游设施向旅游者提供的有偿服务（国家旅游局人事劳动教育司，旅行社经营管理，1999)。其二，指旅行社为满足旅游者旅游过程中的各种需要而协同其他有关部门向旅游者提供的各种有偿服务（杜江、向萍，旅行社管理，1997)。其三，指旅行社考虑到市场的需要，为游客提供的以物化（固化）形式存在的各类产品的总称，尤以带报价的旅游线路最为典型（王健民，旅行社产品理论与操作实务，2004)。其四，根据WTO（世界旅游组织）的定义，是指“旅游目的地、住宿、交通手段、设施、辅助服务、旅游吸引物的组合”（李定勋（韩），旅行社经营论，萤雪出版社，1997，p. 244)。其五，指把交通、住宿、餐饮及其他旅游相关设施和旅游资源等旅行素材和服务有机结合起来形成的可供消费者选择的无形产品（李定勋（韩），旅行社经营论，萤雪出版社，1997，p. 244)。除此之外，还有若干其他定义，比如将旅行社产品分解为有形与无形服务，或直接称为导游服务；又比如直接将其定义为旅行社的经营业绩或销售量等，不胜枚举。

总而言之，将旅行社产品定义为服务和线路实体的定义较为常见。从供给者（旅行社）的角度来看，旅行社产品是（一条）旅游线路；从消费者（旅游者）的角度来看，旅行社产品是（一次）经历和服务享受。

旅行社产品根据旅行社的制作过程可分为计划产品（Planning Made Tour）和定制产品（Order Made Tour)；根据旅行者行为分为国内旅游产品（Domestic Tour)、入境旅游产品（Inbound Tour)、出境旅游产品（Outbound Tour)（见图5-2)。

计划旅游产品可分为包价旅游产品（Package Tour）和预订旅游产品。包价旅游产品包含品牌（Brand）和定期输送游客的含义。为使旅行社产品形成以后保持持续的生命力，旅行社应选择特殊的流通渠道和物美价廉的原料供应商。

包价旅游产品有每天发团的一日旅游产品，还有季节旅游产品、探亲旅游产品、修学旅游产品、新婚旅游产品、游船旅游产品、铁路旅游产品、航空旅游产品等类型。旅行社经营的成功取决于开发有特色的旅行社产品并且进行有效的成本管理，配备能够直接影响产品质量的导游（Tour Guide或Tour Conductor）队伍。

三、旅行社产品的特征

为迎合现代旅游者对产品多样性的要求，旅行社设计产品组合涉及的产品种类也日

旅行社产品

- 1.国内旅游产品
  - 零售商
    - ①交通票据（航空、铁路、船舶等）
    - ②饭店的住宿及其他产品
    - ③其他旅行社的包价旅游产品
  - 旅行社经营商
    - ①旅行社设计的旅游产品
      - 旅行社发放的优惠券
      - 散客包价旅游产品
      - 团体包价旅游产品
      - 定期反复使用的旅游产品
    - ②根据顾客要求设计的产品
      - 散客预订
      - 团队预订
      - 出售循环巴士
- 2.入境旅游产品
  - 零售商
    - ①船票
    - ②游船
    - ③其他包价旅游产品
  - 旅行社经营商
    - ①旅行社设计的旅游产品
      - 散客包价旅游产品
      - 团体包价旅游产品
    - ②根据顾客要求设计的产品
      - 散客预订
      - 团队预订
- 3.出境旅游产品
  - 零售商
    - ①交通票据（航空、铁路、船舶等）
    - ②酒店
    - ③其他包价旅游产品
  - 旅行社经营商
    - ①旅行社设计的旅游产品
      - 散客包价旅游产品
      - 团体包价旅游产品
    - ②根据外国旅行社或顾客要求设计的产品

图 5－2　旅行社产品的种类

资料来源：尹大淳（韩），旅行社经营论，图书技文出版社，1997，p. 359。

益增多。正确把握旅行社产品的特征是开发适销对路的旅行社产品、制定有效产品策略的前提。

到目前为止，有很多学者针对旅行社产品的概念和特征问题进行了大量的研究，归纳起来，旅行社产品有如下几种特征：

（1）综合性。这是旅行社产品最基本的特征。旅行社产品的综合性首先表现为它是由多种旅游吸引物、交通设施、娱乐场所以及多项服务组成的，是满足人们在旅游活动中食、住、行、游、购、娱等多方面需要的综合性产品。其次，旅行社产品的综合性还表现在旅行社产品涉及众多的部门和行业，其中既有直接向旅游者提供产品和服务的部门与行业，也有间接向旅游者提供产品和服务的部门与行业。

（2）有形产品与无形服务共存。在对旅行社产品的诸多研究和评论中，把旅行社的产品等同于服务的观点最为常见。但实际上，两者既相互制约又相互联系，服务贯穿于产品销售的始终，产品的销售多少又映衬出服务水平高低。前者包括各种设施、承诺与服务，而后者包括旅游线路产品、预订业务产品、租用业务产品等。因此，旅行社产品兼具有形产品和无形产品的双重特性。

（3）质量价格与时间价格并存。在旅游旺季，大量旅游者的集中出游势必影响旅游体验，产品销量的大幅度增加也会分散旅行社的精力，导致旅行社服务质量有所下降。但是质量下降并没有导致价格下跌，原因是热点线路需求集中，需求的增加导致旅行社产品供不应求，产品价格不降反升。在淡季情况则正好相反。由此产生了旅游线路产品效用与其价格的差异。相比较而言，出游时间对旅行社产品价格的决定作用更大。

（4）异地性。物质产品可以送货上门，而旅行社产品必须是旅游者自行前往目的地实现消费行为，这就要求我们在旅行社产品促销中，不但要宣传线路产品本身的特色，同时还要介绍该产品所处地理位置以及如何到达、何时到达、到达后的食住行情况等。

（5）差异性。差异性又称异质性，是指服务的构成成分及其质量水平经常变化，很难统一界定。服务业是以人为中心的产业，由于人类个性的存在，使得对于服务质量的检验很难采用统一的标准。一方面，由于服务人员自身因素的影响，即使由同一服务人员所提供的服务也可能会有不同的水平；另一方面，由于顾客直接参与服务的生产和消费过程，顾客本身的因素也影响着服务的质量和效果。

（6）无形性。无形性又称为不可感知性，是所有服务产品的共性，同样也是旅行社产品显著的特点。一般的等价交换是消费者付出货币，换回有形物品。但是旅行社产品不是主要以物质形态表现出来的一件件具体的劳动产品，而是主要以多种智力型、综合型服务表现出来的无形产品。因此，旅行社难以将服务内容数量化，它可以用“豪华、舒适、奇险”这样的广告语来推销自己的产品。至于效果如何，还有待旅游者的主观评价。鉴于旅行社产品的无形性特点，在推销服务项目时，应强调旅游者在消费了该项服务后得到的益处，而不能仅宣传该项目本身。

（7）不可储存性。服务的无形性和生产与消费的同时性使服务不可能像有形的消费品或工业品一样储存起来以备未来销售。与此同时，消费者在大多数情况下也不能将服务携带回家存放起来。这就使得生产出来的服务如不能在当时消费掉，就会造成销售机会的丧失和折旧的发生。

（8）不可转移性。不可转移性包括两层含义：其一是旅游产品所有权的不可转移。

由于旅游产品的不可储存性，使旅游产品在交易完成后便消失了，旅游者不但没有“实质性”地拥有旅游服务，而且也不导致与旅游服务相关的设施设备的所有权的转移，只是有限的使用权的转移。其二是旅游产品在空间上的不可转移。旅游产品进入流通领域后，其本身仍然固定在原定的地点，旅游者只能到旅游产品的生产地进行消费，形成旅游产品销售过程中与有形的物质产品销售完全不同的“客款同流”的特点。

(9) 季节性需求的波动性。需求在不同的季节之间大幅度波动，这是大多数休闲旅游市场所有的特点。一般而言，大多数居民往往在夏季（6 ~ 9 月）度大假，因为冬季各月（12 月 ~ 次年 3 月）通常日照时间短、寒冷潮湿。学校的假期和许多企业的营业年度周期与这些季节的巧合则强化了这种传统。

(10) 旅游产品的相互依赖性。大多数游客购买旅游的决定中所包含的不只是一种服务或产品，而是几种服务或产品。旅游经营商、旅行代理商、景点、运输商、旅游局等诸多组织会共同或分别促销目的地活动和设施，而他们的营销决策会对目的地的旅游住宿供应商产生一定的影响。

第 2 节　旅行社产品的形态

一、旅行代理的方式

旅行代理商可以被视为一个生产者，它从单个的旅游服务供应商那里分别购置组成产品的各个部件，然后将它们包装，并命名为一个整体的旅游产品品牌。由于旅行社的业务类型十分繁杂，并且面临着技术进步和市场的不断变化，因此旅游代理商也在不断推出新的方式。1991 年，Vladimir 总结了一些最常见的代理方式，包括全包服务代理、商务代理、公司内代理、团体及奖励代理、上门服务代理、旅行导游公司、单纯游船代理、散客合并社、旅行俱乐部等。

在中国，根据国务院颁布的《旅行社条例》，旅行社实行统一的缴纳保证金制度。我国现有的旅行社的分工仍然停留在按照业务范围，采用水平分工体系的传统模式阶段。随着 1994 年《服务贸易总协定》的诞生并随之在中国全面实施开来，这种传统模式已显得有些落后，需要尽快朝着垂直分工体系方向改进，逐步形成集团化旅行社与特色化、专业化旅行社及一般代理旅行社相互联系的旅行社网络，提高在世界范围内的生存能力和竞争能力。

二、旅行社的产品组合

旅行社的产品组合指根据不同市场需求将食、住、行、游、购、娱等要素组合成不同形式、不同档次的旅游产品，或简单地说，组合成旅游线路产品。它包括旅行社所有产品线路和产品品目。由于旅游产品的垄断性，以及旅行社市场寡头垄断的结构特征，

Middleton 给旅行社的产品组合下了一个更为具体的定义："产品组合是一个具有质量控制、重复向市场提供产品的组织过程，该过程将一个或更多的因素，主要是交通与目的地接待设施、食品、目的地吸引物和其设施与服务（如旅行保险和车辆租赁）等组合在一起。产品组合在印刷品和其他通信媒介上推介，并以一种公开的、组合的价格面向一般公众销售，组成产品的单个要素的成本不能从上述综合价格中单独区分出来。"作为生产者，旅行社为三方面的人提供了重要的乃至不可或缺的服务，即顾客（旅游者）、目的地供应商（饭店业主、文化娱乐设施经营者等）和目的地营销者。

产品组合具有一定的广度、长度、深度和一致性。所谓旅行社的产品组合的广度是指旅行社具有多少条不同的产品线；产品组合的长度是指产品组合中的产品品目总数；产品组合的深度是指产品线中的每一产品有多少品种；而产品组合的一致性是指各条产品线在最终用途、生产条件、分销渠道或其他方面相互关联的程度。

产品组合的广度、长度、深度和一致性这四种尺度，为旅行社确定产品组合发展战略提供了依据，旅行社可以通过它们来发展其业务。例如，旅行社可以增加新的产品线，以扩大产品组合的广度，并充分利用旅行社在其他产品线的声誉；也可以拉长现有的产品线，成为具有更加完全产品线的旅行社；还可以增加每一产品的品种，以增加产品组合的深度；旅行社可以考虑使产品线有较多或较少的一致性。

三、旅行社产品的形式

随着旅游者总体消费能力的不断提高，旅游消费结构呈现出多层次、多形式的特征，旅行社产品的形式也发生了较大变化。首先，团体包价旅游仍然是一种重要的产品，特别是观光旅游仍在广泛地使用这种形式，区别仅在于，我国以全包价为主，价格回旋余地小，直观价格高，不利于销售，而国外采用部分包价形式，也称"便宜包价"，价格回旋余地大，竞争力强；其次，散客旅游呈现出迅速发展的态势，尤其在发达国家已经成为年轻、时尚和个性的代名词。主要原因在于二战后经济迅速发展，家庭亲友结伴更易成行，旅游业逐渐规范化等，使得这种被称为"自助式"的散客旅游得以快速蔓延。

按照旅行社产品包含的内容可以分为单项服务、包价旅游和组合旅游三种类型。

（一）单项服务

从供给的角度定义，单项服务是指旅行社根据自身实力及市场需求提供的诸如饮食、艺术欣赏、狩猎、滑雪等单项服务，例如博物馆、美术馆旅游，艺术欣赏旅游，水库、水利旅游，野营旅游，学艺旅游，美食旅游，沙漠旅游，社区旅游，乡村旅游，等等。

从需求的角度定义，单项服务是指旅行社根据旅游者的具体要求而提供的各种非综合性的有偿服务。旅游者需求的多样性决定了旅行社单项服务内容的广泛性。常规型的单项服务项目主要包括导游服务、交通集散地接送服务、代办交通票据和文娱活动票据、代订饭店客房、代客联系参观游览项目、代办签证和代办旅游保险等。

单项服务在旅游实业界又称委托代办业务，旅游者可采取当地委托、联程委托和国际委托等不同的方式交旅行社办理。委托代办服务的对象十分广泛，但主要是散客旅游者。为满足包价旅游团中个别旅游者的特殊要求而提供的服务一般也视为单项服务。

近年来全球性散客旅游正处于迅速发展期。目前，全世界散客旅游所占旅游者总数的比重越来越多，已达到80%左右；在我国部分旅游城市，如北京，散客旅游者占旅游者总数的比例也已高达60%。散客旅游的兴起，是旅游者心理需求个性化、国际旅游者旅游经验日趋丰富和信息与科技的推动等因素综合作用的结果。在我国，由于目前交通状况、语言障碍和信息网络等方面的原因，可能会在一段时间内滞后于世界散客旅游的发展水平，但散客旅游作为一种发展趋势却是毋庸置疑的。这为旅行社的委托代办业务提供了巨大的发展空间，许多旅行社都成立了散客部或综合业务部，专门办理单项服务。

（二）包价旅游

包价旅游是旅游者在旅游活动开始前将全部或部分旅游费用预付给旅行社，由旅行社根据同旅游者签订的旅行合同为旅游者安排旅游途中的食、住、行、游、购、娱等活动。包价旅游又可以分为团体包价旅游、散客包价旅游、半包价旅游、小包价旅游和零包价旅游五种。

（1）团体包价旅游。团体包价旅游又称为全包价旅游，是指由10名以上的旅游者组成的包价旅游产品。一般是以预订方式购买，参加者一次付清全部费用，由旅行社代办所有服务。这是目前我国旅行社组织海外旅游者来华旅游的主要形式。产品组合包括客房、餐饮、市内交通游览用车、翻译导游服务、接送服务、行李搬运服务、娱乐活动票证和全程导游服务。发展中国家，包括中国在内，由于旅游业起步晚、层次低，观光旅游者比重大，因而普遍采用团体包价形式。对于旅行社而言，团体包价旅游预订周期较长，相对易于操作，而且批量操作可以提高工作效率，降低经营成本。但是，团体包价旅游在预订期和实际旅游期间经常会发生各种变化，而且在旅游旺季容易遇到旅游服务采购方面的困难。对于旅游者而言，参加包价旅游可以获得较为优惠的价格，预支旅游费用，享受旅行社提供的所有旅游安排和导游服务，与旅游团体保持熟悉的氛围，使旅行具有安全感。但是，包价旅游意味着旅游者不得不放弃自己的个性而适应团体的共性。

（2）散客包价旅游。散客包价与团体包价只是在组团人数上存在差别，10人以上组团为团体，10人以下为散客。发达国家经济发达，人均收入高，旅游业层次结构合理，加上教育水平、价值观等方面差异，散客包价这种旅游形式相对灵活，更能发挥游客的主观能动性。但是散客包价旅游也存在不足之处：①价格一般高于团队包价旅游；②旅行社组织或接待散客包价旅游者的人均成本较高。

（3）半包价旅游。一般是在团体包价组合中除去中晚餐费用的一种包价形式，其目的是增强游客活动自主性、灵活性，同时降低直观价格，提高产品竞争能力。无论是团体旅游还是散客旅游都可采用半包价组合。这种包价形式通常出现在市场竞争比较激烈、旅游法规秩序相对不完善的地区。

(4) 小包价游游。小包价旅游又称可选择性旅游，通常由非选择性部分和可选择性部分构成。预付的客房、早餐和接送服务的费用属于非选择性部分，而导游服务、风味餐、节目欣赏和参观游览活动则可由旅游者自由选择。现今旅游业涉及食、住、行、游、购、娱等多个环节，小包价旅游把有地方特色、民族内涵的旅游项目留给旅客自主选择、自由安排，有经济实惠和灵活方便的特点。

(5) 零包价旅游。零包价旅游是一种特殊的旅游产品。这种包价旅游只为游客提供优惠的往返机票，并统一代办签证。旅游者必须随旅行团前往和离开旅游目的地。到达目的地后，旅游者可以自由活动，不受旅游团的束缚。这种组合形态一般在发达国家中较为多见。一般来说，签证、订票等环节相对烦琐，耗时较多，将其交由旅行社代办方便省力，中间游程又不受羁绊，是现今乃至将来一大发展趋势。

(三) 组合旅游

组合旅游产品的经营者主要是旅游目的地旅行社，它们根据对旅游客源市场需求的调查和了解，设计出一批固定的旅游线路，并将这些线路的具体内容广泛通知客源市场的旅行社，由后者负责向旅游者推销，并按时将游客送到目的地。因此，组合旅游是指由旅游目的地把来自不同地方的游客组织起来，由当地旅行社负责接待，“团体接待”(人数不限)，甚至只有一人的“铁定出发”都属此种类型。另外，还有分散出发、集中出发、目的地集中、目的地各自分散等不同形式。购买这种产品的旅游者在指定的日期到达旅游线路的起始地点，由目的地旅行社将他们集中起来组团旅游，每团人数有限。旅游者既可随团活动，也可自由活动。旅游活动结束后，旅游团在旅游活动结束的地点解散，旅游者各自返回居住地。

第3节　旅行社产品的内涵

一、美的展示、美的历程

美的期待、美的享受是每一位游客的共同心理，是游客的精神需要。

美的需求作为游客的美好向往，为旅行社产品的策划确立了这样的基点，即产品的主旨应当展示美、表现美、渲染美。在以文化为主题的旅游里，展示文明之美；在以休闲为目的的产品中，张扬自然之美。其他的各种不同的美的体验，如优美的情调、壮美的感受等，都为不同的游客所需要，尽可能在不同主题、类型的产品中进行阐发。

产品要展示美，也是由产品所具有的公众性决定的。产品在不同媒介广告中刊出，或在旅行社的销售柜台上出现，起码在视觉上，是要客人“强迫性接受”的。客人要买的产品，就必须接受你的引导，受到你的美的感染。产品的这种公众性，要求其制作能从外表开始，透过细节呈现出美来。好的产品，理所应当就是美的产品，不仅要在经营中得到认可，事实上还应起到美化企业、美化环境的作用。

人们参加旅游，在很大程度上是基于对枯燥的现实生活的不满，需要用旅游所带来的新鲜感、美感冲刷工作中的疲惫。客人从决定参加旅游的那一刻起，就对旅游赋予了美的向往。到哪里去旅游，选择哪条路线，在理性选择的同时，游客会在心里对旅游的整个经历、旅游目的地的景观充满了丰富的梦一般的想象。

（一）游客“美梦成真”的心理期待

从游客选择旅游的功利性来看，实现梦想便是其一。在“参加旅游”与“梦”之间，客人往往会心存这样的两种期待：

（1）圆梦。对旅游目的地有所了解或者听人说起过，但没有去过，一直是心驰神往。

（2）寻梦。对旅游目的地并不太了解，想象旅游目的地能像梦境一样美。“美梦成真”，便是人们对参加旅游活动的一种期待。游客本可以选择以自游人的方式出行的，但往往会怀疑自身的修养是否会到位地实现对美的把握、对旅游的体验。之所以找到旅行社，交出旅游费用，很大程度上就是为了让自己的“美梦成真”增加一些保险系数。

从这种意义来看，旅行社所担负的责任绝不仅仅是机械的安排。如果旅行社的产品只是停留在“交通与景点的简易组合”的表面，那客人对旅行社的满意度会大大降低，因为这与他选择旅行社的初衷产生了较大的距离。

旅游既然是人们“美梦成真”的一种形式，旅行社则应当担当起生产美梦的“梦工厂”的职能。在一家对游客心理进行了充分揣摩的旅行社，其各个工作环节，都应该能体现出这样的亦真亦幻的创造性劳动。首先是处在工作前列的产品的设计制作，其基本工作可以说是在进行梦的解析、梦的组合。产品制造了梦幻，销售去经销梦幻，游客购买了梦幻。旅行社的产品从制作到销售成功的完整实现，就是帮助游客把期望看到的美妙的梦幻世界一点点变成真实的现实体验。

游客在购买了旅行社的产品后，常常会满怀憧憬，阅读旅行社产品的详细行程的同时浮想联翩。虽然人们也清醒地知道，交通、天气等因素存在许多不确定性，但仍然会对即将开始的旅游心驰神往。

（二）旅行社产品的美梦架构

对产品进行美梦架构，可以采用的产品因子有很多。构成产品的几乎每一项要素，都可以成为产品美的包装、美的展示材料。在被美所包装的产品前，客人对美的领略享受会慢慢由表及里，进而产生对美好行程的强烈向往和对出行的殷殷期盼。

产品的命名，作为旅行社产品的初始项，就已经开始了对美梦的搭建。中国国旅大连分社的一些富有美感的产品名称，就为我们提供了这样的实例：

- 释江南 灵山圣境 夜宿竹海纯玩 6 日游
- 伯爵宠爱——云南昆明 大理 丽江 3 飞 6 日游
- 欢乐美西夏——美国西海岸 + 旧金山 + 夏威夷 11 日游

- 至尊黄石——美国东西海岸夏威夷 + 四大国家公园 + 两大摄影圣地 18 日游
- 发现之美——美国六大国家公园 + 两大摄影圣地 + 夏威夷 15 日游

这些都比那些"××地×日游"带来直观的美感和想象的空间。

产品的广告制作、广告语的设计以至门市销售的环境，都可以被用来进行"梦境之美"的合理设计。在调动各方面因素满足人们审美愉悦感受的时候，许多小的细节都不应该忽略。常常是在创意中对产品某处细节的细致描摹的把握，使得游客对产品的感受最为深刻，而游客确定选择产品的念头也会由最初的犹豫变得越来越坚定。

一些以磨炼人们意志为体验的旅游，像跋山涉水、攀岩探险，看上去充满艰辛，究其实质，其实也仍然是以美的基调、以不同类型的美的体验、美的感受为产品经脉。客人在做此类产品的审美体验时，所得到的壮阔雄浑之美感，可与观看一幕幕名剧所带来的精神享受相媲美。

因为现实生活中的美形态各异，因为人们对自然美、艺术美、生活美的追求各不相同，因而旅行社对产品中美的因素的阐发，就有了一个多样性的施展天地；而游客对美的"亲历"需求，也使以美为追求的产品有了一个巨大的市场释放空间。

二、合情、合理、有回味

产品要做到合情合理，必须首先依据市场定位和市场调查。如果与市场的需求相脱离，就难以做到产品的适销对路，合情合理也就成了一句空话。

三、文化的内核

旅行社生产文化、经营文化和销售文化，是由旅行社作为旅游经营部门的工作属性决定的。这种文化的生产，既可以是一种隐性的、将文化的因素体现在工作的环节之中，也可以是以"文化旅游"为直接的产品类别，用来作为市场卖点吸引客人的产品。事实上，无论是在国内还是在国外的旅行社中，打"文化旅游"牌，以"文化旅游"为旗帜，经销"文化旅游"产品的现象已经是随处可见。

第 4 节 旅行社产品的策划程序

一、旅行社产品的策划创意

（一）寻找市场卖点

来自各方的社会信息，都能提供给我们许多畅想的机会。旅行社的视野，应该在缤纷的世界中展得更开。许多政府活动及商业活动，在跳动的思维和精确的计算下都有可能构成良好商机，旅行社的敏感触觉和果断决策的能力至关重要。

（1）创造性思维的发挥。好的产品需要好的策划，而好的策划离不开大胆的畅想。创造性的思维在产品策划中的重要性，无论怎么强调，都不会过分。

（2）避免思路拥堵。近些年来，随着经济的快速发展，人们的生活相对安定，因此寻求更加舒适的生活方式，具有保健内容的旅游产品越来越受到人们的欢迎。进入 21 世纪，健康成为财富之外人们追逐的又一项重要的目标。2016 年 2 月 26 日中国政府网发布的《中医药发展战略规划纲要（2016—2030 年）》中指出，发展中医药健康旅游服务，即推动中医药健康服务与旅游产业有机融合，发展以中医药文化传播和体验为主题，融中医疗养、康复、养生、文化传播、商务会展、中药材科考与旅游于一体的中医药健康旅游，开发具有地域特色的中医药健康旅游产品和线路，建设一批国家中医药健康旅游示范基地和中医药健康旅游综合体。因此，旅行社可以在“中医药 + 旅游”上做文章，细致地对目标市场进行分解，找到市场的切入点，推出中医药保健旅游等具有特色的旅游产品。

（3）联手策划。旅行社与相关的国家旅游局联手开发产品，是一项事半功倍、讨巧的运筹。许多国家的旅游局都会有自己的主题宣传策略，如中国的国家旅游局理念的主题旅游中，就推出过休闲度假旅游、世界遗产游、生态旅游等。旅行社需要配合政府所推主题，拟定、开发、生产自己的相应产品。以借势的方式向市场出击，成功的概率会大大增加，也可以省去许多宣传广告费。

（二）制造市场热点

制造热点，是吸引人们广泛关注、聚拢人气的重要方式。目前聚拢人气的媒介场所主要是互联网络，以下是一些网站上采取的聚拢人气的措施：

- 名人在线访谈：请明星或名人做客网站，与网友即时交流
- 图文直播：体育比赛较为常用
- 主题讨论：针对当前社会关注问题进行讨论
- 微博、微信、QQ 等社交工具：网友即时在网络上针对感兴趣的话题聊天

旅游的发展，其实就是在不断制造热点、吸引游客关注的进程之中。近些年，旅游所制造的热点吸引更是比比皆是。旅行社创造出新的概念、推出新的玩法，吸引了许多游客竞相追逐。在旅游部门及旅行社的大力推动下，许多旅游概念、旅游形象已经深入人心。以至于我们今天一提起“奇山异水”，会马上联想到张家界；一提起九寨沟，会联想到“童话世界”的美誉。而“秦唐看西安、明清看北京、两汉看徐州”的宣传，不仅会使旅游目的地产生魅力之源，更是使游客产生吸引力的基础。

（三）研究客人的需求变化

在市场环境中打拼的旅行社，对市场的需求必须保持自身的洞察力。在产品策划的过程中，要想避免市场判断的失误，关注并研究消费者的需求变化是必要的前提。

(1) 以游客的心境来进行入位思考。把对客人的了解融入产品的设计工作中，需要做的具体工作有很多，在确定对某条线路进行开发、进入潜意识思维阶段时，首先要做的就是理清头绪、把握脉搏，做到思路清晰。其中所应该做的最重要的一件事，就是揣摩游客的心理，以游客的心境来进行入位思考。好的策划、好的产品不仅要了解游客想要看什么，还应主动想到客人未曾想到的细枝末节，让客人在满意的感觉之外，又会生出“超值”的感觉。许多例子可以说明这一点。英国的一家电冰箱厂商在最新研制的冰箱中，增加了“提醒主人食品是否过期”的功能，顾客在购买时便产生了“方便、实用、超值”的印象。这样的做法对于厂家来说实际上并不难做到，它只是将成熟的自动识别条形码技术用在了冰箱上。而因为想在了顾客之前，就会让客人因“出乎意料”而予以认可。

(2) 避免闭门造车。客人的需求是多方面的，没有看到或不去估计其中的变化，只想以闭门造车的方式拟定好计划并让市场适应，这种产品只会以失败告终。

(3) 揣度客人的需求。客人飘忽不定的需求变化，在很多时候存在着盲目性。这时候旅行社产品的推介就很适合先入为主，进入客人的选择视野，通过揣度客人需求来设计旅行社产品。

(四) 将产品的特色做足

旅行社线路产品具有特色，是产品属性的要求。近年来，不少旅游局在地方旅游形象的个性塑造方面也颇有考虑。如福建打出的旅游口号是“福天福地福建游”，浙江为“山水浙江”，山东为“好客山东”，而香港则是“动感之都，购物天堂”，这些形象的广告词就是勾勒出一个地方的独特的旅游特色。

在确定每一项产品的整体创意的时候，产品的特色是不可忽略的。

(五) 冷静的市场分析

产品策划阶段需要的多是富有感情色彩的形象思维，但也绝对少不得抽象思维的清醒把握。市场分析要求我们以理性的态度来对拟定的产品进行剖析。产品市场分析不仅包括市场状况、市场需求、游客承受心理等外部因素，也要对产品的特点、构成、落脚点等进行分析。

二、旅行社产品策划原则

旅行社产品的形态是多种多样的，尽管这些产品在服务方面存在着差异，但不同形态的产品在其设计过程中，只依赖丰富的经验是远远不够的，而需要依靠多种先进的方法和手段，不断收集各种最新的旅游资料，通过不同形式的考察旅游，充分了解沿途游览区域、住宿、交通、餐饮、购物、娱乐等设施及有关服务的特点和优势等。

可以说，旅行社产品策划是在以开发的旅游吸引物、旅游目的地的服务和交通运力基础上，根据旅游市场的需求，通过科学、缜密的实际调研分析，对原有的旅游资源做重新的组合，并将各种服务融入进去，创造出经过改进、调整过的、更加符合市场需求的新产品。旅游产品策划应遵循以下原则：

（一）适众原则

产品的适众原则，讲的是产品要有针对性。适众原则的核心理念，就是面向一个特定的、有清晰特征的人群，而这个人群恰恰是某些产品的购买主力或重度消费群。适众原则要求我们能以各种形式，对产品受众的心理状况进行有效把握。所展开的各种类型的调查，可以有选择地针对不同年龄段的人。

（二）新颖原则

“人无我有，人有我优，人有我新”，是许多企业的产品战略目标。遵循新颖原则，就要求策划者既要客观冷静，又要热情洋溢，在对客观现实认真分析之后，努力寻找产品的亮点。新颖原则应贯穿整个产品的设计制作过程。与产品相关的所有因素，几乎都可用新颖原则进行新的架构。无论是产品名称、广告语、线路产品宣传单，还是产品的销售场地、销售手段、范围营造等许多方面，均能在新颖原则的整体贯穿中，产生出奇制胜的效果。

（三）市场原则

市场原则是指旅行社在产品策划过程中，必须了解旅游者现在和将来的需求，始终坚持以旅游者需求为出发点，着眼于市场的潜在需要。

旅行社产品策划人员要及时掌握内、外部环境的变化和各方面的信息动向，按照旅游者的需求开发产品。旅行社产品策划的市场原则具体体现在以下三个方面：

（1）根据市场需求变化的状况开发产品。尽管旅游者的需求千变万化、差异较大，但是，对于大多数旅游者来说，有些需求是相对稳定和具有代表性的，如：①去未曾去过的地方增长见识；②希望从紧张烦琐的生活中解脱出来；③有效地利用时间而又不是很劳累；④有效地利用预算，物美价廉；⑤舒适身心，陶冶情趣。对于旅行社来说，政府所举办的一些重大的政治、经济、文化活动往往孕育着极好的商机，能为旅行社带来很好的经济效益。把握住时代的脉搏，紧扣住时代发展的步伐，把政府举办的这些重大的政治、经济、文化活动融入旅游产品的设计中来，这是对产品策划人员的一个要求。

（2）根据旅游者或中间商的要求开发产品。旅行社根据从旅游者或旅游中间商获得的意见和要求，设计专门的旅游产品以满足他们的需求。

（3）创造性地引导消费。旅行社通过构思创新，创造性地开发出新产品，引导旅游消费。

（四）效益原则

效益原则是指旅行社在策划产品时注重以同等数量的消耗，获得相对较高的效益，或以相对较低的消耗，获得同等的效益。要把近期效益与远期效益结合起来，加强成本控制，尽量从合作部门获得优惠价格，实现经济实惠的产品设计和组合。

（五）时效原则

旅游因与自然景观、客观环境密切相关，时效原因在旅游产品中更显得至关重要。旅游者选择目的地时，很重要的一个心愿就是要看到目的地最美的季节和最动人的景观。因此，旅行社在产品设计时，必须对该产品在何种阶段投放最为合适进行考虑。日本每年的樱花开放季节，组织观看樱花的旅行社发布的各类《樱花情报》为游客提供了准确的花讯。旅行社组织的樱花团，可以从九州岛一直追寻到北海道。其产品的出行要点是，一定要让客人追上樱花盛开的最佳时令。时效原则的另一项意义，体现在对社会信息的即时采集、即刻推出适应性产品上。在迅速把握机会、果断决策、抢占先机方面，产品主动性的充分体现，会使产品声名远播，赢得良好的市场声誉。

三、旅行社产品的制作

策划创意作出后，产品就进入具体的线路产品的编排、制作阶段。各类产品的制作因产品定位、预期目标、销售对象以及线路长短、国内外环境等因素，均会有所不同，所以不能要求所有的线路产品的制作程序完全一致。旅行社产品策划及创意，只是一个粗略的、轮廓化的产品速写。而线路编排要进行的，则是让产品有血有肉、鲜活起来。

（一）资讯准备

产品制作、线路编排的具体实施阶段的首要步骤是进行咨询准备。产品的咨询准备可以从目的地概况、各类介绍以及对目的地的评介文章等获取对产品设计有用的参考资料。

（1）目的地概况。面对一个新的目的地，尤其是一个人们不熟悉的国家，首先就需要产品的设计人员对其概要有迅速、准确的了解。如目的地国家的首都及主要城市、气候、经济、人口、社会发展等。

（2）历史教科书。每一个国家都会有自己的独特历史，其在世界历史中所占的地位、所受的影响，都应该是产品制作人员在编制线路产品时所知晓的。尤其是编排有悠久历史的国家，如印度、埃及等国家的线路，如果仅满足于泛泛的指导，在将产品向销售环节介绍时就会变得很尴尬。对目的地国家历史的了解，应抓住大的线条，对其中的重点人物、重要事件有所了解。具体时代不能搞错，对历史的脉络，最好能理出简单的序列。因考虑到日后对领队、销售人员的培训及向客人讲解时的便利，应将国外历史的时代与中国历史对应准备。

（3）相关评介文章。报纸杂志乃至博客上发表的各类介绍文章，作家所写的游记、新华社驻外记者所写的报道以及“驴友”所发表的旅游感受等，对我们了解或丰富新的目的地知识也会有所帮助。

（二）实地考察

实地考察可以矫正对产品因子原有认识的偏差。对于设计新的产品，尤其是涉及一个新的目的地国家、新的特色线路，是必须要进行实地考察的。

（三）分析取舍

在进行线路产品设计过程分析取舍时，首先要做的就是理清头绪、思路清晰。其中最重要的就是要站在游客的角度，以游客的心境进行思考。许多客人远足到另外一个城市、另外一个国家，也许一生只有一次机会。客人珍视这样的机会，旅行社也应该为客人而珍视这样的机会。这种位置置换的思考给产品制作提出了更高的要求，仅仅了解了游客想要看什么是远远不够的，好的策划、好的产品设计还应该想客人未曾想，即让人产生参加这趟旅游“超值”的感觉。

线路产品制作过程中之所以要存在取舍，是因为线路产品比较现实生活只能是微缩。线路产品是从无所不包的大千世界中遴选出的一个水滴、一片叶子，让客人在一次最长不超过20天的旅游中，走马观花，对所去过的地方有一个大致的了解。这种了解，应该使客人在日后回想起来的时候感到自豪而不是后悔。

在具体进行线路产品设计的过程中，会遇到许多问题。考察者的个人情感好恶、接待社的殷勤或慵懒推荐，以及制作者对目的地资料掌握能否透彻，等等，都会影响到产品的构成。为尽量减少外在因素的干扰，就要求产品的制作者能适度保持热情和活力，在一些纷繁的信息、复杂的现象中找到最适宜的材料，丰富产品的羽翼，探索并找寻产品规律。毕竟在产品的取舍过程中，也仍然会有一些范式经验可资借鉴。

（四）线路编排

线路编排像工厂中的总线装配，是产品成型的一个最后步骤，面对产品名称、航班交通状况、城市、景点的纷杂内容等各类资料，都需要在这道工作环节中进行组合装配。线路编排环节需要运用运筹学、市场学、游客心理学的知识，经过合理编排的线路，才能变成一个完整成型的产品，走下流水线，走上销售柜台，与市场谋面。

线路编排中需要掌握和注意的问题有很多，下面的几条原则是一种普适性要求：

（1）行程舒适。舒适是一项通用指标，并不能被旅行社用“花什么钱享受什么服务”来打发。客人花钱购买三星级酒店的住宿，并不会企图住进五星级酒店的房间。因而，舒适在这里，并不单单是硬件的要求，而是对旅行社软件的盼望。旅行社在细微之处体现出来的关怀、营造出来的舒适，一样可以给客人留下深刻的印象。

（2）有效合理。有效合理原则主要体现在于交通工具的选择和使用上。线路编排除需要掌握一些原则和技巧外，尚有详略得当、主题突出、安排扣题等多项因素。要想在线路安排上出新，对目的地的熟悉就显得紧迫而必要。产品的制作者应当以某条线路、某个旅行区域的专家的高度给自己设定目标。

（五）搜集反馈

基于对产品质量、销售效果的直接掌控，搜集反馈意见也是必不可少的一个程序。

这样不仅可以避免企业内部工序之间的扯皮推诿，还可以使优秀的产品真正成为牵动企业的主线。

旅行社销售部门的意见，是最重要的反馈意见的出处。产品投放市场后客人的咨询电话多否、主要问些什么问题、销售人员是如何解答客人提问的，等等。销售人员因与客人的接触较多，对于客人的脉搏把握较准，对产品的评价也是需要认真听取的。

搜集反馈的概念不仅仅局限在旅行社内部对产品的意见，采集更多层面上的反馈意见对产品的充实和改进都会起到不可替代的作用，因而亦不能忽略。在实际工作当中，还有媒体的反应、竞争对手的反应、游客的反馈、接待社的意见以及领队的意见等诸方面。

四、旅行社产品的面市形态

（一）主要行程项

线路产品设定的主要行程，是客人在读到产品名称后接触到的第二项内容。线路产品中的主要行程安排是用来读的，客人拿到行程安排后，会从头到尾将所列行程看一遍，对其中感兴趣的地方尤其看得仔细。因而，主要行程安排写的好不好、能否充分表达出产品的思想，是一件非常重要的事情。

线路产品主要行程项，通常是采用列表形式来加以说明及表现的。列表方式的好处是简单清晰，便于掌握。不足之处就是过于简单，对特色产品的特殊表述难以酣畅淋漓。为避免并减少干瘪的行程描述给客人带来的枯燥之感，就要求我们对线路产品的主要行程项进行分析并改进，使之情绪饱满，读来有一种诱惑。

产品的主要行程项包括日次、抵离城市、乘用交通工具、当日主要行程、用餐状况、下榻酒店等，其中的每一项都值得下功夫挖掘内涵、做细做好。

（二）产品说明项

产品说明项是产品主要行程项的重要辅助内容，并将对产品主要行程之外的所有要点进行细致解释。作为不可或缺的产品构成内容，产品说明项的制定和写作，最基本的要求就是准确、清晰。产品说明项主要包括这样一些内容：

（1）收费说明。费用标注应当明白清楚，如儿童收费、老人收费等，费用的包含项与不包含项都应一一注明，其中的用词及表达应力求准确无误，尽量避免语焉不详、语义含混的表述。一家旅行社的产品说明中对费用的表述是这样的：

费用包含：行程内注明的餐食、景点游览、三～四星级酒店、空调旅游车、中文导游、领队服务、国际机票及境外机场税、团体签证费。

费用不含：个人消费所需费用、旅游意外伤害保险费、国内口岸费、小费、自费选择、医疗费、护照费、境内机场建设费、商务签证费用。

其中的酒店住房、小费收取等，就存在表述含混的问题。酒店应尽量将双人间的安排写明，小费的收取也应当将标准详细列明，以尽量避免为日后操作预留隐患。

（2）报名注意事项说明。主要包括报名截止日期（按有护照、无护照分别列出）、成团人数，要特别说明只有达到基本人数才能成团，使客人能够心中有数。

（3）签证所需材料。告诉客人签证所需的各类材料，如护照的要求（有效期、空白页）、签证需要的照片、存款证明等。

（4）对其他事项的承诺和声明。如旅行社责任险的保险承诺，针对特殊团队，例如老年团队的境外意外伤害保险等。旅行社针对产品的声明也可以在此类中列出，如对不可抗力造成损失的说明、对退团收取费用的说明，等等。

另外一类内容也可以包含在产品说明项里，主要是对主要行程中的主题节目的细致阐述。

第 5 节　旅行社的新产品开发

就如人类一样，商品也有生命，所有商品都会经历产生、发展、成熟、最终衰退的过程。如果企业只经营一种产品，则随着该种产品的“失宠”，企业的生命也必随之结束。为了维持旅行社企业的利润水平或者使企业的经营能更上一层楼，投资发展新产品是绝对必要的。

但是，旅行社新产品的开发是一件颇具风险的事，开发成功固然可以为旅行社创造全新的发展空间，然而如果开发新产品遭到失败，必将会给旅行社带来一定的经济损失。因此，为了将开发新产品的风险减到最小，旅行社经营者必须谨慎衡量各种新的市场机会，尽量选择那些利润最大、风险最小的新产品。

关于如何确定新产品开发的类型、种类以及目标市场，旅行社可以从产品流通的角度和产品开发的角度加以考虑。

一、产品流通的角度

（一）流通渠道的多样化

由于社会化程度的加速和信息化时代的激烈竞争，消费者的需求也趋向多样化。在这样复杂的市场环境中，企业要占有更广泛的市场，就必须广泛开拓产品的销售渠道，让消费者能够通过不同的渠道有效地获得产品。旅行社要在掌握旅游者购买旅行社产品现状的基础上，建立多种流通渠道，使得自己的产品出现在消费者能够“听得到、看得见，摸得着”的各种场所。

充分利用产品流通渠道可以表现在：

（1）生活方式（Life Style）的多样化使得产品在流通渠道和销售网络上出现了相互

渗透的现象。例如，健康食品不仅可以在食品流通渠道销售，还可以通过体育用品店进行销售；电子游戏产品不仅可以在电子产品流通渠道上销售，还可以利用玩具店销售[①]，这就是所谓的产品“交叉渗透”。

（2）多角化指的是利用尽可能多的渠道扩大销售网点。可以利用特定区域内的小卖店、药店、加油站、酒店、礼堂、百货店、洗衣店等[②]来作为销售场所。旅行社产品还可以用各种券类（住宿卡、航空票据、乘车卡、入场券、餐券）代替，只要完善预约制度，未来的旅行社产品甚至可以通过无人售货机（Vending Machine）销售[③]。位于地方城市的旅行社还可以与当地有实力的企业联手，在企业里设立特约销售点（Representative）。充分利用这种企业在当地已有的知名度，使消费者的信任从企业转移到特约销售点上来，进而激发消费者对旅行社产品的信任。

（二）针对新兴媒体的产品开发

旅行社产品从某种意义上讲也是信息流通的产物，所以旅行社也可以被看作是在生产信息之上进行价值附加的信息产业[④]。随着旅游者的受教育层次越来越高，他们对旅游信息的要求也越来越高，信息对于旅行社产品的价值也愈发重要。当前新兴媒体形式（New-media）[⑤] 的不断涌现和信息化的迅速发展，为中小企业的旅行社提供了挑战和机遇。旅行社不仅要充分利用已有的媒体资源，还要针对最新的媒体形式加速产品开发的步伐。

二、产品开发角度

（一）针对多样化需求的产品开发

在信息化高速发展的今天，社会环境的急速变化不断刺激着人们积极改变生活方式和生活观念。随着旅游经验的积累，人们的出游行为也呈现出了多样化的趋势。一般来说，人们的旅游行为经历了成长阶段，继而步入稳定阶段，其旅游方式的选择会出现以下转变：①消费行为的个性化；②需求的分化现象（两极化，多极化）；③半物质主义现象[⑥]等。这种现象呈现了4种方向（见表5－1）。

从表5－1我们可以看到，一旦进入产品生命周期中的成熟期，原有的旅游产品就

---

① 郑粲钟（韩）．关于旅行社新产品开发研究，启明研究论丛，第四集，启明专科大学，1986。

② 森谷旅行社．旅行社经营战略，1974，pp. 96～99。

③ 郑粲钟（韩）．“关于韩国旅行保险政策的研究”，Tourism Research，第三号，韩国观光发展研究会，1989，p. 39。

④ 郑粲钟（韩）．旅行业务管理论，白山出版社，1998，p. 62。

⑤ 在向来四大媒体（报纸、广播、TV、杂志）的基础上注入新技术的媒体，有：①广播系列（TV声音多重广播、静止画广播、卫星通信等）；②非广播系列（VRS（视频应答系统），CATY（有线电视广播），电视会议系统）；③组合系列（家庭用VTR、摄像盘、CD盘）等

⑥ 小川大助（日）．作为旅游产品的旅游，月刊观光，第227号，日本观光协会，1985，pp. 12～13。

已经不能满足旅游者的需求。消费者出现了偏好高级产品的倾向①，他们更愿意选择符合自己爱好和兴趣的旅游产品。旅行社要准确把握旅游者需求的变动，及时开发出迎合高级偏好的新旅游产品，并且通过不断培育市场，使其成为未来广受欢迎的大众旅游产品。

表5-1　需求的多元化现象和旅游者行为

形态	内容	特点
同质志向中的同质志向	选择普遍受欢迎的，预计参加者也比较多的旅游线路，在旅游地的追加旅游活动中也追随大多数人的选择。出境旅游团队为典型代表	不讨厌团体旅游的人，一般中年人居多，随着旅游者年龄的年轻化，此类旅游者呈逐渐减少趋势
同质志向中的异质志向	虽然选择多数人参加的旅游线路，但是到目的地以后的自由活动采取独立行动的类型	主要是喜欢自由活动的旅游者为了节省旅游费用而采用的方式，一般多见于重复旅游（Repeater）的旅游者
异质志向中的同质志向	具有不同于别人的个性思维，一般根据个人的计划进行旅游，而非采用旅行社设计的旅游线路	在旅游地通过旅游手册的介绍，选择与众不同的旅游线路。主要群体是喜欢冒险的学生或有丰富旅游经验的人们
异质志向中的异质志向	个性化旅游者的典型，他们一般自己选择旅游目的地，到目的地以后也选择与众不同的线路	多见于旅游专家或旅行社产品开发人员的考察等活动中

资料来源：郑粲钟（韩）．旅行业务管理论，白山出版社，1998，p64。

（二）旅游软件（soft）产品的开发

通常情况下，旅行社产品由软件和硬件两部分组成。硬件产品一般没有很高的技术含量，即便是技术不足也可以用经济力量解决。而旅行社产品获得认可的关键在于其软件产品，这就需要以旅行社人才的培养和业务水平的提高作为基础。未来旅行社产品开发的方向是由硬件主导型转变成软件主导型，如日本的一个保险公司把安全性（Security）纳入商品的附加价值（安全商品化），从而在产品销售上大获成功②。

（三）节事活动（Event）产品的开发

节事活动产品大概可分为大批量销售产品、以高质量体现特异性的产品、政策特卖产品等③几种形式。但是目前大部分旅行社对节事活动产品的开发只停留在季节性的节事活动产品上（如大连烟花爆竹迎春会、大连市樱花节等）。

---

① 三上富一郎（日）．宇野政雄（日）编著．流通近代化便览，东京：日刊工业新闻社，1970，pp. 94～98。

② 是利用机械实现安全的商品化的例子，在工作现场设置无人看管的警备系统，如果发生异常，可通过感知器报警，这样工作人员可以迅速到达现场来处理以防止事故。

③ 渡边圭太郎（日）．旅行社人的世界，东京：钻石社，1981，pp. 170～180。

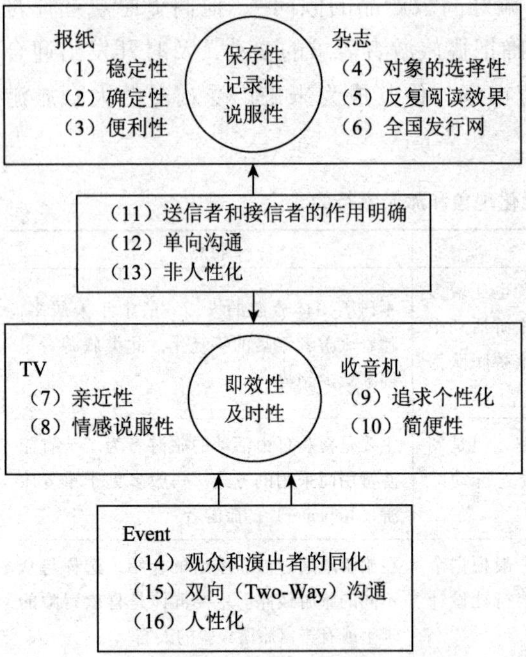

图5－3　Event的特点

资料来源：系川情一（日）．大型活动策划入门，东京：日本机关纸出版中心，1985，9.11。

开发Event产品的主要理由是：①作为提高消费单价（旅行费用）的手段；②扩展销售渠道；③扩大销售市场等[①]。关键要实施与其他竞争对手不同的差别化政策，通过创新保持旅行社产品销售优势，扩大市场占有率。

（1）节事活动产品的特点及作用。Event起到第三媒体的作用（见图5－3），可以让参与者获得生活的乐趣、愉悦，提高企业的社会参与程度和增加消费者对产品的好感，借助传播媒介对节事活动的报道和宣传，提高社会公众对旅游目的地的关注程度，有力提升旅游目的地的形象和知名度，同时扩大旅游节事活动的影响范围和市场覆盖面。

（2）节事活动产品的类型。企业Event的类型大体分为7种（见表5－2）。其中的⑥和⑦型的Event产品属于文化旅游产品，对于旅游文化的发展有重要的意义。

表5－2　Event的类型

类型		内容
①premium型		以购物为前提，赠送礼品等做法。中秋、元旦、春节期间的优惠活动，开业、新产品试销会、购买化妆品等时候给消费一定金额以上的消费者赠送的premium等
②非premium型		以让利打折为代表，主要是打折的活动（如开业纪年DC，以10年以前的价格销售）
③展示即卖型		早市、夜市、慈善拍卖会、古书市场、土特产展等丰富、独特的内容区别于以往的销售形式，以节庆的热闹华丽吸引顾客的类型
PR活动	④消费者参与型	以竞争（contest）、征集等形式吸引观众的广泛参与，让旅游、答题、论文评选、摄影比赛中的优胜者出去旅游的形式
	⑤表演展示型	利用吉祥物（超人、米老鼠等）或艺人组织演出会、演唱会、服装表演、宴会、国内外民俗表演、大众舞台、话剧、音乐会、电影节等
	⑥展览会型	典型的有：绘画展、工艺展、书画展、雕刻展、摄影展、美术展、贸易展等。最近社会启蒙展或示范（demonstration）展呈现增加的趋势
	⑦讲演、洽谈会型	反映知识充电时代的文化教室、烹饪教室及以反映时代气息为主题的演讲、咨询、诊断、讲习、研讨会等形式

资料来源：郑粲钟（韩）．旅行业务管理论，白山出版社，1998，p.65。

① 城坚人（日）．酒店旅馆业促销，东京：紫田书店，1984，pp.170～180。

（3）旅行社Event的策划。旅游Event要从潜在状态转变为可以销售给旅游者的产品状态，不仅要有Event本身的内容，还要将Event的表现形式具体化、直观化，并且需要从组织者、游客体验、旅游目的地发展等角度加以综合考虑。Event被认为是开展旅游促销的重要手段，也有的人说Event是"异变图"，即Event追求创新和改变。旅行社策划Event可以参考表5－3所示的创意战略。

表5－3　Event战略的创意法

战略的种类	特征
非日常的创意法	体验近期无法体验的东西（如在下雪比较多的地方举办扫雪大会、在花卉基地举办采花大会等）
盲点开发型创意法	从身边不起眼的事物着手，把它Event化（如吃完杏子以后攒杏仁，然后举办抛杏仁比赛，抛得越远得分越高）
贸易型创意法	从别处求来此地没有的东西，物以稀为贵的战略（如巴西桑巴祝祭的模仿大会等）
365日创意法	将某一个特定的日子联系到Event上的创意法。比如，农历七月七日或圣诞等就是典型的例子。无论是什么，只要是第一次，就可以联系到发祥地，形成旅游资源
吉尼斯纪录创意法	地方节事活动中经常利用"世界第一""国内第一"的方法（如用世界上最大的锅煮面条吃大会、制作世界上最长的火腿肠大会等）
海盗创意法	窃取模仿别人创意的方法
五感满足创意法	用高兴、好吃、干净、心情好来迎合人们五感的Event。例如，让人亲身体验黑土的感觉、水的冰凉、木头的温气等。要确认的要点有如下16项：1. 创造非日常世界；2. 安全；3. 高兴；4. 突出地方特色；5. 日常化；6. 主题性；7. 参与性；8. 名声；9. 演出（秀）；10. 及时性；11. 有利性；12. 回味；13. 便当；14. 纪念品；15. 告知；16. 自我满足感等

资料来源：熊野卓可（日）. 旅游宣传活动创意法，月刊观光，通卷376号，日本观光协会，1998，pp. 40～44

（四）信用产品的开发

为了鼓励潜在旅游者的旅游需要，减少出游障碍，尽可能地扩大旅游者出游的概率，一般采取的方式有旅行费用的积分制度、分期付款制度、后付款制度等信用销售制度。

为了实施信用销售制度，可以开发如下旅行贷款（Travel Loan）：①旅行社和信用卡公司（Credit）的联合贷款；②旅行社和银行的联合贷款；③航空公司和信用卡公司的联合贷款①。

这些贷款项目既可以减轻顾客资金方面的负担，又可以利用金融机构的关系网将潜在顾客的范围扩展到全国范围内，是一举两得的事情。

综上所述，产品开发可以从以下几个角度系统研究和把握消费者（游客）的不满和

① 森谷旅行社. 旅行代理便览，1975，pp. 11～24。

期望①，然后设法开发出能满足这些不满和期望的旅游产品：

（1）生活时间的角度。日常生活建立在连续的时间系列上，我们可以按照时间顺序分析研究或发现消费者在这个连续的时间段内，因需求没有得到满足而感到不便或不满的“项目”。我国旅游黄金周制度的实行就是为了弥补人们由于平时因休息时间短而无法进行长途旅行的缺憾。

（2）生活空间角度。不仅依照时间顺序追踪不满“项目”，还要在不同场所，比如厨房、客厅、卧室、卫生间、通勤电车和巴士、办公室、旅游地和旅游地的酒店餐厅等场所进行捕捉不满情绪的方法。

（3）生活均衡角度。消费者的生活中当然存在各种需求的均衡问题，解决了吃饱问题就要面临穿暖问题。在现代社会的生活环境中，消费者无论属于什么样的职业、处于哪个年龄层、拥有何种家庭结构，都经常会遇到生活不均衡的现象。我们可以提前一步代替消费者发现能够纠正这种不均衡的方法，并且把它打造成旅行社产品。这可以说是旅行社业务的重要社会功能之一。近期我国乡村旅游的迅速发展正是由于它缓解了城市人吵闹的生活环境和追求心灵宁静的平衡。

（4）生活理念的角度。抽象地说，一旦采取阶段性和结构性的方式来提高生活理念，生活的各个角落就容易爆发不满现象。很多现在未能引起人们注意的问题将会逐渐激起消费者的不满。例如，人们对环境和健康问题的日益关注，造成今天人们对环境污染的不满情绪。针对这种社会情绪，旅行社可以加大生态旅游项目的开发力度，满足人们对健康和环保的追求。

思考与练习

1. 旅游产品和旅行社产品有哪些不同？
2. 请谈谈旅行社产品的组成要素和形式。
3. 在目前行业竞争激烈的形势下，旅行社应该如何在产品开发中占据优势？
4. 旅行社产品的特征有哪些？
5. 简述旅行社产品策划原则。

① 清水滋（日）．零售业营销，东京：贸易社，1983，pp. 343～346。

第6章　旅行社人力资源开发与管理

【学习目标】

了解旅行社人力资源的含义，掌握旅行社人力资源的配置和管理，熟悉旅行社的企业文化。可以从管理者的角度来学习旅行社的人力资源管理，能够对旅行社员工的配置、招聘、培训、绩效考评、报酬、激励等进行简单操作。同时了解旅行社企业文化的内涵及构成要素，熟悉旅行社企业文化的特点，掌握旅行社企业文化管理的重点以及旅行社企业文化发展的趋势。

【内容结构】

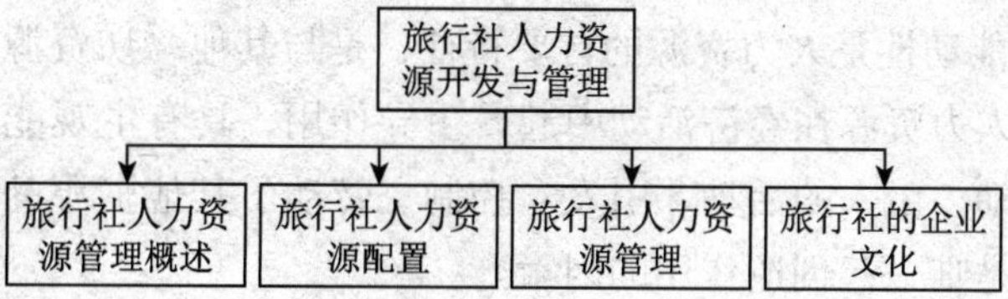

【重要概念】

人力资源　人力资源管理　人力资源配置　企业文化　企业价值观　企业道德　企业形象

第1节　旅行社人力资源管理概述

人力资源管理是现代管理的重要内容和组成部分，现代管理强调以人为中心的管理，也就是强调对人力资源的管理与开发，市场经济条件下的企业竞争归根结底是人才的竞争。旅行社是智力密集型企业，人力资源是旅行社最为宝贵的资源，旅行社人力资源开发与管理的水平，直接关系到旅行社的生存与发展。合理配置和管理人力资源，能够为旅行社培养各种人才，为旅行社的发展积累经营管理经验，有效地招聘与培训员工，科学系统地对员工进行考评，最大限度地调动员工的创造性和积极性，创建自己独具特色的企业文化，进而创造旅行社在激烈市场竞争中的人力资源优势。

一、人力资源

（一）人力资源的定义

人力资源，包括人的智力和体力，是指能够推动整个经济和社会发展，具有劳动能力的人口的总和。

具有劳动能力的人，不是泛指一切具有一定能力和体力的人，而是指能够独立参与社会劳动、推动整个经济和社会发展的人。所以，人力资源既包括劳动年龄内具有劳动能力的人口，也包括劳动年龄外参加社会劳动的人口。

（二）人力资源的特点

（1）能动性。能动性是人力资源的首要特征，是与其他一切资源最根本的区别。所谓能动性，就是说人力资源在经济活动中起着主导作用，具有主观能动性。一切经济活动首先都是人的活动，由人的活动才引发、控制、带动了其他资源的活动。另外，在经济活动中人力资源是唯一起创造作用的因素。

（2）生产性和消费性。生产性和消费性是人力资源的一个重要特点，也是不同于其他非人力资源的重要区别。人力资源的生产性强调其首先是物质财富的创造者，而且是有条件地创造。比如，人力资源必须与物质资源等非人力结合，有足够的活动空间与时间，有相应的活动条件才能进行。而消费性则强调人力资源的保持与维持需要消费一定量的物质财富，并且是无条件地消费。

（3）人力资源生成过程的时代性。人力资源的时代性，是指组成人力资源的人都是生活在一定的历史条件下和社会环境中，而不同时期社会发展的总体水平必然决定了人力资源的整体素质和水平。因此，人力资源是具有时代性的，它本身反映不同时代的社会生产力发展水平，决定和影响人们的认识能力、创造能力；同时，又反作用于现实社会，决定着现实社会的发展能力。

（4）人力资源开发过程中的持续性。其主要表现在人力资源的开发过程中，是指人力资源是可以不断开发的资源，它说明不仅人力资源的使用过程是开发过程，而且培训、积累、提高、创造也是开发过程，人力资源是一个可以“多次开发”的资源。

（5）人力资源使用过程中的时效性。这是指人力资源不同于其他物力资源，可以长期储存，人力资源若储而不用，则会荒废和退化。这是因为人从事工作的自然时间是有限的，而且人在每个时期，工作能力都会有所不同，不使用、不开发，就会失去其固有的作用与能力。

（6）两重性。人力资源具有自然性和社会性双重属性。一方面，人力资源存在人体之中，是一种“活”的资源，与人的自然生理特征相联系。另一方面，人力资源具有社会性，是处于一定社会范围内的，它的形成和发展依赖于社会，它的配置要通过各种社会过程完成，它是社会经济分工体系中的一个重要组成部分。自然属性是人力资源最基本的特点，社会属性是人力资源的本质特点，严格意义上讲，人力资源是一种社会资源。

（7）再生性。人力资源是一种可再生资源，其再生性在人口的再生和社会的再生产过程中实现，即通过人类总体内部各个个体的不断替换更新和劳动力消耗—生产—再消耗—再生产的过程实现。

二、人力资源管理

（一）人力资源管理的定义

人力资源管理有广义和狭义之分。广义的人力资源管理包括人力资源开发和人力资源管理两大部分。

人力资源开发是通过一系列方法和途径，系统地开发员工与工作有关的能力，使之在工作中发挥积极性与创造性，进而使企业和个人的目标得以有效实现。简单地说，就是要做到事得其人、人尽其才、才得其用。人力资源开发的着眼点，是对员工个人能力的开发，即通过挖掘、利用和发挥员工个人内在的性格特征、气质和能力，推动企业的发展。

所谓人力资源管理，是指在人力资源取得、开发、保持、引进和利用等方面所进行的计划、组织、指挥和控制活动。与人力资源开发强调个人能力的发挥有所不同，人力资源管理更多地强调企业的需要，企业通过人力资源的招聘、选拔、录用、考核、评价、提升、培训、奖励、福利等环节，调整好人与人、人与群体、人与企业的关系，挖掘人的潜力，调动人的积极性，提高工作效率，最终实现企业既定目标。

（二）人力资源开发与管理活动

（1）人力资源规划。是为保证企业发展目标的实现和各项工作得以顺利进行，而对一定时期内的人力资源开发和管理工作所进行的预测、分析和安排。企业人力资源规划的作用主要有两个方面：一方面是保证人力资源的管理工作与企业的战略方向、战略目标相一致；另一方面是保证人力资源管理各个环节的一致性。

（2）用人计划。企业必须对其所需招聘的人员的数量、质量和类型作出计划。如果企业现有的员工过剩，机构臃肿，便应制订出裁员或减薪计划；如果企业员工不足，则需要制订招聘计划；如果企业员工结构不合理，则需通过人员的培训、流动和调配，调整员工结构，使员工结构趋于合理。

（3）职务分析和工作设计。这是人力资源管理的基础，在组织决策、人员选聘、绩效考评、报酬奖励和职务升降诸方面，都要以此为依据。职务分析，是对各个岗位的任务、责任、性质及工作人员的条件进行分析研究并作出明确规定；工作设计，则是依据职务设计而对工作内容、工作方法、工作职能和工作关系作出规定。

（4）招聘。是企业为了补充其所需的员工，而寻找和发现符合工作要求的求职者的过程。

（5）选择。即企业挑选最合适的求职者，并录用安排在一定的工作岗位上。

（6）事业生涯开发。是指根据员工个人的性格、气质、能力、兴趣和价值观等特点，同时结合企业需要，为员工制订一个事业生涯发展计划，并依此不断开发员工的潜能。

（7）绩效评价。绩效评价，是指通过考核员工工作绩效并及时作出反馈，奖优罚劣，进一步提高和改善员工的工作绩效。

（8）培训与开发。通过培训，提高和完善员工个人和群体的知识、素养、能力、工作态度和工作绩效，进一步开发员工的潜能。

（9）工资福利。企业根据员工工作绩效的大小与优劣，给予员工不同的报酬，并根据企业的条件与能力，决定员工可以享受的福利待遇。

（10）安全与保健。为了保障员工的健康，减少污染、工伤和杜绝死亡事故的发生而采取的必要措施。

（11）劳资关系。劳资关系是指企业的管理者与企业内部员工，就员工的工资、福利、工作条件以及其他待遇所进行的交涉与协调。

（12）职务晋升。职务晋升是指企业从工作绩效突出的员工中，选拔有管理能力和培养前途，符合企业发展要求者，提升到更高层次的公司职务岗位上去。这既是为了企业发展的需要，也是为了提高员工的满意度，调动员工的积极性。

三、人力资源管理的理论基础

（一）人力资源管理理论的哲学基础

人力资源管理理论的哲学基础是马克思主义关于人的基本理论和学说，其中主要包括人的本质学说、人的个性学说和人的价值学说。因此，人力资源管理就是首先要正确理解和把握人的本质、人的个性和人的价值等基本问题。

（1）马克思主义关于人的本质学说是理解人的基础。人力资源管理离不开对人的本质的认识，那么，什么是人的本质呢？马克思主义认为，人的本质即认识自然实体和社会实体的统一。所谓自然实体，是指人作为生物界的一个分支，具有与生物界其他分支相似的或相同的自然本质和生物属性。如食物、运动、睡眠、吸收、排泄等。社会实体是人与一般动物之间最本质的区别所在。比如，人可以制造工具，能够从自然界分化出来，组成社会，以社会成员身份参与劳动及社会活动，并可以凭借自己的体力和智力，改造客观，改造自然，为人类自身服务，其他动物却只能被动地适应自然。因此，可以认为人的社会属性是人的本质属性，人的本质离不开个人与社会的关系，人力资源管理必须以此为思想理论的基础。

（2）马克思主义关于人的个性学说是用人的基本依据。马克思主义认为，人的个性是一个社会范畴的概念，既表现着个人意识的倾向性，又表现着个体之间的差异。人，既能够以概念的形式反映客观世界，揭示自然规律，又能够根据自己的需要、兴趣和理想来利用自然规律，改造客观世界以及自己的主观世界。而个体是指某个具体的人，既可指成年人，又可指未成年人，还可指白痴等。然而个性就不同了。人的个性只能体现在具体的个体身上，但并非每个个体都有个性。这说明个性更多地体现着人的社会属性，特别是社会群体、社会环境对人的影响非常强烈。因此，马克思主义关于人的个性学说是人力资源管理中如何用人的指导思想和基本依据。

（3）马克思主义关于人的价值观学说是发展人的价值取向的原则。按照马克思主义的基本原理，人的价值是社会价值与个人价值的统一。所谓人的社会价值，是指以社会价值为主体，以个人价值为客体。在这一对价值关系中，主要强调个体对社会的责任和贡献。所谓人的个人价值，则是以个人为价值主体，以社会价值为客体。在这一对价值关系中，主要强调社会对个人需要的满足状态。但是，人的社会价值和个人价值并不是各自孤立的、分离的，而是体现人的价值的两个相互关联的方面。因此，人的价值的实现，离不开丰富多彩的社会生活实践，脱离社会生活实践，个人就没有什么价值可言。人力资源管理正是在于最大限度地发挥人的才能，挖掘人的潜能，实现人的价值。

（二）人力资源管理理论的管理学基础

人力资源管理是在组织行为学的基础上形成的。因此，包括组织行为学在内的行为科学、人际关系学说以及现代管理理论中的有关学派等，都是人力资源管理理论形成的管理学基础。

（1）行为分析理论对人力资源管理理论的意义。组织行为学、行为科学等学科关于人的行为规律的研究及其理论，都着眼于行为的主观因素和客观因素分析。而主观因素又涉及人的心理因素和生理因素两方面。客观因素则主要涉及组织环境、群体气氛、社会环境及物质与自然环境。“群体动力理论”的创立者勒温认为：无论个体的行为还是群体的行为，都是个体或群体内在需要的张力和环境因素的相互作用所导致的，即内部力场和情景力场相互作用的结果，并提出了行为等于内部力场与情景力场相互作用的函数。即B=旅行社（P·E），其中B为行为，P为内部力场，E为外部力场。所有这些对行为规律的研究及其结果，为人力资源管理提供了管理学依据，可以直接运用这些成果进行人力资源的开发与管理。

（2）激励理论对人力资源管理理论的意义。人力资源管理在很大程度上就是要有效地激励员工努力工作，取得最佳的工作成绩和管理效果。激励的许多理论研究了对人的激励管理问题，如期望理论、双因素理论、行为主义激励论、强化理论、公平理论等。这些理论是人力资源管理重要的科学理论营养，是实施人力资源管理开发与激励员工的重要理论依据。人力资源的开发与管理，是为了努力提高员工的素质，调动员工的积极性，激发员工的工作动机和热情，取得良好的管理功效。

（3）组织理论对人力资源管理理论的重要意义。组织理论是组织行为学研究的重要内容，也是了解组织心理活动规律的一把钥匙。此理论在对组织目标与价值观的分析中，注意到了员工个体目标、群体目标及其价值观念对组织目标与价值观的重要作用；在对组织有效的分析中，充分考虑到了员工的工作效率对组织效率的影响；在对组织的工作设计分析和提出的基本理论中，特别强调了与员工的心理和行为有关的设计思想与基本内容；在对行为分析的基本理论中，对权限接受、组织决策、组织平衡等方面进行了深入细致的分析研究，提出了新思想和新理论；在对组织变革与发展的分析中，对组织变革的程序与模式、基本变量与对策方法、变革的动力与阻力等都做了全面的探讨，创立了新的理论框架和体系结构。所有这些都为人力资源管理理论与实践的探索及创新提供了充分的组织理论准备和实践指南，对提高人力资源管理效率具有极其重要的理论与实践意义。

（4）现代管理理论强调的系统观念和权变观念对人力资源管理理论的意义。现代管理理论具有两个最大的特征，即强调管理的系统观念和权变观念。所谓系统观念，就是强调管理是一个庞大的系统，无论考虑和解决管理中的任何问题，都必须从系统观念出发，从全局观念出发。实际上，系统观念是强调战略性、全局性和长远性的观念，注重系统整体功效。所谓权变观念，则主要在于强调管理的动态性、多变性和适应性，要解决的是技术性和行动性的问题，其实是系统观念指导下的权变观念。这些重要的观念正是人力资源管理所需要的科学营养和理论来源，既有理论指导性，又具有广阔的实践意义。

（三）人力资源管理理论的经济学基础

从经济学角度看，人力资源管理理论的经济学基础就是人力资本理论。西方学者提出的人力资本理论，比较好地论证了体现在劳动者身上的、以劳动者的数量和质量所表示的资本形态及其构成，以及人力资本投资的基本概念等一系列问题，这正是人力资源管理学科的重要理论基础。

人力资本论的内容和观点很多，就其中一点谈谈。人的知识和能力是一种特殊的资本，这种资本是通过投资形成的。关于人的知识和能力是通过投资而形成的一种特殊资本——人力资本的观点，西方学者的著述中已作了充分论述。简单地说，人力资本就等于人的知识和技能（即人力资本 = 知识 + 技能）。这是因为人的知识和技能可创造财富，一个国家、一个地区或一个企业有没有竞争力的关键因素，就是看员工有没有良好的知识素养和技能条件。行为财富的人力资本，却需要一定的投资才能形成。换句话说，人力资源的获取是要付出代价的，需要一定的资本来投入，否则就形不成可供利用的人力资本。这种投资实际上是为提高人的知识和能力而进行的教育、培训、医疗保健、就业安置、人力资源流动等，从而形成人力资本。

四、旅行社人力资源管理

旅行社人力资源管理是指旅行社为了获取、开发、保持和有效利用在生产及经营中不可缺少的人力资源，通过运用科学、系统的技术与方法进行各种相关的计划、组织、领导和控制活动，以实现既定的目标。

现代旅行社的人力资源管理有以下几项职能：

（1）获取。即运用科学的方法引入合适的岗位人选。

（2）保持。即创造适合员工发挥其积极性、主动性、创造性的工作条件。

（3）发展。即通过教育、培养、训练，促进员工知识、技能及综合素质得到提高，保持竞争力。

（4）评价。即对员工的工作成果、劳动态度、技能水平等作出全面考核和鉴定，对企业的文化氛围、员工的士气等进行调整、分析、评价。

（5）调整。即通过奖罚、解聘、晋升、调动等方法，使员工技能水平和工作效率达到岗位要求。

五、旅行社人力资源管理的特征

旅行社是劳动密集型企业，其业务是一项复杂的组织工作和人对人、面对面的服务工作。可以说，“人”是旅行社的核心，是整个企业的精髓和支柱，也是企业中唯一的能动要素，是最积极和最基本的要素，旅行社市场竞争力的强弱，归根结底取决于员工队伍的素质，因此，加强人力资源管理对旅行社的发展起着决定性的作用。

旅行社的人力资源管理同一般人力资源的开发与管理，既有共性又有个性。根据旅行社的业务特点，其人力资源管理具有以下特征：

（1）独立性。旅行社业务的一个突出特点是独立性强，这一特性在旅行社的接待业务中表现得尤为突出，它决定了旅行社许多业务的开展通常是落实到员工个人，由员工个人独立完成，他们有各自独特的工作方式，工作效果在很大程度上取决于个人的独立工作能力，由此可能带来员工之间在工作绩效和收入水平方面的较大差异。同时，为了维护自己的利益，他们可能拒绝与同事的合作，可能对工作挑肥拣瘦，可能以自己的工作成绩作为与企业讨价还价的筹码，甚至构成某方面业务的不正常垄断。这就要求旅行社加强人力资源的开发与管理，既要鼓励每个人的积极性和独创性，充分挖掘每个人的潜力，又要公平合理地调配人员和调整分配方案，倡导团队精神和协作精神，推行规范化、制度化的管理，保证工作井然有序地开展。

（2）分散性。旅行社的工作人员经常是独自分散地与客户接洽，广泛地在各条线路上陪同旅游者进行旅游，在联系业务或接待服务过程中，往往没有来自管理者和同事直接的、面对面的监督，工作时间弹性大，生活规律难以保证。为了确保工作质量和顾客满意率，旅行社必须向工作人员提出明确的工作要求、工作规范和工作程序，要通过填写工作记录和搜集顾客反映等方式，对员工的工作绩效作出客观、公正的评价，建立有效的激励机制，奖优罚劣，以维护企业声誉和顾客利益。

（3）流动性。旅行社人员的流进与流出是相当频繁的，有人是为了追求更加称心如意的工作环境，有人是为了获得更多的收入，有人是为了得到提拔晋升，有人是由于年龄和性格的原因而调离旅行社，还有人是因为工作不称职而离开企业。旅行社要留住和吸引优秀人才，应当在员工个人发展、企业凝聚力和职工待遇等方面作出不懈的努力，要建立人力资源信息库，及时招聘补充合格人才，强化业务培训，保障旅行社在人员流动的大环境中，有一支高素质的、相对稳定的员工队伍。

六、旅行社人力资源管理的意义

人力资源的开发与管理是涉及旅行社生存与发展全局的战略性问题。旅行社必须充分认识加强人力资源开发与管理的重要意义。

（1）加强人力资源的开发与管理是增强旅行社市场竞争力的需要。旅行社业是以提供服务为主的劳动密集型行业，也是人才智力密集型行业。从旅游线路的设计与开发、市场促销与销售，到翻译、陪同与导游服务，均由人去完成。员工的创新策划能力、工作责任心和业务水平，直接关系到旅行社经营管理的水平与服务的水平。特别是在知识经济的背景下，人力资源的作用将会更加突出。因此，旅行社市场竞争力的强弱，归根结底取决于员工队伍的素质，旅行社之间的竞争归根结底是人才的竞争。

（2）加强人力资源的开发与管理是旅行社吸引优秀人才的需要。在市场经济条件下，我国已经初步形成了人才市场和劳动力市场，传统的就业观已被打破，旅行社与应聘者之间形成了双向选择的关系。而旅行社的人才流动、业务骨干的跳槽甚至是业务骨干的集体跳槽，对旅行社的稳定与发展产生了较大影响，对旅行社人力资源管理提出了严峻的挑战。

（3）加强人力资源开发与管理是调动员工积极性、充分挖掘员工潜能的需要。旅行社必须制定有效的人力资源管理政策，实行公开、公正的人才选拔机制；注意倾听员工的意见和建议，发动员工参与企业管理，赋予员工适当的责任；在工作安排方面尽可能考虑员工个人生活方式的特点，最大限度地调动员工的积极性；充分挖掘员工的业务潜力，为员工创造更多的发挥其才智的机会。

第 2 节　旅行社人力资源分析、规划与配置

一、旅行社人力资源的分析与规划

（一）旅行社人力资源的分析

旅行社在进行人力资源规划之前，首先要对人力资源进行结构分析。所谓人力资源结构分析也就是对旅行社现有人力资源的调查和审核，只有对旅行社现有人力资源有充分的了解和有效的运用，人力资源的各项计划才有意义。旅行社人力资源的结构分析主要有以下三个方面：

（1）人力资源数量分析。人力资源规划对人力资源数量的分析，其重点在于分析现有的人力资源数量是否与旅行社业务量相匹配，也就是检查现有的人力资源数量是否符合旅行社在一定业务量内的标准人力资源配置。

（2）工作人员的素质分析。人员素质分析就是分析现有工作人员的受教育程度及所受的培训状况。一般而言，受教育与培训程度的高低可影响工作知识和工作能力的高低，任何企业都希望能够提高员工的素质，以期望员工能对企业作出更大的贡献。但事实上，旅行社员工的受教育程度与培训程度的高低，应以满足工作需要为前提，因而，为了达到人才适用的目的，员工素质必须和企业的工作现状相匹配。

（3）年龄结构分析。员工的年龄也会影响旅行社的工作效率和效能。一般来说，企业员工理想的年龄分配，应呈三角形金字塔为宜。顶端代表 50 岁以上的高龄员工；中间部位次多，代表 30 ~ 50 岁的中龄员工；而底部人数最多，代表 20 ~ 35 岁的低龄员工。对员工的年龄结构进行分析，旨在了解员工的身体状态；吸收新知识、新技术的能力；工作的体能负荷；工作职位或职务的性质与年龄大小可能匹配的要求等。这些均能影响企业内部人员的工作效率和组织效能。

（二）旅行社人力资源的规划

人力资源规划是一个组织科学地预测和分析自己在环境变化中的人力资源供给及需求，确定人力资源发展目标以及达成目标的措施和过程。人力资源规划有利于旅行社制定战略目标和发展规划，有利于改变旅行社内部人力资源配置不合理的状态，也能为旅行社的可持续发展提供人力资源方面的保证。同时，人力资源规划对旅行社和员工都能提供职业转移方面的指导。旅行社人力资源规划可分为长期规划、中期规划和年度计划。一般来讲，长期规划是 10 年以上的规划；中期规划是 10 年以内的规划；年度计划即当年的执行计划。中、长期规划是以旅行社的发展战略和目标为依据，对未来人力资

源工作具有指导性、方向性的安排。年度计划则是中、长期规划的具体化和执行方案，是在中、长期规划的指导下制订和实施的。

旅行社人力资源规划一般包括岗位职务规划、人员补充规划、教育培训规划和人员分配规划等。

（1）岗位职务规划。主要解决旅行社的定编、定员问题。旅行社应当依据其自身的近远期目标、劳动效率、岗位技术要求等因素，确定相应的组织机构、岗位职务标准，进行定编、定员。

（2）人员补充规划。人员补充规划是要保证在中、长期内使岗位职务的空缺能从质量和数量上得到合理的补充。人员补充规划应当具体指出各级各类人员所需要的资历、培训、年龄等要求。

（3）教育培训规划。教育培训规划是依据旅行社发展的需要，通过各种教育途径的培训，培养当前和未来所需要的各级、各类合格人才。

（4）人员分配规划。人员分配规划是依据旅行社内部各级、各类组织机构、岗位职务的专业分工要求来配置所需要的人员，包括工种分配、管理人员职务调配及工作调动等。

二、旅行社人员的需求、供给及供求平衡

（一）旅行社人员的需求预测

旅行社人员的需求预测，是根据旅行社发展的要求，对未来一定时期内旅行社所需人员的数量和质量进行预测，进而确定人员补充的计划方案，实施教育培训方案。

人员需求预测是旅行社编制人力资源规划的核心和前提条件。预测的基础是旅行社的发展规划和年度预算。对人员需求预测要采取动态的方法，要考虑到预测期内市场环境、工作效率、技术手段等因素的变化。旅行社人员需求预测的基本方法主要有以下三种：

（1）经验估计法。经验估计法是利用现有资料，根据有关人员的经验，结合本旅行社的特点，对旅行社的人员需求进行预测。

（2）统计预测法。统计预测法是运用数理统计的方法，根据旅行社目前和预测期内的经济指标及相关因素，计算出人员需求量。

（3）工作研究预测法。工作研究预测法是通过工作研究，计算员工的工作指标和定额，并考虑到预测期内有关变动因素，来确定旅行社的人员需求。

（二）旅行社人员的供给预测

旅行社人员的供给预测，是指为了满足对人员的需求，而对未来一定时期内旅行社从其内部和外部所能得到的人员的数量和质量进行预测。

（三）旅行社人员的供求平衡

旅行社人员的供求平衡是旅行社人力资源规划的一项重要内容。旅行社人员的供求平衡不仅有人员需求与供给总量上的平衡，更重要的是保持人员素质、类别等供求结构

的平衡。要实现旅行社人员的供求平衡，除了要做好综合评估分析之外，还要对人员的潜力进行分析，从数量上消除人浮于事的人力资源浪费现象，从质量上提高人员素质，充分发挥现有人员的潜力。

旅行社人力资源的分析与规划是构建旅行社人力资源管理体系的基石，旅行社要成功完成组织再造、业务流程再造、工作设计、绩效评价、薪酬制度设计、员工挑选等工作，都必须利用旅行社人力资源分析与规划。

三、旅行社人力资源的合理配置

旅行社人力资源配置，是旅行社根据经济和社会发展的客观要求，科学合理地分配人力资源，使其实现与生产资料的合理结合，充分发挥人力资源作用的过程。

（一）旅行社人力资源配置的目标

（1）良性结构。所谓良性结构，就是旅行社对各部门之间的人员配置进行调节，以便形成一种良性的人力资源使用结构。

（2）提高效率。合理的人力资源配置可以充分发挥员工的工作能量，节省人力，提高工作效率。

（二）当前旅行社人力资源配置的模式与形式

目前，旅行社企业组织内部的人力资源配置形式有以下三类：

（1）人岗关系型。这种配置类型主要是通过人力资源管理过程中的各个环节来配置旅行社企业内各部门各岗位的人力资源质量。它是根据员工与岗位的对应关系进行配置的一种形式。

（2）移动配置型。这是一种从员工相对岗位移动进行配置的类型。它通过人员相对上下左右岗位的移动来保证旅行社内部的每个岗位人力资源的质量。这种配置的具体表现形式大致有三种：晋升、降职和调动。

（3）流动配置型。这是一种从员工相对旅行社企业岗位的流动进行配置的类型。它通过人员相对旅行社的内外流动来保证旅行社内每个部门与岗位人力资源的质量。这种配置的具体形式有三种：安置、调整和辞退。

第 3 节 旅行社人力资源管理

一、旅行社员工的招聘

旅行社招聘是指在旅行社总体发展规划的前提指导下，制订相应的职位空缺计划，通过各种信息途径选择和确定工作候选人，以充足的数量和质量来满足组织人力资源需求的过程，其实质就是让潜在的合格人员对本旅行社相关职位产生兴趣并前来应聘这些职位。招聘是旅行社人力资源管理的重要环节，旅行社应根据市场竞争的需要以及发展目标确立招聘的标准，引入多样化的招聘方式，发现应聘者的潜能，严格把关，挑选人才。在招聘过程中，旅行社不仅应考虑应聘者的专业知识和专业技能，更应重视应聘者的择业价值取向，选聘那些有积极进取、奋发向上的事业心，具互助合作能力，能够不断学习，有敬业乐业精神的人员。

（一）旅行社招聘人才的标准

（1）良好的知识结构。同其他行业相比，旅行社人力资源智力密集度较高。具备良好的知识结构、专业知识水平和专业服务能力是旅行社从业人员的基本素质要求。

（2）敬业乐业精神。除知识结构外，旅行社员工还应具备积极进取、奋发向上的事业心和奉献精神。因此，旅行社不仅应考虑应聘者的专业水平，更应该重视其择业的价值取向及其对工作的态度。

（3）合作协调能力。从旅行社业务特点可以看出，旅行社工作人员不仅要与内部其他部门进行合作，还需要与旅行社上下游企业进行联系、合作才能完成旅游接待任务，因此，旅行社特别强调员工的沟通、协调、合作能力，在招聘时应重视应聘者的互助精神和合作能力。

（4）对企业的忠诚度。随着旅游业的迅速发展，人才市场的竞争也日益激烈，旅游从业人员的流动率很高。吸收有经验的人才，对于旅行社开拓市场有着不可忽视的作用。有经验的人才在短时期内对企业的贡献可能是很大的，旅行社对这类人也无须进行培训投资，但旅行社管理者必须考虑，对这类人付出的代价（如高工资和高待遇等）是否与他对企业的贡献真正相符，要考虑这类人对于新加入的旅行社忠诚度如何。招聘、培训对企业有忠诚度的优秀人才，才是旅行社长期发展的基础。

（二）旅行社招聘人才的途径

1. 旅行社内部招聘

内部招聘指当旅行社有了职位空缺时，在内部选拔员工充实到该职位，内部员工既可以申请适当位置，也可以推荐其他候选人。员工的情绪可以由此改善，同时也能降低招募的成本费用。但是内部招聘如果处理不当，容易引起各种纠纷。所以招募时一定要有固定、严格的标准，以免负责招聘人员徇私舞弊、送人情或受制于人。

旅行社内部招聘的优点主要包括：①有利于调动员工的积极性；②有利于吸引外部人才；③有利于考查应聘者，最大限度地避免选错人才；④有利于被选聘者迅速展开工作。

旅行社内部招聘的局限性主要包括：①容易导致同事之间的矛盾；②可能造成“近亲繁殖”，不利于创新。

2. 旅行社外部招聘

旅行社从外部招聘员工可以填补人力资源的缺口，补充新鲜血液，特别是当旅行社处于发展期，需要大量地补充劳动力时，外部招聘是最主要的途径。外部招聘对旅行社的人力资源管理有特殊的意义，主要表现在以下三个方面：第一，补充初级岗位；第二，获取现有员工不具备的技术；第三，获得能够提供新思想并具有不同背景的员工，以保持旅行社员工的积极性和创造力。旅行社外部招聘的具体途径有以下几种：校园招聘、人才交流会、竞争者与其他公司。

旅行社外部招聘的优势主要包括：①有利于缓和内部紧张关系；②有利于带来新鲜的工作方法。

旅行社外部招聘的局限性主要包括：①外部招聘人员需要经过一定时间后才能有效地开展工作；②旅行社有可能由于选错了人给工作造成不利影响；③打击内部员工的积极性。

（三）旅行社人员招聘的程序

旅行社人员招聘程序如图6－1所示。

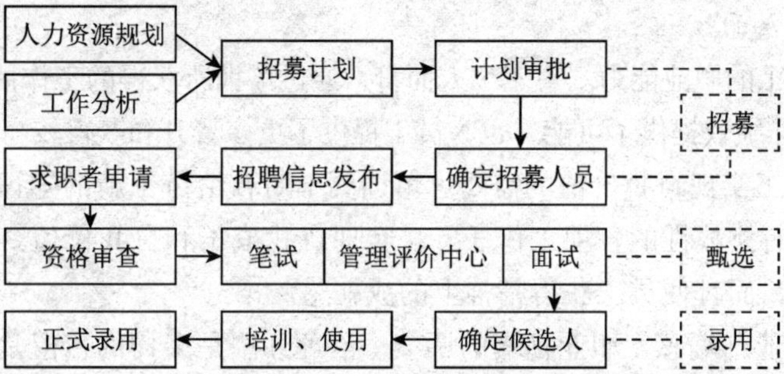

图6－1　旅行社人员招聘程序

（1）明确目标，确定空缺岗位。由于人员流失或企业业务扩展等因素，旅行社往往需要大批新人补充到日常工作岗位上来。每当一个新的空缺出现，都要分析这个空缺岗位在整个企业中的位置与作用，同时应该确认该岗位是否需要某些调整，以便使岗位发挥更大的效用。

（2）确定岗位要求。一旦清楚岗位要求，就应在工作岗位描述中将岗位职责和任务具体化。

（3）确定招聘方式。确定好空缺岗位并拟定好岗位描述之后，旅行社招聘小组就应该考虑选择何种招聘方式最为有效。

（4）评价招募人员。一般而言，旅行社往往通过应聘者简历中所反映的内容来对应聘人员加以评估，从而确定面试名单。面试的主要目的是能够对应聘者的性格和各方面能力有一个综合的评价。

（5）确定最后人选。通过面试招聘到理想的人选后，旅行社务必向这些被选中的人员发出通知。当然，最好是以书面确认的方式，列明岗位的待遇和要求。确认书只有在得到应聘者书面认可后才具有约束力。

二、旅行社员工培训

员工培训是指旅行社有计划地实施有助于员工学习与工作能力提升的活动。这些能力包括知识、技能和对工作绩效起关键作用的行为。旅行社的员工培训有四个含义：全体员工都应是培训的对象；培训的内容必须和员工的工作内容相关；培训的目的是改善员工的工作业绩，并提升企业的整体绩效；培训的主体是旅行社。传统意义上，员工培训侧重于近期目标，中心放在员工当前工作绩效的提高上，因而培训在员工看来往往带有一定的强制色彩。但是，无论是从员工个人角度还是旅行社整体发展来看，员工培训都是必要的人力资源管理工作。

（一）旅行社员工培训的意义

旅行社员工培训的意义体现在以下两个层面：

1. 员工个人层面

（1）提高员工的职业能力。对于个人而言，通过培训所获得的工作能力和创新知识为员工取得好的工作绩效提供了可能，也为员工提供了更多晋升和获得较高收入的机会。

（2）满足员工实现自我价值的需要。培训要不断教给员工新的知识和技能，使其能够适应或接受具有挑战性的各项工作任务，实现自我成长和自我价值。这不仅使员工在物质上得到满足，而且使员工获得精神上的成就感。

（3）消除职业枯竭感。职业枯竭的调节、治理办法是多样的，但是员工培训可以完善员工自身，抓住职业枯竭调节的契机，完成自我超越。具体来看，员工培训可以帮助个体发现自身的不足，与时俱进地掌握新技能，更新观念，重新审视工作的内涵，创造性地运用自身的技能和知识，从而找到新的工作乐趣，突破职业心理极限，使个人的职业生涯产生质的飞跃。

2. 旅行社管理层面

（1）有利于旅行社保持和发展竞争优势。知识经济时代，旅行社竞争优势的源泉在于员工的创新能力，在此基础上，旅行社能够与时俱进，不断更新知识，适应变化中的市场环境。员工培训可以帮助旅行社提升人力资源的整体素质，保持学习、吸收新的信息与技术的活力和氛围，是培养进而保持旅行社竞争优势的重要途径。

（2）有利于改善旅行社的工作质量。工作质量包括业务流程管理质量、产品质量和对游客服务质量。员工培训能改进其工作绩效，降低因失误或能力不足而带来的成本投入。同时员工的岗位意识、敬业精神和对旅行社的归属感都会在培训过程中得到强化，对旅行社的质量管理大有裨益。

（3）有利于旅行社团队建设。旅行社的运转过程是一个团队工作的系统过程，员工在其中分别扮演不同的角色。通过培训，员工可以强化自己的角色意识和彼此之间的合作意识，加强与其他成员共享信息的能力，同时人际交往能力、集体活动能力、沟通协调能力等都可以得到强化训练。这些培训有助于优化旅行社的工作系统，突出团队合作的优势。

（4）有利于留住优秀人才。一方面培训提升了员工的个人成长空间，另一方面培训促进了员工对旅行社的认同，在实践中往往能留住优秀的人才，减少不必要的员工流动，促进员工队伍的稳定发展。

（二）旅行社员工培训的原则

（1）系统原则。系统原则首先要求员工培训必须是全员培训，所有成员都有权利和义务参加相应的培训，要在整个旅行社营造培训、学习的氛围。尤其要关注旅行社中高层人才的进步与发展，给予他们知识与能力的补给，促进其个人的发展。其次，旅行社员工培训的内容和组织要有层次之分，突出培训的层次差异和对象差异。再次，旅行社的员工培训应该自上而下地开展，高层和中层员工尤其要带头学习和进步。最后，旅行社要结合自己的经营特色和市场定位确定培训内容，逐渐形成自由的培训体系，有计划、有步骤地实现员工整体素质和工作绩效的提升。

（2）计划原则。员工培训是人力资源管理的重要组成部分，需要投入人力、物力、财力等资源。为了确保员工培训的效果，旅行社要结合自身的实际需要制订中长期计划与短期计划。中长期计划为旅行社的长远发展提供智力支持，短期计划为旅行社的当前业务工作创造人力资源保障，二者各有侧重，缺一不可。

（3）实用原则。员工培训目标明确，围绕旅行社的发展来开展，因此要突出实用性。一方面，培训的内容要有针对性，帮助员工解决工作中的具体问题，围绕旅行社的经营发展定位来实现个人能力的增长，以便更好地为旅行社服务。另一方面，员工培训的方式要灵活多样，适应成年人的学习特点，突出在实践中引导员工的成长与发展。

（4）控制与反馈原则。控制与反馈是把握员工培训收益的重要手段，旅行社的员工培训必须要建立培训质量反馈指标体系，通过培训前质量控制、培训中质量控制、培训后质量控制来确保培训目标的实现。

（三）旅行社员工培训的内容

（1）知识技能的培训。旅行社根据经营发展的战略要求和技术变革的预测，以及将来对人力资源的数量、质量、结构的要求与需要，有计划、有组织地培训员工，使其熟悉旅行社的发展方向，掌握必要的专业知识。依据培训对象的不同，旅行社关于提升员工知识的培训要突出侧重点，对知识的运用必须具备一定的技能。旅行社要对不同层次的员工进行岗位要求的技能培训，即认知能力、阅读能力、写作能力等方面的培训。另外，旅行社员工还需要较强的人际交往能力、灵活应变能力、判断与决策能力等。在基础性技能的培训之外，旅行社还应通过专题培训来强化上述各项实际工作能力。

（2）态度和观念的培训。旅行社是一种劳动密集型的服务性行业，旅游服务在旅行社中占有举足轻重的地位，这就需要对员工的工作观念和态度进行培训，培养员工的服务意识。服务意识是指能自觉、主动、发自内心地为他人和社会提供有价值的劳动。具体包含两层含义：第一层含义是对服务的认识，即用简单而明确的语言把服务具体化，使服务人员清楚什么是优质的服务。第二层含义是要制定出服务的标准。标准是服务质量的保证，服务标准的制定，可使服务人员明确自己的职责，最大限度地发挥自己的创造力，为顾客提供优质的服务。

（3）心理素质的培训。这是一个全新的培训概念。它是将心理学的理论、理念、方法和技术应用到旅行社管理和旅行社培训活动之中，以便更好地解决员工的动机、心态、意志、潜能及心理素质等一系列心理问题，使员工心态得到端正，意志品质得到提升，潜能得到开发。

（四）旅行社员工培训的类型

（1）岗前培训。也称新员工导向培训或职前培训，指新员工在进入旅行社工作前，为他们提供的有关旅行社基本情况、业务操作程序和企业制度、规范等方面的培训。旅行社岗前培训的内容一般为：旅行社企业概况、旅行社行为规范和共同价值观、主要制度和政策、企业设施状况、部门职能和岗位职责等。

（2）在职培训。是指旅行社为了使员工具备有效完成工作所需的知识、技能和态度，在不离开工作岗位的情况下对员工进行的培训。主要有：晋升培训、以改善业绩为目的的培训、转岗培训、岗位技能培训等。

（3）脱产培训。是指旅行社为了使员工具备有效完成工作所需的知识、技能和态度，在员工离开工作岗位的情况下对员工进行的培训。主要有：短期脱产培训、长期脱产培训、学历培训、更新技能培训等。

（五）培训的方式与方法

（1）内部培训。第一，采用联合培训的方式。即在淡季之时，旅行社内部、旅行社与旅行社之间，或者与高校之间进行必要的合作培训，这种方式具有资源共享、节约开支、形成行业定制的优势。第二，也是关键，即采用随时随地、时时事事、多角度、全方位的培训方式，对内部所有员工的潜能进行开发。提高综合素质与进行潜能开发的内部培训，最普通有效的方法是：在职开发、替补训练、短期学习、轮流任职计划、决策训练、决策竞赛、角色扮演、敏感性训练和跨文化管理训练等。

（2）外部培训。旅行社必须根据企业人力资源素质的差异和管理实际，有计划、分层次地以内外部培训的方式，对员工进行潜能开发和素质提高的培训，从而提高旅行社整体竞争力。外部培训主要有以下途径：对于高级经营管理人才，可以选送到本地或者旅游较发达地区以及国外深造，使其在实际工作中提高自己；对于一般操作人员，可采取聘请有关专家进行现场指导，或派其到某些高水平单位接受培训。

（六）旅行社员工培训的程序

员工培训可以分为三个阶段，即准备阶段、培训实施阶段和评价阶段。在准备阶段，旅行社的人力资源管理部门需要做好培训的需求分析和培训目标的确定。在培训实施阶段，旅行社的人力资源管理部门需要完成方案拟订和实施两项工作。在评价阶段，旅行社的人力资源管理部门要确定评价标准，设计评价方案，对培训的结果进行综合评价。

三、旅行社对员工的绩效考评

（一）绩效考评概述

1. 绩效考评的含义

工作绩效是指经过考评的工作行为、工作表现及其结果。对于旅行社来讲，绩效就是工作完成的数量、质量及效率状况；对于员工来讲，绩效就是上级和同事对自己工作状况的评价。绩效是必须经过考评的，未经考评的绩效是无效的。

2. 绩效考评的特点

（1）多重性。绩效的多重性主要表现为影响绩效的四因素，即激励、技能、环境、机会。其中前两个是属于员工自身的、主观的、直接的影响因素，后两个是客观的、间接的影响因素。

（2）多维性。绩效要从多角度、多方面进行分析和考评，不能只抓一点，不及其余。

（3）动态性。员工的工作绩效是变化的。随着时间的推移，绩效差的可能变好，绩效好的可能变差。因此，要全面、客观地评价员工的绩效。

3. 绩效考评的作用

（1）绩效考评是维持和提高工作效率的手段。

（2）绩效考评是贯彻按劳分配原则、建立合理的奖酬制度的基础。

（3）绩效考评是合理使用员工、充分调动员工积极性、发现人才的重要依据。

（4）绩效考评是制订和调整员工培训计划的重要依据。

（二）绩效考评的原则

（1）明确化、公开化的原则。在绩效考评工作中，考评的标准、程序和责任都应当有明确的规定，并且在考评中严格遵守这些规定。同时，考评的标准、程序和责任还应当向全体员工公开才能使员工对考评工作产生信任感，理解、接受考评的结果，也只有这样，才能保证考评的权威性。

（2）客观考评的原则。考评应当依据明确规定的考评标准，针对客观考评资料进行评估，尽量避免掺入主观因素和感情色彩。也就是说，一定要把考评建立在“以客观事实说话”的基础之上。

（3）单头考评的原则。对员工的考评，应当由员工的“直接上级”进行，因为直接上级最了解员工的实际工作表现，也最有可能反映真实情况。间接上级对直接上级作出的考评结果一般不应轻易修改，这不仅有利于明确考评职责，而且把日常管理职责与考评职责有机结合了起来，有利于今后加强管理。

（4）反馈的原则。考评的结果一定要反馈给被考评者本人，否则就起不到教育作用。在反馈考评结果的同时，应当向被考评者就评语进行必要的解释说明，肯定成绩和进步，提出缺点和不足，为今后的努力方向提供参考性意见。

（5）差别的原则。差别的原则主要体现在两个方面：一是考核标准的不同等级之间应当有鲜明的差别界限，二是针对不同的考评结果，在今后的工资、晋升、使用等方面要体现明显的差异。即考评结果要与员工的发展前途挂钩，要能够鼓励先进，鞭策落后，带动中间。

（三）绩效考评的种类及内容

常见的对员工的考评可分为以下几种：

（1）职务考评。考察员工对本职工作的熟练程度，考察员工的工作能力和适应性。

（2）奖金考评。对员工工作成绩的客观考评。

（3）提薪考评。参考过去的工作成绩，预计今后可能的贡献，提高员工的收入。

（4）晋升考评。是对被考评者全面、综合的考评，主要依据平时积累的考评资料。

四、旅行社员工的薪酬与激励

（一）旅行社确定薪酬的依据和构成

薪酬的实质是企业对员工（包括管理者）为企业所做的贡献，包括他们实现的绩效、付出的努力、时间、学识、技能、经验和创造，所给予的相应的回报与答谢。这实质上是一种公平的交换或交易，体现了社会主义市场经济的分配原则。

1. 确定薪酬制度的依据

（1）绩效考评的结果。绩效考评是旅行社评价成绩、奖优罚劣的基本依据。员工的薪酬必须与绩效考评的结果挂钩，这是旅行社制定薪酬制度的基础。

（2）职位的相对价值。旅行社应当系统地评定各个职位的相对价值，依照每一职位的工作对旅行社的相对重要性、工作性质、工作经验、特殊技能、履行职责的风险等，来评定各个职位的排列顺序，并以此作为获取薪酬的依据。

（3）劳动力市场的供求状况。在市场经济条件下，劳动力市场的供求状况直接影响着人们对其薪酬水平的期望。劳动力市场的供求状况是调节劳动力流向，进而调节薪酬水平的重要杠杆。由于我国社会主义市场经济体制尚在建立与完善过程之中，劳动力市场的发育尚不够完善，劳动力市场的供求状况对企业薪酬的影响目前还不够直接或明显。随着社会主义市场经济体制的最终确立，劳动力市场的供求状况对薪酬的影响将会越来越明显。

（4）旅行社的财务状况。财务状况直接影响旅行社的薪酬水平，特别是影响那些非固定收入水平，如奖金、福利等。

2. 旅行社薪酬的构成

（1）工资。工资制度的改革是我国经济体制改革中的一个重要方面，目前比较广泛实行的是结构工资制和岗位技能工资制两种分配制度。

（2）奖金。奖金是对员工超额劳动的薪酬。与工资不同，奖金的形式是多种多样的。如按奖励内容可分为单项奖、综合奖；按奖励对象可分为个人奖、集体奖；按奖励时间可分为月度奖、季度奖、年终奖等。不管是什么形式的奖金，都必须以员工所付出的超额劳动为基础，以绩效考评为依据，使之具有明显的针对性、差异性和激励性。

（3）福利。福利是薪酬的一种补充形式，它往往不是直接以金钱支付的。福利的形式是多种多样的，常见的福利项目有各种保险（如劳动保险、医疗保险、失业保险等）、带薪假期、职工或子女教育补贴、节日赠品、各种后勤服务。福利通常不以按劳分配的原则为依据，而是以平均或需要为原则，在同一企业中员工所享受的福利差别不明显。福利的作用主要是满足员工的安全需要，让员工体验到企业作为一个“大家庭”的温暖，培养员工对企业的认同与忠诚。

（二）薪酬设计的影响因素

影响薪酬设计的因素有外部因素和内部因素两大类。外部因素包括：第一，劳动力市场的供需状况，对于稀缺人才应该给予更多的薪酬回报。第二，政府的政策调节，如各地政府对最低工资水平的确定等。第三，经济发展状况和劳动生产率，如工资的地区性差异主要是由各地的消费水平、劳动力结构、劳动生产率的差异引起的。第四，物价变动，如在当生活必需品价格普遍上涨的情况下，旅行社必须考虑为员工加薪，以保障员工的基本生活需要和旅行社的经营不受影响。第五，行业薪酬水平的变化，同行业内的企业对人力资源会形成竞争关系，行业内薪酬水平的普遍变化必然要求企业调整自身的薪酬水平，以保持自身的竞争力。内部因素包括：第一，旅行社的支付能力；第二，旅行社的发展阶段；第三，员工的劳动价值；第四，旅行社管理者的态度。

（三）薪酬设计的方法

（1）工作导向法。工作导向法指以工作为依据设计薪酬结构，即岗位工资制。以旅行社各岗位工作中的技能要求、工作的努力程度、岗位责任及工作环境等因素来确定各种工作的相对价值。

（2）技能导向法。技能导向法指根据员工掌握的技能来确定工资，即技能工资制。技能导向既可以知识为基础，也可以多种技能为基础，对于员工不断提高自身知识和技能水平具有激励作用。

（3）市场导向法。市场导向法指根据旅行社竞争对手的工资水平来确定本企业内部的工资结构的方法，强调的是旅行社人力资源的外部竞争力，是由竞争者来决定内部薪酬结构的方法。市场导向法可以确保重点的、同行内竞争激烈的员工的薪酬具有较好的吸引力。

旅行社实际的薪酬设计可以将上述方法综合起来使用，即以工作导向法来确定基本的岗位工资，以技能导向法确定技能工资，以市场导向法来增强对重点员工的吸引力。

(四) 旅行社的薪酬与激励

薪酬制度作为人力资源管理中的一项重要内容，其根本作用在于充分调动员工的积极性、创造性，为企业的发展提供强有力的人力资源支持。也就是说，薪酬对企业所需要的人力资源，要能够起到吸引来、留得住的激励作用。这就需要建立起有效的旅行社员工激励机制。美国心理学家威廉·詹姆士指出：绝大部分的员工对承担的工作只付出自己能力的20%~30%，而一旦受到有效的激励，就可能发挥其能力的80%~90%，因此，建立有效的旅行社员工激励机制，对于充分调动员工的积极性，提高服务质量，从而推动企业的发展具有重要的意义。

第4节 旅行社企业文化建设

企业文化是企业在长期生产经营实践中所形成的共同的文化观念，并为全体员工所认同的具有本企业特色的价值观念、团体意识、行为规范和思维模式的总和。

一、旅行社企业文化概述

企业文化最早出现于20世纪80年代，是美国学者在研究战后日本成功经验的基础上提出的。虽然它已经在企业中得到了广泛的认同和运用，但目前还没有统一的定义。第二次世界大战后，日本作为战败国面临着经济复苏的问题，日本企业一方面忙于引进西方的先进技术和管理经验，另一方面根据日本民族自身的特点，创立了融合中西文化的价值体系。该体系以忠诚、孝顺、智慧等为核心，逐步形成了以培养员工精神文化素质为中心内容的企业文化，使企业员工的积极性和企业的凝聚力大大增强，为日本战后的经济振兴提供了有力的精神支柱。到了20世纪70~80年代，日本企业已经在很多方面超过了美国企业。在这种压力下，美国企业界和学术界开始研究日本企业的成功秘诀，并由此提出了企业文化的概念和理论。哈佛大学教授阿伦·肯尼迪和特伦斯·迪尔深受日本企业文化的启迪，对美国近百家成功企业进行了调查，著成了《企业文化》一书，该书全面具体地阐述了西方企业文化理论，是企业文化从提出、产生向成熟迈进的重要标志。各行业的企业文化如“工业企业文化”“商业企业文化”，以及具体企业的企业文化也逐步发展起来。

当前对企业文化的概念有广义和狭义两种理解：广义的企业文化是指企业经营活动中形成的物质文化与精神文化的总和。而狭义的企业文化则是指在一定的社会历史条件下，企业在长期的生产经营过程中形成的企业全体成员共同遵守和接受的特有的价值观和行为规范。它由工作环境、共同价值观、英雄模范、礼节礼仪、文化网络五个要素构成，塑造一个和谐的环境是根本的目的，而价值观是企业文化的核心要素，英雄模范、礼节礼仪和文化网络是实现目的的具体手段。在考察狭义的企业文化视角下，从旅行社行业的独特性来看，旅行社的企业文化应该表述为旅行社在长期旅游服务的过程中形成的共同的价值观、行为准则和道德规范等要素的总和。旅行社的企业文化伴随着旅行社的发展而产生，渗透在旅行社活动的每一个方面。旅行社与工业企业不同，它没有物质产品生产过程；旅行社也不同于商业企业，它不销售物质产品。旅行社的产品是非物质形态的服务产品，因此旅行社的企业文化是服务经营型文化。作为旅行社的精神支柱，旅行社企业文化在不断运行的过程中与政治的、经济的、社会的等各种文化相碰撞、影响，逐步形成了旅行社的企业经营哲学、价值观、制度等方面的内容。

二、旅行社企业文化的内涵

企业文化，是指企业全体员工在长期的生产经营活动中形成并共同遵守的最高目标、价值标准、基本信念及行为规范。它通过一系列惯例、传统、规则、典型事迹和行动表现并延续下来。所以企业文化是一种管理文化、经济文化及微观组织文化，具有无形性、约束性、相对稳定性和延续性。

企业文化的结构大致可分为三个层次：物质层、制度层和精神层（见图 6－2）。其中，物质层是指企业文化的表层部分，如企业内部的设施、设备、企业环境、员工形象、产品形象等，是形成制度层和精神层的条件，往往能折射出企业的经营思想、管理哲学、工作作风和审美意识；制度层是企业文化的中间层次，主要包括企业的领导体制、各项规章制度、组织机构及内、外人际关系等，主要对企业员工和企业组织行为产生规范性和约束性，集中体现了企业文化的物质层及精神层对员工和企业组织行为的要求；精神层，指由企业的领导和员工共同遵守的基本信念、价值标准、职业道德等组成的内层文化，是形成企业文化的物质层和精神层的基础与原则，是决定物质层、制度层文化的企业之魂。

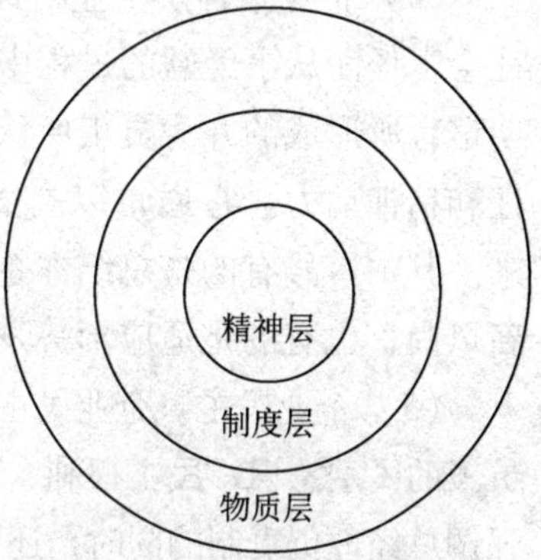

图 6－2　企业文化的构成

三、旅行社企业文化的构成要素

（1）企业目标。目标对人的行为具有导向、激励的功能，现代企业管理学强调通过目标的设置来激发动机、引导行为，使员工的个人目标与企业目标结合起来，以激励员工的积极性。旅行社可以制定在一定时期内能够达到的、明确具体的、对企业发展有重大意义的某种目标，以此来提高员工的信心，进而激发员工的积极性。

（2）企业价值观。价值观是人们对生活、工作和社会实践的一种评价标准，即区分事物的好与坏、对与错、美与丑、可行与不可行的观念。对于旅行社而言，价值观为旅行社的生存与发展提供了基本方向和行动指南。它是旅行社领导者和员工据以判断是非的标准。在全体员工中培养和树立正确的价值观，对于统一员工的思想和增强企业的凝聚力具有积极意义。当前，随着我国市场经济体制改革的深入，人们的价值观发生了很大变化，在此过程中，旅行社应注意保持价值观中优秀的部分，摒弃不合理的部分，树立新的价值观。例如，要倡导拼搏精神、开拓精神、市场竞争观念、经济效益与社会效益统一的观念等。21 世纪文明的真正财富，将越来越表现为人通过主体本质力量的发挥而实现对客观世界的支配。这就要求充分研究人的全面发展问题。研究人的全面发展，无论对于企业中的人，还是对企业乃至全社会，都有着极其重要的意义。

（3）企业道德。企业道德，是指员工在工作过程中，调整内外关系的特定职业行为规范的总和。它以善良与邪恶、正义与非正义、公正与自私、诚实与虚伪等相互对立的道德范畴为标准，来评价旅行社及其员工的各种行为，从而调整企业与员工、员工与员工以及企业与社会等方面的关系。旅行社作为服务性企业，要特别注意在员工中提倡职业道德，以维护企业的声誉和旅游者的权益。无论是旅行社还是员工，均不得为自身利益而采取违反职业道德的行为。

（4）企业精神。企业精神，是指旅行社在为谋求生存与发展、实现自我价值体系和社会责任而从事经营的过程中，所形成的一种人格化的全体心理状态的外化；是经过长期培育所形成的并为员工所认同的一系列群体意识的信念和座右铭；是旅行社的精神支柱和精神动力。它通常以高度概括的几个字或几句话，或以口号、标语等形式表达出来。其中口号有的是总结本企业的优良传统；有的是针对目前存在的缺点而倡导树立的新风尚，也有的是适应形势发展需要而提出的奋斗方向等。

（5）企业民主。企业民主也就是企业民主管理。它作为旅行社制度的一个方面，包括员工的民主意识、民主权利、民主义务等一系列参与企业经营管理的措施和活动。企业在强调总经理负责制的同时，还应发挥民主。我国《企业法》规定，员工有参加企业民主管理的权利，还规定职工代表大会是企业实行民主管理的基本形式。旅行社应按照《企业法》的规定，通过发扬民主和民主管理，调动员工的积极性，提高旅行社的经营管理水平。

（6）企业制度。企业制度是旅行社企业文化的基本要素之一。广义地说，它不仅包括硬性的或有形的管理制度，如管理体制、组织机构、社规社纪等，还包括职工在实际工作岗位上所形成的思想准则、习惯方式、道德规范等软性的或无形的、固定的行为模式。

（7）企业环境。广义的企业环境包括竞争对手、顾客、相关单位以及政府的影响等，可以分为政治环境、经济环境、文化环境、工作场所和人的心理环境等。旅行社应努力创造条件，改善职工工作环境和生活环境，激发职工对企业的忠诚和工作热情。

（8）企业形象。企业形象是指旅行社及其行为在人们心目中所留下的印象和获得的评价。旅行社的形象表现在四个方面：一是服务形象，如经营能力、服务质量、工作效率等方面的印象。二是环境形象，如企业的办公楼、营业厅和社区环境等，它反映了企业的管理水平、经济实力和精神风貌。三是从业人员的形象，如接待人员的职业道德、价值观念、文化修养、精神风貌、言谈举止、仪表装束和服务态度等，是企业形象的人格化身。四是社会形象，是指企业对公众负责和社会贡献的表现。

四、旅行社的企业文化管理

旅行社的企业文化对于发展壮大旅行社，创新旅行社产品，增强旅行社的凝聚力和向心力，整合企业资源，最终培育企业的核心竞争力具有重要的意义。作为一项有助于减少内部交易费用的制度安排，企业文化的管理是一项长期的投资行为。企业文化管理的根本目的就是要创建和维护企业文化，在旅行社内部形成统一的奋斗目标，在企业外展示良好的组织形象。旅行社的管理者应对企业文化管理给予应有的重视。

（一）旅行社企业文化管理的推进过程

旅行社企业文化管理是一个逐步推进的过程，一般来说要从以下五个层次进行：

（1）提炼旅行社的核心价值观，确立本旅行社的基本理念。旅行社企业理念应该以竞争为导向，经营理念应当符合旅行社使命和市场经济需要，具体包括旅行社的核心理念、市场理念、营销理念、改革理念、人才理念和从业理念。旅行社的基本理念是旅行社企业文化的基础，也决定着旅行社企业文化的灵魂。

（2）在领导团队中实现对旅行社核心理念的普遍认同，达成共识，并以基本理念为中心来搭建自己的企业文化框架。

（3）实现基本理念的具体化。结合基本理念和旅行社当前的条件及所处的产业特征，使得领导者认同的基本理念具化为企业精神、宣传口号、企业标志等。

（4）员工认同。企业文化建设要和日常工作结合起来；通过制定制度、树立典型等各种途径的宣传和教育让全体员工认清组织的现状和未来，在正向的激励过程中自觉地认同企业文化。从这个意义上讲，企业文化的建设过程也是帮助员工重新寻找工作意义的过程。

（5）旅行社的企业文化管理最终要达到市场认同。包括旅游者和其他旅行社在内的市场认同是旅行社企业文化管理成功与否的最终检验者。只有把企业文化建设与每个部门的质量工程紧密联系起来，把核心理念通过日常工作中的专业化服务和敬业精神传递给市场，企业文化管理的价值才能得到体现。

（二）旅行社企业文化管理的重点

旅行社管理者应该通过设立、参与企业文化领导小组，制订长期和短期计划，适时检测效果等多种手段，使旅行社企业文化的建设和管理落到实处。除此之外，旅行社行业产品是非物质形态的服务产品，决定了旅行社的文化管理具有与其他企业文化管理不一样的特征。针对这些特点，旅行社的管理者应予以重视。

（1）管理者要转变观念。有些旅行社只是看到企业的短期利益，对企业文化的构建和管理漠然视之。事实上，优秀的企业文化可以提高企业的知名度，增强企业的凝聚力和向心力，增加品牌资产等无形资产的价值，提高企业的核心竞争力，为企业带来巨大的社会效益和经济效益。目前，恶性价格竞争在我国旅行社行业中较为普遍，在个别旅游线路上甚至出现了零团费的现象，导游人员服务质量低下。其实，旅行社产品作为服务产品，如果建立起优秀的企业文化就可以建立比较稳固的、难以效仿的竞争优势，在竞争中获胜。

（2）在企业文化中渗透服务意识。管理者应按照旅行社的服务性和中介性等特征，构建具有本行业鲜明特征的企业文化。例如，中青旅连锁的经营理念是“以客为尊”，即“一切为了客人，为了客人的一切，为了一切的客人”，体现出显著的行业特征。

五、旅行社企业文化的特点

旅行社的企业文化是服务经营型文化。由于旅行社的经营活动以服务为中心，其服务（产品）能否适应旅游者的文化需求与其提供的服务（产品）质量有密切的关系。因此，旅行社企业文化的特点集中体现于下列几个方面：

（1）服务意识。旅行社的产品是旅游服务，旅游者评价其产品优劣的基本标准是满意程度。而影响客人满意程度的因素是多方面的，如旅游者的期望值、旅游者的文化背景与旅游目的地文化背景的差异、接待设施情况和社会环境等。其中最主要的是旅行社职工的服务意识、服务态度和努力程度。“客人总是对的”之类流行于旅游行业的口号，反映出旅游从业人员一个共同的价值观——向旅游者提供满意的服务是旅游业的生命力所在。因此，培养职工的服务意识是旅行社企业文化建设的一项中心任务。在这方面，由于我国服务业比较落后，加上受传统落后观念的影响，有些人轻视服务业，服务业的从业人员也因此产生自卑心理，在实际工作中表现为缺乏礼貌和热情。另外，有的从业人员为追逐小费和回扣，不惜丧失人格、国格，造成恶劣影响。这两种倾向都是旅行社要教育培养职工必须克服的。

（2）文化意识。旅游既是一种物质享受，也是一种文化享受。旅游者到异国他乡旅游，其动机常常包含着强烈的文化色彩。为满足旅游者的文化需求，旅行社职工应对本国文化有深入的了解。由于旅游者来自不同的国家和地区，对中国文化的理解和欣赏角度不同，为了向旅游者提供有针对性的服务，满足他们旅游的目的，旅行社职工还应了解不同国家、民族的文化背景和价值观。因此，旅行社职工应具有强烈的文化意识，努力提高文化素养。这是旅行社文化建设的一项重要内容。

（3）协作意识。旅行社的产品具有高度的综合性，涉及旅游者旅游过程中食、住、行、游、购、娱等诸方面，其中许多服务是旅行社自身不能提供的，需要通过旅游服务的采购来满足产品组合的需要。任何一个环节的服务质量，都会直接影响旅行社最终产品的质量和旅行社的形象。这就要求旅行社的各级管理人员和全体员工应具有强烈的协作意识，以确保各个环节的服务质量和整个服务过程的顺利完成。

（4）经营意识。经营意识是每个企业都需要培养和树立的基本意识，对旅行社这样的企业尤为重要。旅行社业务的特点决定了旅行社经常面临市场供求关系不断波动和激烈市场竞争的强大压力，经营难度很大。为了保证生存与发展，旅行社需要在全体员工中树立明确的市场导向观念、市场竞争观念和经济核算意识，即要求全体员工具有强烈的经营意识。

总之，企业文化要素的有机组合及其与旅行社行业特点的紧密结合，构成了旅行社企业文化的全部内容。

六、旅行社企业文化建设的重要作用

（1）凝聚作用。可以说，企业文化是一种黏合全体员工的黏合剂，能增强企业的凝聚力，美国学者凯兹·卡恩认为，在社会系统中，将个体凝聚起来的主要是一种心理的力量，而不是生物的力量。如果企业没有一种被全体内部成员所接受的共同价值观念，企业职工就会抱着各自的目标从事工作，各种规章制度并不能改变其心态和目的。因此，旅行社通过企业文化建设，可以使员工产生对本职工作的自豪感和使命感，对本企业的认同感和归属感，因而将自己的思想、目标、行为融合到企业中，从而产生强大的凝聚力。

（2）协调作用。旅行社企业文化能够协调旅行社与旅游者的关系，使两者的关系和谐，旅行社企业文化的精神内容就是要使企业自觉地为社会服务，具体地说，就是通过文化建设，使旅行社尽可能地了解、满足旅游者不断变化的市场需要，为他们提供满意的服务，因而旅行社与旅游者之间就不会发生裂痕，即使发生了，也会很快弥合。另外，旅行社企业文化的协调作用还表现在行业之间的竞争。市场经济条件下，旅行社之间存在着激烈的竞争关系。企业文化的建设与发展，给竞争加上了必须“文明”的限制，在这种环境中，企业之间的竞争也不至于发生“恶劣的”“越轨的”行为。

（3）辐射作用。旅行社企业文化作为一个系统，不仅在企业内部产生影响，而且还要与外部环境进行交流，要受到外部环境的影响，并相应对外部环境产生反作用。旅行社员工在与社会各方面的交往中，会反映出自身的价值观念和文化特点，旅行社产品的销售、服务也会反映出该旅行社的文化内涵。企业文化的这种社会影响，可以说是一种宣传，既能够让社会了解企业的精神、理念，又能够起到让消费者了解企业的作用。

（4）约束作用。企业的规章制度和管理规则是一种刚性的行为控制。旅行社文化尽管也通过一定的物质层的规章制度体现出来，但这并不是企业文化发生作用的主要手段。企业文化主要对企业全体成员的行为形成一种无形的群体压力，这种压力包括舆论的压力、理智的压力和情感的压力。企业文化带来的这种无形的、非正式的和不成文的行为准则，使员工们能按照价值观的指导进行自我管理和控制，这在很大程度上弥补了单纯的硬约束带来的不足和偏颇。尤其是在员工素质普遍提高的今天，员工们对严格的规章制度的心理抵触相对变得更大，企业中，有时员工的表现在领导在与不在时、检查与不检查时差别很大。这也需要从现代企业文化的深层次角度来进行约束。

（5）员工激励。生产力的解放归根结底是人的解放。为了充分调动旅行社员工的积极性与创造性，管理者不仅要用先进的世界观去教育每一个员工，而且还应用生动活泼、丰富多彩的企业文化去熏陶每一个员工。旅行社企业文化建设不仅要用先进的观念去鼓励员工，还应充分运用有效的物质刺激来激励员工。总之，旅行社企业文化建设要立足于国家、企业、个人三者利益的正确结合，激励员工为企业的生存与发展付出自己最大的努力。

七、旅行社企业文化发展的趋势

随着经济全球化的发展，企业文化将出现以下几种发展趋势：

（1）企业文化要适应“结盟取胜、双赢模式”新战略发展的要求。“协作竞争、结盟取胜、双赢模式”是美国著名的麦肯锡咨询公司提出的 21 世纪企业发展的新战略。这是一种适应新经济需要的网络型的战略，其特点是优势企业抱成一团，目的是为了把竞争对手挤垮，或者使对手实力受创。虽然其责权关系是宽约束，但从本质上讲，它是企业界组织制度和经营机制的一种创新。在企业联合、兼并的过程中，不能只从经济和财力方面考虑问题，更重要的是要注重文化方面的差异。一般来说，各个企业都有各自的文化特征，所形成的企业文化也必然各具特色、互有差异。如果没有企业文化的融合，就会出现“貌合神离，形连心不连”现象，所以，只有做到取长补短、扬优避劣、达成共识，形成“结盟取胜、双赢模式”型的企业文化，企业才更具生命力、凝聚力和竞争力。

（2）注意学习氛围的培养。20 世纪末最成功的企业是学习型组织，它不仅被视为业绩最佳、竞争力最强、生命力最强、最具活力，更重要的是使人们在学习的过程中，逐渐在心灵上潜移默化、升华生命的意义。随着知识经济的到来，企业组织形式向扁平化的灵活方向发展，其管理的核心也向着发挥人的主观能动性，实现从线性思维到系统思维和创造性思维的转变。这对个人及企业的知识水平提出了更高的要求，学习对企业的持续发展至关重要。新经济环境下最成功的企业仍然会是学习型组织，学习型组织在企业文化建设中将进一步受到关注，但是要注意学习过程中个人和团体的搭配问题，搭配的状况不同会对企业产生不同的结果：个人及团体都不断学习及搭配良好，会对企业产生一股强大的发展动力，从而推动企业迅猛发展；如果个人及团体都中断学习，或虽然都不断学习但是搭配不好，某些方面“个性”太强，反而不利于企业的发展。

（3）与生态文化有机结合。生态文化是一种新型的管理理论，它包括生态环境、生态伦理和生态道德，是人对解决人与自然关系问题的思想观点和心理反应的总和。生态文化属于生态科学，主要研究人与自然的关系，体现的是生态精神。而企业文化则属于管理科学，主要研究人与人的关系，体现的是人文精神，但是本质上二者都属于一种发展观，运用系统观点和系统思维方法，从整体出发进行研究；都强调科学精神，即实事求是、努力认真地探索；从狭义角度来看，都是观念形态文化、心理文化，而且都以文化为引导手段，以持续发展为目标，并且企业文化发展的诸多方面需要以生态文化来与之相结合。具体到旅行社企业，就是要倡导“绿色旅游”，把旅游活动与保护生态环境有机地结合起来，促进旅游和环保的共同发展。

（4）将更注重于树立良好的企业形象。良好的知名度与美誉度是企业一笔巨大的无形资产，声誉卓著的企业能招徕到更多的优秀人才和顾客，能吸引到更多的投资，能得到周围邻里的支持和帮助。经济全球化使得竞争更为激烈，企业要脱颖而出，形象战略尤为重要，它是企业在市场经济中运作的实力、地位的体现。21世纪，企业竞争除了人才与科技的竞争以外，还有比较重要的一点就是：谁最先发现市场空白，并以良好的形象占据消费者内心，谁就能占据市场，不断扩大经营效益。

（5）企业文化将更注重“人”的建设。商业化管理的本质特征是以物为中心，以全面追求利润最大化为目标，忽视人的因素，在管理上着迷于铁的纪律、绝对服从和至高无上的权威。企业和员工之间变成了纯粹的雇佣与被雇佣关系。但企业文化不是片面地发掘职工体力，而是发掘职工的智力资源，更注重人的因素，其本质特征就是倡导以人为中心的人本管理哲学，反对“见物不见人”的理性管理思想，主张将培育进步的企业文化和发挥人的主体作用作为企业管理的主导环节，所以，企业不能再受商业化的束缚，在企业文化建设中，要把精力投向人，大力加强“人”的建设。

从长远看，尤其是在知识经济时代到来的今天，旅行社企业更应该注重具有自己特色的企业文化建设，更应该注重无形资产的经营，更应该注重对知识进行管理，旅行社企业要想在知识经济的条件下能够持续稳定地发展，仅靠占取一些市场份额，获取一点饿不死也吃不饱的小利润是远远不够的，必须注意经营企业形象这一无形资产，取得超额利润作为回报。全面的企业形象管理能使企业具有强大的凝聚力和社会形象扩散力，拥有良好的品牌和服务信誉，拥有较高的顾客满意度和市场占有率，这本身就是一笔巨大的无形资产，从经营有形资产到同时经营无形资产是经营理念上的一个飞跃。

思考与练习

1. 何谓人力资源？人力资源的特点有哪些？
2. 人力资源开发与管理是指什么？
3. 人力资源管理的理论基础有哪些？
4. 如何做好旅行社人力资源管理？
5. 以某旅行社为例，分析该旅行社企业文化的特点。
6. 旅行社企业文化建设的作用有哪些？

第7章 旅行社风险与信用管理

【学习目标】

了解旅行社普遍存在的风险类型，学习风险管理的原理。掌握旅行社风险的控制、管理与规避。掌握旅行社信用管理的概念及内容，了解旅行社信用缺失的主要表现，能够全面分析旅行社信用缺失的原因，了解我国旅行社信用管理建设的相关内容。

【内容结构】

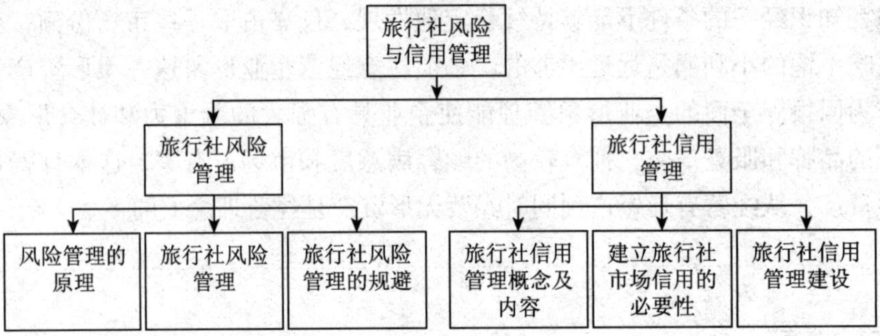

【重要概念】

风险管理　风险评价　风险预测　信用管理　信用缺失

第1节　风险管理原理

一、风险的含义

风险是个比较难掌握的概念，到目前为止，理论界和实业界对于风险这一概念尚没有一个统一的认识，对风险的含义有多种解释。美国学者海尼斯认为，“在经济学和其他学术领域中，风险一词并无任何技术上的内容，它意指损害的可能性”。因此，“某种行为能否产生有害的后果应以其不确定性界定，如果某种行为具有不确定性，其行为就反映了风险的负担”。这是对风险的早期定义，它强调损害发生的可能性。威廉姆斯和海因斯则从预期与实际结果变化上去考察风险。他们认为，“风险是在一定条件下和一定时期内可能产生的结果的变化。如果结果只有一种可能，不会发生任何变化，那么风险为零；如果可能产生的结果有几种，则存在风险”。而罗森布朗则把风险概括为“风险是损失的不确定性”。简而言之，企业在经营过程中经常会遇到一些难以预料到的、具有不确定性的损失，这就是企业经营中的风险。

二、风险管理原理

（一）风险管理的概念

风险管理是指经济主体对威胁其收益的实际损失与潜在损失所进行的识别、测定和控制。风险管理可以定义为纯粹风险的管理决策。纯粹风险是指一种只有损失机会的风险。例如：一个人购买了一辆汽车后，就会面临着汽车遭受损失和给他人人身和财产带来损害的损失可能性，这些就是纯粹风险。纯粹风险的类型有财产风险、人身风险、责任风险和违约风险四种。其中，责任风险是指当一个人因疏忽或过失造成他人人身或财产损失的时候，按照法律规定，过失人负有向受害人或其家属给付赔偿金的责任。例如：汽车撞伤了行人，如果属于驾驶人员的过失，那么按照法律责任规定，他就应当对受害人或其家属给付赔偿金。而违约风险则是指一方不履行合同规定的义务而造成的另一方的经济损失。例如：债务人未按规定支付款项。

（二）风险管理的程序

（1）制订风险管理计划和目标。①损失前目标：降低损失成本，减轻和消除精神压力。②损失后目标：维持经济单位的生存能力；保持经济单位经营的连续性；保证收入的稳定性，实现经营计划和利润；履行社会责任。

（2）识别各种潜在风险及其发生的可能性。

（3）衡量风险大小。运用概率论原理与统计学方法计量风险。

（4）采取实用而有效的管理风险方法。

(5) 贯彻和执行风险管理方案。

(6) 监督和评价风险管理方案的实施效果。

(三) 风险管理的具体办法

1. 损失控制

为了有效地减少风险产生的损失，应当积极采取行动防止或减少灾害事故的发生以及所造成的经济和社会损失。这包括两个方面的内容，即防损计划和减损计划。

(1) 防损计划。这是一种事前的预防措施，可能减少风险产生的损失，指在风险发生之前为了消除或减少可能引发损失的各种因素而采取的风险防范措施。防损可以减少风险发生的可能性，但是不能像风险避免方式那样完全消除风险产生的可能性。例如：经济单位之间在进行交易之前，应当审慎选择交易对象，对其主体身份、以往业务交易记录进行调查与核实，避免与信誉不良的企业单位交易而产生损失的可能性。

(2) 减损计划。这是一种事后的措施，可能控制发生损失的程度，指在风险发生时或风险发生后所采取的各种防止损失扩大的措施。它包括尽可能减轻损失后果计划和损后救助计划。减损可以减少和控制已发生的损失程度，但并不能消除损失产生的可能性。有一些损失管理措施既是防损措施又是减损措施。例如：对工伤者及早治疗、限制车速等，从而减少风险损失的程度。

2. 风险避免

放弃某项活动，即指为了回避因从事该项活动而导致风险损失的行为，是一种不作为的态度。这种方法的局限性是：①有些风险是难以避免的，比如地震、台风等自然因素，人的生老病死以及世界性的经济危机等风险，对人类来说都是无法回避的。②风险总是同收益相伴随，躲避风险就意味着放弃收益。在采用改变工作性质或方式的措施来避免风险时，可能产生另一种风险。例如：当某人为避免飞机坠毁的风险而选择改乘火车旅行时，虽然飞机坠毁的风险被有效地避免了，但是火车可能出轨这一风险因素却有可能产生了。

第2节　旅行社风险管理

我们可以将旅行社的经营风险界定为旅行社在经营过程中发生的某种不利事件或损失的各种可能情况的总和。旅行社的经营风险一般具有以下四种特征：①旅行社经营风险的存在是客观的，经营风险的大小是可以估测和测量的；②旅行社经营风险的存在与一定的时空条件相联系；③旅行社经营风险是可以规避的；④旅行社经营风险的发生会影响旅行社的利益。

一、旅行社经营风险的类别

根据不同标准，我们可以将旅行社的经营风险划分为不同的类别。根据企业管理内容的不同，旅行社经营风险可以划分为市场风险、责任风险、人身及财产风险、财务风险。

（1）市场风险。对于旅行社来说，市场的不确定性是旅行社面临的一个较为突出的问题，因为旅游消费本身是一种弹性较大的消费，而相对于某一旅行社或某一目的地的旅行社群体来说，其市场的变化受政治、经济、法律、文化以及自然等众多因素的影响。由于市场存在不稳定性，旅行社根据对市场的调研和预期所设计出来的产品可能不符合市场的实际需求，产品无人问津，导致滞销，并由此造成旅行社在产品开发和促销方面的损失较大。因此，旅行社在这一阶段所面临的主要是市场风险。

（2）责任风险。旅行社产品的综合性决定了旅行社的业务经营活动涉及许多部门和企业，旅行社与这些部门和企业之间普遍存在着契约关系，这种契约的履行情况将直接决定旅行社与旅游者之间的契约履行情况。因此，包括违约责任风险和赔偿责任风险在内的责任风险是旅行社在售后阶段所面临的主要风险。例如：旅游者在旅行中入住的酒店没达到契约规定的标准，由此产生纠纷，需要旅行社进行赔偿。

（3）人身及财产风险。旅行社拥有交通工具、房产、其他经营设施等许多资产，而这些财产都有可能因某种原因而受到损失，这就构成了旅行社可能面临的财产风险。同时，旅游活动具有较大的时间、空间跨度，在旅游活动中旅行社会接触到社会的方方面面，会遇到各种问题。由于社会治安状况以及旅行社工作人员及旅游者的失误，都可能使人身财产安全受到损失。同时，旅行社员工也有发生人身财产损失的可能性。这些具有不确定性的因素就构成了旅行社经营过程中的人身及财产风险。

（4）财务风险。旅行社与酒店、景点等旅游供应商之间、与旅游者之间，接待社与组团社之间存在着较为复杂的债权债务关系。很多旅行社应收账款数额相当大，有很多无法收回的坏账，海外拖欠款、国内三角债都是困扰旅行社的大问题。大量应收账款的无法按时顺利回收构成财务隐患，造成旅行社资金周转困难，旅行社正常的业务受到干扰，这就使旅行社的财务风险问题相对突出。

二、旅行社经营风险的特点

（1）属于高风险型企业。旅行社从产品开发到接待的全过程面临着市场风险、违约责任风险、赔偿责任风险、财产风险、人身风险和财务风险等。尤其是很高的市场风险和违约责任风险、赔偿责任风险更使得旅行社区别于其他传统的企业而成为较高风险的企业，旅行社行业的特殊性决定了旅行社属于高风险型企业。

（2）责任风险大。违约责任风险和赔偿责任风险实际上都属于旅行社责任风险范畴，它是旅行社所面临的最主要风险。旅行社的责任风险与契约、承诺和相关法律的约束有关。旅行社业务操作过程中契约关系较多，而且由于旅行社产品的特殊性，旅行社对契约的履行易受到不确定性因素的影响。另外，各国有关旅游的法律日趋健全，立法和执法中出于“保护弱者”的原则，强调保护旅游者权益，这便对旅行社履行契约过程提出了更高的要求。责任风险的一个特点是风险事故发生后，结果复杂而难以控制，发生的赔偿金额可能是巨大的，如旅行社接待过程中涉及旅游者人身伤亡和财产损失的赔偿，说明旅行社在经营过程中，会随时面临赔偿责任风险。

（3）多数属于可管理风险。旅行社风险一般包含市场风险、违约责任风险、赔偿责任风险和财产风险等几个方面。旅行社从产品开发到接待的全过程都会面临着这些风险。但是，旅行社所面临的风险大多是可以投保的风险，多数属于"可管理风险"。所谓"可管理风险"是指通过采取一系列的措施和方法，对风险进行准确的预测和严格的控制，降低风险的损失程度。其步骤是：①通过教育、培训的方式不断加强从业人员的风险意识和责任意识，使其在工作中保持应有的职业谨慎，提高处理突发事件的能力。②通过建立风险管理组织，突出对风险管理的重视，明确风险管理在旅行社经营中的地位和作用；同时，明确旅行社风险管理的职能，促使各部门就降低旅行社经营风险进行有效协作，以便更好地实施风险管理方案，保证风险管理效果，降低风险带来的损失。③迅速建立有效的约束机制，完善财务监督管理制度，推行责任人负责制。由于风险管理本身已成为一种特定目标、方法和程序的科学管理体系，并且风险管理的效果短期内又难以显现，因此，只有将其制度化才能充分发挥其效果，做到长治久安，才能有利于旅行社长期稳定的发展。

三、旅行社风险管理的步骤

风险管理是需要旅行社常抓不懈的工作。为了合理地进行风险管理，旅行社要按照科学的程序采取管理措施，才能使其得到有效的控制，从而降低旅行社的经营风险。

（一）风险识别

风险识别是对企业性质、经营方式、经营过程以及经营环境进行分析，找出其面临的风险并加以判断、归类和鉴定风险性质的过程。旅行社的风险识别可以从如下几个方面来进行：对旅行社的各个业务活动环节进行分析与考察，分析旅行社活动各环节所存在的责任风险；对旅行社的人员、财产状况进行分析，明确可能出现的人身、财产风险；分析旅行社的财务状况，尤其重视对应收主要账款的账龄、数额等分析，预测财务风险；根据历史资料及市场状况、竞争对手情况预测分析旅行社的市场风险。通过风险识别，可以有效地避免风险发生，保证旅行社业务正常运行。

旅行社经营风险识别的方法主要有以下两种：

（1）风险调查分析法。是旅行社通过现场观察和请教专家获得各种信息，以识别经营风险的一种方法。

（2）财务报表分析法。是旅行社通过对资产负债表、损益表和现金流量表的研究与分析，以识别经营风险的一种方法。

（二）风险预测和评价

风险预测是旅行社通过对行业与旅行社以往的损失估计、投诉以及赔偿情况的资料进行详细分析，并运用概率论与数理统计的方法来估计和预测风险发生的可能性和损失程度。风险评价则是对旅行社风险的预期损失程度和控制、处理风险可能发生的成本费用的大小进行衡量，决定应对哪些风险进行处理以及处理的程度。由于旅行社的经营环境时刻都在不断变化，历史资料只能为进行风险预测及评价提供一些参考，还需要根据风险发展趋势、旅行社内外部因素对历史资料进行修正，以得到比较切合实际的数据。例如，当旅行社的人力资源年龄结构发生变化时，旅行社对人身风险的估计就应该相应发生变化。

（三）风险控制与处理

对旅行社的风险进行了合理预测和评估后，就可以控制和处理风险了。可以说，这是旅行社风险管理的最终目的，旅行社的一系列风险管理措施，最后都要靠控制与管理来实现，才能降低风险的损失程度。

旅行社风险管理的控制步骤如下：

（1）设置控制标准。旅行社对经营风险的管理，需要按照一定的标准进行。一般来说，风险管理目标是实施控制的基本目标。如何将风险管理目标具体化并形成一定的管理尺度即标准，是旅行社风险管理控制的一项重要工作。根据旅行社经营活动的特点，有两类具体标准可以选择：一类是活动标准，它是通过管理对象为取得预期目标所付出的努力程度来表现的；另一类是效果标准，它是通过风险管理实际效果的数量化来表现的。

（2）对比标准。旅行社在风险管理过程中，可以根据风险管理控制标准与实际执行情况的对比，来控制风险管理。在对比过程中，实际执行情况会有低于标准、高于标准和与标准一致三种结果。如果是低于标准，就需要通过改进执行行为或者调整不合理的标准值来加以纠正；如果高于标准，就需要对标准进行修改，使其能科学地反映风险管理控制的基本要求。

（3）纠正行为。通过对实际执行情况与风险管理控制标准的对比，得出分析结论后，旅行社应采取一定的措施来纠正执行行为，其目的不是评判过去，而是着眼于未来更好的发展。

对于不同类型的风险，控制与处理的方法也不相同，具体如下：

（1）对旅行社的财产风险，可通过投保和财产监察加以转移或控制；雇员人身风险控制的基本方法是为旅行社员工安排有效的社会保险计划。

（2）市场及竞争风险难于控制，旅行社可以通过以下方法来分散或降低风险：进行市场开发时做科学的可能性分析；采用产品多样化和市场多样化方法来分散风险；新产品投入市场前可以在目标市场中进行试产试销；保守商业机密，尽量增加产品中独有的特色，增加产品的内涵，提高产品的竞争力，使产品可模仿性降低。

（3）为降低旅行社的财务风险，旅行社要经常分析财务报表，及时发现问题；制定有效的信用制度；坚持“先付款、后接待”，减少应收账款数额；提取合理的坏账准备金；准备适度的流动资金，防止资金紧缺；采用合理的定价及催款制度，有效规避外汇风险，提高抗风险的能力。

（4）旅行社的责任风险也是旅行社应该着力降低的一种经营风险。为减少旅游活动中出现问题的概率，旅行社首先要向员工，尤其是导游人员进行风险意识教育，强化其遵照合同提供服务的意识，提高他们处理突发事件的能力与技巧；要慎重选择合作伙伴，建立信誉登记制度，选择信誉好的合作者；健全与供应商之间的合同化管理，在因供应商的原因而发生损失时，可以行使追索权；在与旅游者签订合同时，尽量争取比较大的缓冲余地，对于不确定性强的事项适当降低承诺；针对旅游过程中可能出现的人身、财产损失以及旅行社责任风险，向保险公司办理保险。

第3节　旅行社风险的规避

一、树立风险意识

在我国，旅行社对风险管理的重要性目前尚未引起足够的重视，因此也未积极采取措施去防范各种风险。大多数旅行社没有专门的组织或机构负责风险管理，也缺乏风险经理、风险顾问等专业人士。同时，由旅行社自身的原因造成的接待事故、财务风险等高风险事件频发，也暴露了旅行社对风险管理不够重视。在旅游业比较发达的国家，旅行社管理者对这一问题则极为关注，一般会设立专门机构或专人来分析、控制旅行社经营中可能出现的风险。我国旅行社存在这种现象的原因是比较复杂的，分析起来大致有以下几点：

（1）我国旅行社业发展历史较短，行业不够健全。我国旅行社业的真正发展始于改革开放之后，与西方发达国家相比，历史比较短，经营管理水平低下，管理者与服务者仍或多或少地存在着保守、片面等思想观念；行业内相互合作、制约的经济与法律关系尚未完全建立，很多时候还存在着人情交易等不合乎市场经济规律的现象。在这样一种行业背景下，可以说我国旅行社业仍处在发展的初级阶段，因此，旅行社管理者在风险管理问题上存在某些思想局限就是必然的了。

（2）以前很多旅行社多是行政机关的附属物，不是独立经济实体，利益、责任不明确。由于我国对旅行社创办资格的规定，原有国际旅行社都是全民所有制性质，且多为行政机关的附属物。旅行社在性质上并不是完全自主经营、自负盈亏的企业。旅行社的某些经营风险，如财务风险，事实上大多是由上级机关负责承担的。这客观上造成了旅行社对风险管理的漠不关心。随着改革开放的深入，旅行社的所有制结构正变得多样化，全民所有制企业经过企业制度改革也真正转变为企业化运作的独立经济法人实体。在现实情况下，旅行社必须要自担风险，这就会使其管理者日益重视风险管理的重要性。

（3）保险业等社会保障行业发展滞后。在西方发达国家，保险业等社会保障体系健全，全民的保险意识都比较强，旅行社有成熟行业的支持。而在我国，保险业在近几年才有了初步发展，社会保障体系尚不健全，保险业发展的相对滞后使旅行社的风险管理缺少一个成熟行业的支持，很多风险管理思想也就难以得到贯彻。但是，近年来，我们欣喜地看到，保险及其他社会保障事业在我国都得到了长足发展，这就为旅行社的风险管理提供了物质基础。

（4）旅游者不够成熟，保护自己权益的意识差。旅行社不重视风险管理的另一原因就是我国旅游者不够成熟，缺乏保护自己权益的意识与相关知识。由于中国人的性格特点与消费习惯，很多旅游者即使遇到问题也只是抱着“多一事不如少一事”的态度，不愿采用法律武器维护自己的权益。这种思想给侵犯旅游者权益的行为提供了滋生的土壤，是旅行社可以忽视某些责任风险的又一原因。随着国内旅游的普及与旅游者权益意识的觉醒，越来越多的旅游者在受到权益伤害后会主动采取措施讨个说法，这也迫使旅行社重视服务质量以及责任风险。

（5）管理力度不够。在很长一段时间里，我国旅行社行业管理法律法规尚不够健全，使得行政管理部门对旅行社缺乏足够的约束手段，使旅游过程中发生的一些风险事故无法得到及时处理，责任人也可能逃脱应有的惩罚。随着《旅游法》的出台以及相关法律法规的健全，政府管理的力度将不断加大。其中《旅游法》第三十一条规定，“旅行社应当按照规定交纳旅游服务质量保证金，用于旅游者权益损害赔偿和垫付旅游者人身安全遇有危险时紧急救助的费用”；第五十六条规定，“国家根据旅游活动的风险程度，对旅行社、住宿、旅游交通以及本法第四十七条规定的高风险旅游项目（高空、高速、水上、潜水、探险等高风险旅游项目）等经营者实施责任保险制度”；第六十一条规定，“旅行社应当提示参加团队旅游的旅游者按照规定投保人身意外伤害保险”。而且，旅行社未按照规定投保旅行社责任保险的会受到不同程度的处罚。从旅行社质量保证金制度、旅行社投保责任保险规定等可以看出，国家已经意识到在这方面进行管理的必要性，并采取了一些措施。

综上所述，我国旅行社业风险管理的意识正在不断加强，但管理力度稍显不足，这是由多方面原因造成的。现在，由于条件的变化，风险管理的必要性与可能性都大大增强，旅行社必须转变观念，树立风险意识。

二、建立风险管理组织

在一些旅游业比较发达的国家，部分较大的旅游批发商、经营商内部都设立了小型组织或类似机构来专门开展或涉及风险管理工作，如风险事故委员会等。这些机构的工作内容涉及旅行社的风险预测、预防、控制和风险事故的处理等方面。有一些旅行社专门聘请了风险经理或风险顾问。还有一些国家在旅行社外部设立专门组织，处理旅游意外事故，如日本的“紧急事故委员会”。

旅游意外事件的处理需要专门知识与技巧，同时，很多问题的解决也有赖于旅行社内部各部门的共同配合。设立专门风险管理组织的优越性在于可以使该组织既具备相关知识与处理方法，又可以在第一时间迅速反应，并召集相关部门解决问题。而如果发生问题后层层上报，由总经理作出决策后，再指定某一部门负责解决，这一部门再到其他部门去协调，则往往浪费了宝贵的时间。

因此，有条件的旅行社都应该设立专门机构或人员来负责风险管理事宜，协调各部门开展工作。旅行社管理者要赋予风险管理部门在处理问题时协调各部门工作的权力，这样才能够统筹解决问题。

三、分散经营风险

旅行社是高风险的行业，因此，必须在经营中尽量降低及分散风险。通常可以采用以下几种方法：

（1）与供应商订立保证合同。旅行社的很多责任风险是由于旅游供应商的失误造成的。针对这种情况，旅行社可以在与供应商签订合同时专门订立保证条款，从而增强旅游供应商的责任心，一旦发生问题，旅行社就可以对供应商的过失进行追索，以降低旅行社的责任风险。

（2）多元化经营。多元化经营通俗来说就是“不要将鸡蛋放到一个篮子里”。旅游业具有季节性、敏感性等特点，而通过投资其他行业或地区，旅行社可以分散经营风险，通过多元化经营，提高抗风险能力。很多时候，在其他产业的发展也可以为旅行社业带来客源，增加收入，可以从一定程度上缓解市场风险。旅行社经营的多元化主要有股权多元化、产品多元化、经营多元化和地域多元化等。股权多元化就是指一个企业的股权分散化，由多人以多种方式持有。由于我国目前正在实行企业体制改制，谈到股权多元化就多指将国有企业中的国有资产通过各种方式转让给其他的主体或个人。具体到旅行社行业，就是指国有旅行社的产权改革。一个所有权过于集中的企业在处于产业繁荣期时，可能会享有更多的资产收益，但是进入产业衰退期则非常有可能陷入独木难支的境地。而股权多元化则能够给企业带来相对稳定的风险承担能力。目前，我国旅行社的观光旅游产品和全包价旅游产品占到81%的比例，这样一种产品结构肯定不利于旅行社之间的竞争，也不利于旅行社分散经营风险。旅行社需要开发多样化的旅游产品，实现产品的多元化。从经营模式上来说，在全国范围内建立一个网络体系，扩大经营规模，形成地域多元化也是分散风险的有效方法。

（3）集团化经营。集团化经营是增加企业经营稳定性、降低风险与波动的有效途径。通过集团化经营，横向一体化、纵向一体化、跨行业联营等策略，可以将经营风险化整为零，增加旅行社抗风险能力；同时，集团化使一部分旅行社的外部风险内部化，有利于对一部分财务风险、市场风险、责任风险的控制与管理。我国加入世贸组织已经有十多年，如果我国旅行社再不抓紧时间构建出数家有国际竞争力的大型集团，我国的民族产业很可能会滞后相当长一段时间。所以，我国旅行社业要建立和发展外向型企业集团，以兼并、收购、合资的形式使原来分散的单个企业向社会化大生产集团集结，使分散的对外经营向集团化的外向经营、规模经营转化，避免企业的恶性竞争和压价竞争。

四、积极参加保险

保险公司等外部化组织可以为旅行社提供专业服务。旅行社应该充分利用这些市场化的、成熟的服务，减少意外损失。

国内的旅行社很多为降低成本不愿主动为旅游者投保，这种现象在国内旅游中尤为突出。随着国家政策的引导与强制，现在大多数旅行社已接受为旅游者购买旅游意外伤害、行李损失、第三者责任等保险。

针对旅游活动中责任风险较多的问题，为逐步建立合理、完善的旅游保险体系，国家旅游局于 2001 年 5 月 15 日颁布了《旅行社投保旅行社责任保险规定》。根据这一规定，自 2001 年 9 月 1 日起，旅行社从事旅游业务经营活动，必须投保旅行社责任保险，履行应当对依法承担的七个方面的责任进行投保，主要包括由于旅行社责任导致的旅游者人身伤亡、医疗、交通费用、死亡处理和遗体遣返费用，以及对旅游者必要的施救费用、行李物品的赔偿、诉讼费用以及旅行社与保险公司约定的其他责任。《旅行社投保旅行社责任保险规定》只对保险金额的最低标准进行了规定，各旅行社可以根据以往经验、组织接待量大小、自身管理水平、抗风险能力等来决定投保数额。在意外事故发生后，旅行社可以依据有关规定，按照程序向保险公司索赔，保险公司将按照双方合同，对合同约定范围内的责任进行适当程度的赔偿。

《旅行社投保旅行社责任保险规定》理顺了保险各方的法律关系，有效保障了旅游者与旅行社双方的合法权益，降低了旅行社的经营风险。

第 4 节　旅行社信用管理

市场经济是信用经济，诚实信用是企业经营的基础，是保护旅游者合法权益、化解经营风险的前提，决定着企业的生存和发展。从目前状况来看，我国旅行社普遍缺失市场信用，这也是多年来困扰我国旅行社行业管理、发展的一个顽症，也已经成为制约我国旅游业发展国际竞争力的重要因素。

信用是旅行社立社之本，是一把尺子，可以度量一个旅行社公信力的程度；信用也是一面镜子，可以照见一个旅行社整体素质的好坏；信用更是一块试金石，可以检验一个旅行社的承诺和广告宣传是否真实。旅行社要发展壮大就要靠信用树品牌，靠信用保质量，靠信用开拓市场，靠信用出效益。一句话，信用是旅行社的生命。

旅行社信用是将旅行社的经营活动与信用结合起来形成的一个新的研究领域和新的研究课题，因此，首先必须对旅行社信用的一些基本概念和基本知识进行研究，如旅行社信用概念界定、旅行社信用的特点、旅行社信用的作用等内容。其中最核心的是对旅游信用概念的界定。

一、旅行社信用的概念

旅行社信用是从“信用”这个概念衍生而来的。在对旅行社信用进行界定时，关键的问题是如何理解信用的含义。中外学术界关于信用的解释，大致可以分为两大类：一是从经济学的角度界定信用，即指在商品交换或其他经济活动中，交易双方所实行的以契约（合同）为基础的资金借贷、承诺、履约的行为；二是从社会学的角度界定信用，主要是指参与社会和经济活动的当事人之间建立起来的以诚实守信为道德基础的践约行为，即人们通常所说的讲信用、守道德、一诺千金，它是一种普遍的处理人际关系的道德准则。随着社会经济的发展，经济学意义上的信用和社会学上的信用越来越密不可分，其内涵越来越丰富，外延越来越宽泛。从发展趋势来看，研究信用问题要宽口径大交叉，把信用和文化、信用与法律联系起来综合考虑，在更大的范围内建立科学价值体系。

由于旅行社信用研究的对象不仅涉及经济领域，而且还包括社会的各个层面，因而它是一种广义上的信用概念。即指一种主观上的诚实守信和客观上的偿付能力的统一。具体说，是指经济主体之间以谋求长期利益最大化为目的，建立在诚实守信道德基础上的心理承诺与约期实践相结合的意志与能力。因此，旅行社信用是指旅行社为谋求利益最大化，建立在诚实守信道德基础上的心理承诺与约期实践相结合的意志和能力。

二、旅行社信用管理的内容

旅行社信用体系的建立是为了更好地监督和管理旅行社部门诚信经营、依法经营，为旅游业的可持续发展提供积极的推动作用。旅行社信用涉及多方面的内容，主要可以从以下几个方面来分析和评价：

（一）建立旅行社与旅游者之间的信用

旅游者向旅行社购买的旅游消费产品具有无形性的特点，旅游者不能像到商场买商品那样事先对产品的形态一目了然，事后不满意还随时可以退换。旅游产品只有在旅游消费过程中通过感受来衡量已购买的旅游产品的服务质量，即使在旅游途中感觉到“事不如愿”，也不能“退货”，只能硬着头皮和满怀不满地继续着自己无意义的旅程。这样便增加了旅游者的不满程度，成为旅游者向旅行社或旅游管理部门进行投诉的主要原因。

为了保护旅游者的利益和规范旅行社的信用管理，国家旅游局制定的《旅行社管理条例实施细则》第八章专门规定“旅游者的权益保护”。旅行社即使与旅游者事先约定，在实际旅游过程中所提供的服务也不得低于国家标准或行业标准，有的项目还是强制性的。如旅行社投保旅行社责任险，不因旅游者未缴保险费而免除旅行社为旅游者投保意外险的责任。

旅行社对旅游者的信用体现在旅行社提供了符合约定价格的旅游服务质量，旅行社的信用从广告词开始，其宣传要符合客观实际，其承诺与履行的服务要一致，否则谈不上信用。

（二）旅行社之间要讲信用

组团社与接待社之间的信用关系，是开展旅游业务的基本条件，组团社对旅游团的信用承诺是靠接待社信用体现的。旅行社之间的有序竞争和信用合作，为旅游业的可持续发展奠定了良好的基础。

旅行社之间的信用缺失主要表现在旅行社之间的合同信用缺失，一些组团社在经营过程中，不按照合同向地接社结算和支付旅游费用；一些地接社则不按照双方事先约定的标准来提供产品和服务，或者提供的服务项目和质量低于约定的标准。旅行社之间的市场和交易安全感的丧失，产生了大量的经济纠纷，降低了旅游交易效率。在加强旅游市场整顿的运作中，旅行社逐步从松散型向集约型发展，小、散、弱的旅行社不断被旅行社集团公司接纳，成为大旅行社的接待社或者代理社，通过契约形式，明确约定权利义务，从食、住、行、游、购、娱等方面都做到明确约定，将旅行社之间的信用纳入合同法调整范畴，信用有了法律保障。旅行社之间的信用建立，要从解决“三角债”入手，乙方不因丙方旅行社的欠款为由欠甲方旅行社的款，也不采取互相冲团的结算措施，凡是有损旅行社信用的行为一概不为，如果这样，建立旅行社之间的信用就有了基础。

（三）建立旅行社与相关旅游企业的相互信用

旅行社具有产品组装、销售的职能，要将旅游活动涉及食、行、住、游、购、娱等方面的旅游产品采购组装，再销售给旅游者，这就涉及与各旅游相关企业的信用问题。旅行社与旅游相关企业的信用无不涉及旅行社产品质量，旅行社不得因其他旅游企业的信用影响而降低服务标准，损害旅游者的合法权益，因此旅行社还承担着信用补救的责任。如采购的旅游产品有缺陷，旅行社就不能原封不动地销售给旅游者，而要采取补救措施，使旅行社产品达到能够满足旅游者的要求，即使旅行社要遭受经济损失也不得转嫁给旅游者，旅行社始终要对旅游者负责，所受损失可通过法律渠道向相关旅游企业索赔，旅行社对相关旅游企业也一样要讲信用，往来账款要在约定的时间内结清。只有讲信用，才能更顺利地采购到优质的旅游产品，保证旅游者的需求。

旅行社和其相关的旅游企业之间进行交易和合作过程中，会出现违约、应收账款无法收回等信用缺失的现象。最重要的一个原因就是彼此间的信息不对称，即在交易和合作的过程中，双方对彼此的信用状况了解不全面。如果由一家旅行社来考察全国近万家旅行社的资信情况，这是非常不现实的。即使考察，其结果的准确程度也没有什么价值可言。因此旅行社往往没有建立完整的客户信用档案，信用管理能力差，信用管理方法严重落后，甚至出现对挂账客户的信用状况没有理性的认识，没有客观的调查资料，单凭个别的外联人员肤浅简单的感性认识，甚至是一面之交或一张名片就与旅行社的相关旅游企业签订合作合同。

旅行社与其相关的旅游企业的合作是建立在信用的基础之上的，这样才能保证旅游业的稳定发展，才能使各个旅游企业正常有序地生存、竞争及可持续发展。

第5节　建立旅行社业市场信用的必要性

从法律和伦理学的角度来看，信用（credit），是指一种建立在授信人对受信人在特定的限期内付款或还款承诺的信任的基础上的能力，是使后者无须付款即可获得商品、服务或货币的能力。简言之，信用是指诚实、不欺，遵守诺言。市场经济讲究公平竞争和公平交易，本来就应该是信用经济，也只有这样，经济的发展才能逐步走向成熟。

一、市场信用缺失的主要表现

（一）资本信用的缺失

资本信用主要属公司法规范畴，我国公司法实行的是资本真实原则，要求注册资本要真实，全额交足后才可以成立公司，旅行社企业应遵从其规范。《旅行社管理条例》中进一步对旅行社注册资本作出了明确的规定，设立国际旅行社，注册资本不得少于 150 万元人民币，每设立一个分社，应当增加注册资本 75 万元人民币；设立国内旅行社，注册资本不得少于 30 万元人民币，每设立一个分社，应当增加注册资本 15 万元人民币。

注册资本是指旅行社向政府企业登记主管部门登记注册时所填报的财产总额，既包括流动资金又包括固定资金。注册资本是旅行社承担债务的一般担保财产。《旅行社管理条例》对旅行社注册资本的规定可以在以下三方面发挥重要作用：

（1）保护旅行社债权人的利益。旅行社债权人通过旅行社公开申明的资本数额，能够了解目前和今后可能扩大的规模，便于在与该旅行社的交往过程中正确决策，减少风险。

（2）保护旅行社行业的利益。《旅行社管理条例》通过规定较高注册资金的办法，抬高进入旅行社行业的“门槛”，保护旅行社行业内各旅行社的正常经营和有序竞争，促进旅行社行业的良性发展。

（3）提高旅行社的经营能力和经济实力。由于旅行社拥有较多的注册资金，所以能够把更多的流动资金投入其经营过程，有利于提高旅行社的经营规模和壮大旅行社的经济实力。

而实际上，我国旅行社行业的资本却缺失信用。企业成立之初的注册资本，在验资后大多抽走挪作他用，尽管这与国家整个企业注册资本金管理制度不完善有关，但大大影响了旅行社后期经营行为，也严重影响了旅行社行业的市场经营环境。

（二）服务信用缺失

真诚是做人的美德，是社会的规范。人人渴望遇到真诚，享用真诚，可生活中人们待人接物又不同程度地缺乏真诚。很多人在市场经济的大潮中迷失了自己，急功近利，只顾眼前一时的利益，言而无信，客观上导致人与人之间相互不信任，相互欺骗，扭曲了人与人之间的真诚关系。服务应当也必须是真诚的，只有这样，接受服务者的心情才是愉快的，市场经济条件下的有偿服务更是如此。然而，遗憾的是，生活中人们碰到的服务，总有表里不一甚至是欺诈式的服务，也说明了真诚服务的价值问题。

旅行社和旅游者之间的信用缺失主要表现在：

（1）虚假旅游广告误导消费。近年来，一些旅行社在广告、促销、公关等活动中，所宣传的内容与客观事实严重不符，致使旅游者对真实情况产生错误的认识、理解和联想，进而作出错误的选择、判断和购买决策，侵害了旅游者的权益。

(2) 无证无照经营、超范围经营、非法转让和变相许可证以及挂靠承包经营。轻则承包部门失信旅行社，拖欠款越来越多，重则被别有用心的不法分子钻空子，欺诈游客，卷款潜逃，严重侵犯旅游者权益，破坏了旅游市场秩序。

(3) 一些旅行社低价竞争，误导消费，在对游客服务中偷工减料，降低质量，不兑现对旅游者的承诺，擅自增减旅游项目，增加购物次数等。

(三) 合同交易信用缺失

"合同至上""契约至上"是现代市场经济的基本信条。合同是保证企业正常进行生产经营的法律规范。信守合同是每一个企业必须具备的基本道德和法律行为。守不守合同，就像一面镜子一样，折射出一个企业有没有法律和道德观念。在成熟的市场经济中，随意违背或撕毁合同的行为，必将受到法律和道德的严厉惩处，最终导致企业身败名裂，失去立足之地。

旅行社与相关企业及同行业之间的信用缺失表现在：企业以恶性削价或以其他不正当手段恶性竞争；企业交易中拖欠款普遍，三角债严重。旅行社之间拖欠款并长期形成三角债的原因主要是许多旅行社为保证客源，先接待，后收费，长此以往，一些失信企业因经营不善长期拖欠或干脆恶意拖欠，从而导致企业之间市场交易安全感的丧失，产生了大量经济纠纷，降低了交易效率。

二、旅行社信用缺失的原因分析

旅行社信用缺失问题的产生有其必然性，这其中有外部环境的影响，也与旅行社经营者缺乏内在的信用自省有关，同时也与我国市场经济发展的不成熟有关。市场经济本身就是一把双刃剑，既有积极作用的一面，也有负面影响的一面。市场经济是以物质利益作为人们行为的驱动机制，在目前我国法制建设尚不健全的情况下，旅行社很容易处于一种不规范状态，容易发生信用危机。

(一) 旅行社信用缺失的经济角度分析

现代经济学的鼻祖亚当·斯密曾在《国富论》中说道，在市场经济中每个参与者从事经济活动的出发点都是自利的，从经济学角度看，信用缺失的企业往往只看到失信所带来的机会成本，只看到眼前利益而没有看到诚信净收益。事实上，旅行社维护信用也会获得收益，这种收益是指信用度高的企业赢得他人的信任，进而增加游客量所带来的净收益。

(二) 旅行社信用缺失的伦理角度分析

作为上层建筑的诚信道德，不仅是社会发展的产物，而且随着社会经济的发展不断变化。在当今社会中，随着遵循优胜劣汰原则市场竞争的加剧，一些市场主体在利益的驱动下，道德伦理观念发生扭曲，一些旅行社缺乏诚实信用意识，哄骗、欺诈、以假乱真、以次充好等信用缺失现象由此产生。

在我国，旅行社进入门槛低，总体规模小、经营散、竞争弱、效益差，许多旅行社经营者一味追求短期利润，在牟取暴利动机的驱动下，往往不顾法律约束，抛开职业道德，经营不讲诚信，利用一切可能的机会坑蒙拐骗，牟取暴利，使市场上出现了许多"柠檬产品"，形成信用市场"劣币驱逐良币"的现象，信用的缺失也增加了企业的交易费用，使原来可以发生的交易不能维持下去。

（三）旅行社信用缺失的管理角度分析

传统的旅游企业管理侧重于对产品与服务的管理，而现代管理学则更强调人的作用，认为企业管理应该包含更多的人文因素，宣扬以人为本的管理思想，将激励人的主动性和创造性作为旅游企业发展的动力，旅游企业管理者的主要职责发生改变，从"手段人"转变到"目的人"，从刺激员工个人的工作热情转变到激励员工群体协作上来。有些旅游企业却忽视这些转变，还停留在传统的以物为中心的管理理念，而造成信用缺失。

旅行社信用缺失还在于政府部门对信用市场的管理规制欠缺。现阶段，政府对信用市场的监督管理薄弱，对从事企业信息服务的相关机构（包括会计、审计、法律服务和征信中介、资信评估等）缺乏有效监管，容易诱发旅行社业的违法违规行为。另外，无论是旅行社，还是社会其他部门和行业，很少有企业设立专门的内部信用管理部门、机构或人员。因此，因授信不当导致合约不能履行以及受信企业对履约计划缺乏管理而违约的现象频繁发生，因对合作方和消费者的信用状况缺乏了解也使许多企业上当受骗，导致经济纠纷大量出现。

三、旅行社信用管理的重要性

信用丧失已成为市场经济运行中的最大问题之一。随着社会主义市场经济的发展，以资信、产品质量、服务为主体的旅行社信用体系，越来越成为旅行社生存和发展的必要条件。

（一）诚信可以化解旅行社风险

在市场经济条件下，在中国加入世界贸易组织后全球化竞争的大舞台上，旅行社的竞争既在比拼服务质量和价值，又在比拼信用和信誉。信用将成为我国旅行社走向世界，进入国际市场的身份证。

良好的旅行社信用是利用国际国内两种资源和占领国际国内两种市场的立身之本，它是能给旅行社带来长期经济效益的特殊资本。同时，遵循诚实信用原则，可以降低交易成本，容易促进交易链的良性循环，促进旅行社内部正常运行，降低甚至化解企业危机发生的可能性，避免由于危机造成的资源浪费。

不讲信用的旅行社，无法参与项目招标和获得银行贷款，产品也不被消费者认可，旅行社经营、交易和合作等都会受到不利的影响，难以有更大的发展。

（二）诚信利于赢得忠诚顾客

遵守诚信道德的合格旅游企业，具有较高的诚信意识和法律意识，他们会选择在旅游者出游前较为明确地告知旅游者在旅游中依法享有哪些权利，在当旅游者的合法权益受到无法避免的侵害时，根据法律规定积极作出反应和道歉。如同力的相互作用，久而久之，必定赢得旅游者的忠诚和信任。

（三）诚信维护旅行社良好声誉

诚信经营，建立旅行社的信用管理制度，运用法律手段主动出击，积极协调配合有关执法部门，依法维护企业的市场信誉、商业信誉，种种行为都可以使企业在市场竞争中赢得较高的声誉。声誉这种无形资产是现代市场经济运行中一种重要的新的资本形态，它包括企业的品牌、商标、专利、商业秘密等。

在 2005 年《商业周刊》评选的全球前 100 个世界知名旅游名牌中，中国无一入选，这让中国旅游界深思。品牌本质上带给顾客的是信誉的保证，信誉的提高为企业带来效益的提升。可想而知，一个没有诚信的旅游企业是根本没有可能成为世界知名品牌的。

随着我国加入世界贸易组织和社会主义市场经济体制日趋完善，旅行社要在日益激烈的国内外市场竞争中求得生存和发展，提高旅行社行业的整体素质和综合竞争能力，就必须加强信用管理，建立和完善旅行社信用体系，以确保健康、良好的市场经济秩序，实现与“狼”共舞。

第 6 节　我国旅行社信用管理建设

中国旅行社在经营过程中逐渐表现出来的信用缺失问题，甚至使旅行社行业出现了严重的信用危机。旅行社信用的缺失，不仅会伤害旅游者、经营伙伴的利益，最终也会伤害到旅行社自身的利益，严重影响了中国旅游市场的正常秩序和行业的正常发展。因此，我们必须重视我国旅行社信用管理的建设，建立旅行社信用平台，才能使得我国旅游业走上良性的发展轨道。

旅行社信用管理是一个系统性工程，它不单单是旅行社的经营管理原则和手段，还应与社会大系统相连接。为此，要求旅行社配合社会进行一系列的配套改革，形成全社会诚信管理的良好氛围。

一、政府职能

旅游行政部门是市场经济秩序的维护者和市场法律的执行者，是社会最大诚信的代表。因此，旅游行政部门要加大诚信制度建设和对诚信缺失行为打击的力度，带领旅游企业进行诚信管理，为全社会树立诚信的榜样。

（一）改革政府职能模式

改革现有政府部门管理模式，即从强调事前监管的模式转向强调行业自律、事后监管、违规严惩的全面模式。建设信用社会，政府要切实减少行政干预，不做地方保护者，做到有所为有所不为。政府逐步调整管理内容，加强事中监督，尤其是对无市场信用行为进行重罚，“迫使市场退出”的力度一定要有，使这种行为的机会成本在市场中能真实体现，并逐步加大。

（二）发挥政府带头作用

政府应该在诚信塑造中起示范作用，这也是改变当前信用缺失的先决条件。目前，我国旅游市场活动中的假冒伪劣、恶意欺诈等失信行为，固然是受市场主体的利益驱使，但一些地方政府充当了失信的保护伞，只为一地或一己私利进行地方保护或垄断。

旅行社在信用体系建立初期，应该走政府主导性的道路。虽然旅行社信用体系的建立属于行业信用体系，但是旅游业的复合特性使得行业内建设也是一个庞大的系统工程，涉及非常多的相关部门，这全都需要有一个强有力的机构对这一过程中的各种问题进行统筹和协调。在旅行社的信用体系建设过程中，政府的领导作用主要表现在通过制定政策、立法，协调有关部门开放数据、组织建立统一的数据检索平台、培育信用市场主体等方面。

（三）改革政府行政方式

改革政出多门、政策多变的不稳定经营环境，简化行政手续，减少旅游企业管理的不确定因素，给企业创造良好的诚信环境。

（四）积极引入动态管理

改革政府静态管理方式，引入动态管理，建立旅行社信用的评估制度，可以参照星级饭店的做法进行旅行社市场质量评估；通过评估加大对旅行社管理中诚信能力的考察力度；时刻关注旅行社变动与企业失信行为的关系；设立市场黑名单制度；促使旅行社自发守信。但是，和星级饭店的做法有一定的区别，鉴于旅行社固定资产占用少、服务环节多、时间长的特点，考核资本能力一定要以软件全程评估为主，同时必须辅以旅游者意见评估的考核，否则评价的意义不大。

二、法律体系

诚信和法律是维持市场有序运转的互补的两种基本机制。构建完善的诚信法律体系应做到：有法可依、有法必依、执法必严和违法必究。

旅行社业的正常经营和良性发展必须依赖于完善的法制环境。因此，旅游行政管理部门要加强旅游行业的法制建设，做到有法可依；同时也要加强执法工作，严惩失信行为，以维护旅游市场的经营秩序。

当前，我国应借鉴市场经济发达国家的经验，尽快建立具有我国特色的信用法律法规体系，为惩罚失信行为提供法律依据，有关执法部门应加强对旅行社的监管，加大执法力度，通过法律的、行政的、经济的手段严惩旅行社的各种失信行为。

三、监督机制

西方国家目前已经成功利用互联网的优势，在全国建立了信息保障体系。我国可以学习借鉴西方发达国家的先进经验，运用现代化科技手段，完善我国企业的信用监督机制。对此我们可以建立信用档案和构建奖惩制度。建立旅游企业的信用档案和规范的信息传递机制，便于交易各方获取旅游企业信用信息，降低交易成本，减少市场风险；同时也有利于建立旅行社信用的记录、监督与约束机制，为全社会信用体系的建立和完善奠定良好基础。

建立健全旅游信用体系，根除旅行社信用缺失的顽症，要在信用立法的基础上，建立以政府部门为主导的信用评估机构，为旅行社建立信用档案，全面、合法、及时地收集旅行社的诚信数据，客观准确地评估旅行社的信用等级，以切实增进旅行社的信用观念，维护自身信誉。

四、内控机制

旅行社诚信管理内控机制着重于企业主观守信意识的培育和客观守信能力的提高，对内控制企业员工的行为，目的在于控制并提升整个旅游业的诚信状况。建立内控机制的基础条件和技术保障是管理的信息化。例如，可以建立诚信应急指挥网络，确保企业在紧急状况下能够在第一时间作出反应，并将管理层的决策命令迅速传达到每个部门。

（一）培育旅行社的诚信意识，提高防御信用风险的能力

一是要进一步增强诚信意识。通过在旅行社内部开展诚信教育，要让旅行社从业人员，特别是管理人员意识到信用对旅行社的长远发展起着举足轻重的作用。增强他们的信用意识可以使旅行社业都能够遵守商业道德，守法经营，从而增强全行业的信用意识，形成强烈的“讲诚信，反虚假”的社会氛围，使“以真诚赢得信誉，用信誉保证效益”成为每一个旅行社的自觉行动，从根本上防止旅行社信用问题的产生。二是要积极构筑科学而严密的旅行社内部诚信机制。建立专门的信用管理机构，认真地自查自纠不诚信的经营行为，制定诚信服务公约，规范诚信服务程序，建立以诚信为本的企业文化，将诚信管理落实到旅行社的每一项日常工作中，要求每一个从业者严格自律，认真履行诚信服务承诺，广泛接受社会各方的监督，从严处罚从业者的失信行为。三是旅行社应根据对外业务的特点，建立信用风险控制机制，加强对业务往来单位的信用管理，为它们建立信用档案，根据相互业务交易的特点，建立一套行之有效的信用风险控制机制，规避因此而产生的信用风险。

（二）强化内部管理机制，搞好行业自律，加强旅行社的信用文化建设

经济学认为，信用作为一种非正式约束，是一种个人行动能力以及生活质量的社会资本，这种社会资本能够促进单位和个人之间的合作，有利于克服经济生活中的机会主

义，保证契约的自我实现，降低交易费用。信用是企业经营绩效的递增函数。旅行社协会作为旅行社的行业组织，应加强行业管理，规范行业经营行为，努力营造公平竞争的经营环境。为此，旅行社协会应在政府的支持下，在广泛征求广大会员意见的基础上，不断完善旅行社的行业规范和从业人员的行为规范，建立"诚信鼓励，失信惩罚"制度，积极开展信用培训和重合同、守信用活动，引导旅行社开展诚信服务，建立旅行社及从业人员的诚信档案，广泛收集相关的信用信息，大力开展信用等级评定，并将评定结果广为宣传，使恶彰显，使善远播，为形成信用为本、操守为重的行风打好基础。

在旅行社内部，旅行社一定要将信用视为自己的生命；重视信用文化建设。旅行社应当倡导诚信的企业文化，并作为企业经营管理的核心。对服务性的旅行社来说，企业文化的核心应该是服务文化，为旅游者提供优质服务。不仅要设计内容丰富、科学合理的旅游线路，还应该保证旅游计划的顺利实施，努力控制构成产品的每一项服务要素的质量，为旅游者创造一种宾至如归的旅游氛围。

（三）提高旅游信息透明度，提倡明明白白消费

当前，旅游行政主管部门应通过媒体广泛宣传旅游线路、旅游价格、旅游合同、旅行社信用状况、旅游法律法规、旅行社被投诉等方面的信息，尤其可借助现代网络技术传递相关方面的信息，让广大游客明明白白消费，使不法旅行社无可乘之机。

千百年来，诚信一直是中华民族最基本的伦理道德要求，无论是人类生活、工作、学习、娱乐，还是在市场交易等领域都发挥着重要作用。随着市场经济的发展，人们对诚信的呼声越来越高，诚信原则也是旅行社赢得旅游者、开拓旅游市场、获得持续竞争力的一把利器，我国旅行社的诚信管理还处于探索阶段，信用法律法规还不健全，科学化诚信管理体系尚未建立，需要旅行社和社会部门共同努力协作，建立信用信息网络系统，开展诚信营销，扩大旅行社的诚信口碑，对外树立旅行社的良好诚信形象。

思考与练习

1. 简述旅行社经营风险的特点。
2. 结合某旅行社经营的特点，分析该旅行社如何进行风险分散。
3. 旅行社风险管理的步骤包括哪些？
4. 旅行社信用管理都包括哪些内容？
5. 请谈谈旅行社市场信用缺失的具体表现，并说明其原因。
6. 你认为应该如何加强我国旅行社信用管理建设？

第8章 旅行社的投诉管理

【学习目标】

通过本章的学习，可以了解旅行社投诉产生的原因，了解旅游者投诉的心理特征及动机，掌握投诉管理者的职责，熟悉旅行社投诉处理程序。

【内容结构】

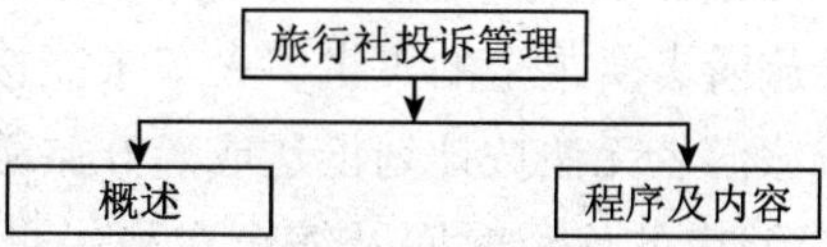

【重要概念】

旅游投诉　投诉管理

第1节　旅行社投诉概述

旅行社没有按照与旅游者签订的协议向旅游者提供应有的服务，或在服务过程中多次出现差错，就会产生旅游服务缺陷。旅游服务缺陷会导致旅游者的投诉，他们会提出改进、更换、赔偿等要求。如果出现严重旅游服务缺陷时，旅游团可能会提出解除同旅行社的协议，向有关旅游行政主管部门或新闻媒体投诉。这样就会给旅行社造成不良的社会影响和一定程度的经济损失。

旅游投诉是指旅游者、海外旅行商、国内旅游经营者为维护自身和他人的旅游合法权益，对损害其合法权益的旅游经营者和有关服务单位，以书面或口头形式向旅游行政管理部门提出投诉，请示处理的行为。

一、旅行社投诉产生的原因

（一）旅游服务部门的原因

1. 交通服务方面的原因

（1）抵离时间不准时。交通工具抵离时间不准时常会给旅游者的旅游活动造成不便甚至严重损失。例如，由于旅游者所乘坐的飞机、火车未能按照航班时刻表、列车时刻表等准时起飞或发车，造成旅游者无法按计划抵达或离开旅游目的地，或造成旅游者被迫延长在旅游目的地某一个城市的停留时间及缩短在另一个城市的停留时间，有时甚至被迫取消对某个城市或地区的旅游计划。又如，某些旅游汽车公司不按照事先与旅行社约定的时间发车，造成旅游者花费大量的时间等候，影响了旅游者的旅游情绪，有时甚至迫使旅行社改变整个旅行计划。这种现象严重地损害了旅游者的利益，经常招致旅游者的投诉。

（2）途中服务质量差。有些交通部门、企业或司乘人员认为其任务就是简单地将旅游者按照计划或合同按时运送到目的地，不重视提高服务质量，在服务过程中态度生硬、粗暴或是懒散，对于旅游者提出的合理要求熟视无睹，不闻不问，造成旅游者的不满和投诉。

（3）忽视安全因素。安全是旅游者旅行期间十分关心的一个问题，旅游者往往对于那些不重视交通安全的旅游交通部门、企业或司乘人员深恶痛绝。因此运输安全是旅游者旅游活动顺利进行的重要保证。然而，有些交通部门、企业或司乘人员只关心本部门、企业的经济利益，忽视飞行安全或行车安全，给旅游者的生命财产造成损失，这也是旅游者投诉的一个重要原因。

2. 住宿服务方面的原因

（1）设施、设备条件差。有些酒店或旅馆的设施、设备比较陈旧，维护保养差，给旅游者的休息带来诸多不便。如在客房里，洗手间的马桶漏水，影响旅游者的睡眠；淋浴设备缺乏维修，造成旅游者在淋浴时水流不均匀，时冷时热；空调设备制冷性能差，在炎热的夏季不能使客房保持适宜的温度等；在楼道里，地毯陈旧、破损，易使旅游者绊倒、摔伤；客用电梯因维修不当，导致电梯时开时停，这些都会导致旅游者提出投诉。

（2）服务技能差。服务技能差也是造成旅游者对酒店或旅馆不满的一个原因。有些酒店或旅馆对服务人员的服务技能培训缺乏足够的重视，或者贪图一时的经济利益而大量雇用没有经过正规服务技能培训的临时工或实习生，并让这些人单独上岗为客人服务。由于这些人缺乏服务经验，服务技能差，无法向旅游者提供符合规范的服务，导致旅游者的不满和投诉。例如，前台服务员因不熟悉酒店预订系统的操作程序，无法迅速为入住的旅游者办理好入住手续，使旅游者在前台长时间等候。又如，在旅游者办理离店手续时，前台结账员因缺乏足够的财务知识，无法及时为旅游者办理结账手续，致使旅游者因等候结账而耽误了航班。

（3）服务态度差。服务态度差是导致旅游者投诉酒店、旅馆等旅游住宿服务设施的又一个原因，一些酒店、旅馆的服务人员缺乏职业道德，不尊重客人，对旅游者态度生硬，说话时要么爱答不理，要么出言不逊，甚至为了一点儿小事就与旅游者大吵大闹。还有的服务人员在向旅游者提供服务时敷衍搪塞、不负责任，旅游者由于无法忍受他们的恶劣态度，于是向旅行社提出投诉。

（4）卫生条件差。卫生条件差往往是由于酒店管理不善，忽视对内部机构和员工的教育；不重视维护酒店、旅馆的卫生环境所造成的。有些酒店、旅馆的经营者片面强调经营效益的重要性，为了降低经营成本，大量裁减承担客房、公共卫生区、餐厅等处卫生工作的人员，使得卫生工作难以正常进行。还有些酒店、旅馆经营者热衷于轰轰烈烈的“面上”卫生，忽视平常人们不容易注意到的地方，结果导致这些地方成了卫生死角，变成藏污纳垢的地方。而正是这些角落里滋生的蚊子、苍蝇、蟑螂等飞进、爬进旅游者下榻的客房或出现在餐厅里，使旅游者感到无法忍受，提出投诉。

3. 餐饮服务方面的原因

（1）菜肴质量差。造成菜肴质量差的原因主要有三点：①厨师没有按照菜谱上规定的主副料配比进行烹调，造成菜肴的质量下降；②厨师的烹饪技术差，做出的菜肴口味与规定不符；③菜肴的分量不足，引起旅游者不满。

（2）就餐环境差。有些餐馆或餐厅的就餐环境比较差，如餐厅里摆放的餐桌、桌椅已经损坏，餐厅未加修理仍让客人使用；出现蚊子、苍蝇、蟑螂等害虫；餐具没有清洗干净；厨房与餐厅的隔离较差，导致厨房里烹饪的菜肴味道跑到餐厅里，影响客人就餐的情绪等。

（3）服务态度差。餐厅或餐馆的服务人员服务态度差主要表现在：①对待客人冷若冰霜，对客人提出的要求不予理睬或寻找借口不予办理；②服务时懒散，不主动向客人介绍本餐厅的特色产品，客人询问时，表现出不耐烦的神情；③服务态度恶劣，与客人大吵大闹，对待客人不能一视同仁，对某些客人曲意逢迎，对另一些客人则不屑一顾。

（4）服务技能低。有些餐厅为了节省员工工资开支，大量雇用未经专业培训、服务技能较差的实习生或临时工，并让他们单独为旅游者服务，尽管在这些人中不乏热心为旅游者服务的人员，但是由于缺乏必要的专业训练，他们往往无法提供规范的餐厅服务，有的甚至给旅游者造成损失，如将菜汁溅在旅游者身上，将旅游者点的菜肴上错桌等，招致旅游者的不满和投诉。

4. 其他服务方面的原因

除了上述部门或企业因其服务欠佳造成旅游者投诉外，其他一些旅游服务部门如游览景点、娱乐场所、购物商店等也会因服务质量低下造成旅游者向旅行社提出投诉。

（二）旅行社自身的原因

1. 活动日程安排不当

（1）活动内容重复。有些旅行社在安排旅游者的活动日程时只考虑本地区的特色，而没有综合考虑整条旅游线路上各地的旅游景点情况，造成旅游活动内容重复的现象。例如，某旅行社在接待一个来自北美地区的旅游团时，不顾该旅游团已经在我国境内其他地方参观过多处庙宇的情况，仍安排旅游团在本地参观两个寺庙，结果招致旅游者的不满。旅游者在向该旅行社经理投诉时不无讽刺地说："我们是来旅游的，不是来改变宗教信仰的。"

（2）活动日程过紧。活动日程是旅游者向旅行社投诉的原因之一。有些旅行社的接待人员在安排旅游者的活动日程时，不顾旅游者年龄偏大的特点，将旅游活动日程安排过紧，有时甚至安排旅游者一人参观三四个规模较大的游览景点，结果造成旅游者要么疲劳不堪，要么走马观花，无暇欣赏。

（3）活动日程过松。活动日程过松也是旅游者向旅行社提出投诉的一个原因。有些旅行社在安排活动日程时，过分强调了旅游者年龄结构偏大的特点，将活动日程安排得稀稀松松，往往是早上很晚才出发，下午很早就将旅游者送回酒店，使旅游者感到旅行社不负责任，浪费旅游者的时间和金钱。

（4）购物时间过多。有的旅行社只顾经济效益，将游览景点的时间安排得很紧，以挤出足够的时间安排旅游者多次到旅行社的定点商店购物，结果造成旅游者的不满。

2. 接待人员工作失误

（1）擅自改变活动日程。有些旅行社的接待人员在接待过程中，未与旅游者或领队商量并征得同意，也未向旅行社有关领导请示，便擅自改变活动日程，如减少旅游计划中规定的部分游览项目；擅自增加购物时间或将旅游者带到非定点商店购物，使旅游者因购买假冒伪劣商品或高价购买了低价商品而蒙受损失等。

（2）不提供导游服务。有些导游将旅游者领到游览景点后，不是按照旅游合同的规定向旅游者提供导游讲解服务，而是游而不导，或只进行简单的介绍之后便不再理睬旅游者，或者在前往游览景点及从游览景点参观结束返回酒店的途中与司机聊天或打瞌睡，不进行沿途导游讲解。

（3）造成各种责任事故。有些旅行社接待人员工作责任心不强，麻痹大意，遇事敷衍搪塞，造成漏接、误机、误车、误船，行李丢失或损坏等责任事故，给旅游者的旅游活动带来不便和损失。

（4）服务态度恶劣。有些旅行社接待人员不尊重旅游者，在接待过程中不热情，态度生硬，经常顶撞旅游者或与旅游者大吵大闹。还有的接待人员在接待过程中厚此薄彼，对旅游者不能做到一视同仁，使部分旅游者产生受歧视的感觉。

二、旅游投诉者的心理特征

（一）求尊重的心理

有些旅游者向旅行社提出投诉是因为他们认为没有受到旅游接待人员或其他旅游服务人员的尊重，或尊重得不够，所以向旅行社管理者提出投诉以维护其尊严。这种旅游者多属事业上取得了一定成就或拥有一定社会地位的人士。他们往往十分看重别人对待他们的态度。如果旅游接待人员或其他旅游服务人员对他们表示较高的尊重态度，他们通常就会在心理上感到满足，而一旦有人有意或无意地表现出对他们的不尊重，他们就会感到格外委屈，难以容忍。

具有要求尊重心理的旅游者在投诉时的目的主要是希望通过投诉获得其所应该得到的尊重，而对于经济补偿则并不重视，也不关心旅行社管理者是否会严肃处理被投诉的有关人员。有的时候，当投诉者从旅行社管理者那里得到尊重的表示后，甚至会请求不要惩罚被投诉者。

旅行社管理者应针对这种旅游投诉者的心理特征，在处理投诉时主动表示对其遭遇的同情，并表示较大的敬意，使其感到旅行社确实尊重他们，以平息他们的怨气。

以旅游购物为例，旅游购物同在其他场合下的购物一样，都是为了满足消费需要。美国心理学家马斯洛认为：人的需要分为生理的需要、安全的需要、感情与社会交往的需要、自尊和他尊的需要以及自我实现的需要五个层次。旅游购物可能是为了满足自己生理、安全的需要，如购买食品、衣物及防身用品；或者是为了表达爱意，如给自己的亲朋好友购买礼品等；或者是为了了却自己多年的夙愿，如在某个景点见到自己向往已久的商品等。无论是在作出购物的选择过程中，还是在旅游购物的具体环节上，旅游者自尊和他尊的需要始终贯穿其中。当人的需要不能得到满足时，就会产生否定性的情绪，如生气、不满、愤怒等，并且这类否定性情绪常常以一定的方式表现出来。游客在购物时，如果受到歧视、冷遇、欺骗等，其需要无法得到满足，特别是其求尊重的需要没有得到满足，自然会产生生气、不满或愤怒的情绪。

（二）求宣泄的心理

求宣泄是另外一些旅游者投诉时的心理状态。他们因对旅游接待人员或其他旅游服务人员的服务感到不满，觉得受到了委屈或虐待，希望向别人诉说心中的不快。这种人在投诉时或喋喋不休，反复诉说其不幸遭遇；或态度激动，使用激烈的语言对被投诉者进行指责。

当他们的怨气发泄完毕，并得到某种安慰后，往往会感到心理上的满足，而不再提起赔偿的要求。有些旅游者甚至还会对其在投诉时使用的激烈语言感到后悔和歉意。旅行社管理者在接待这类旅游投诉者时，应针对其心理特点，耐心地倾听其投诉。不要急于安抚对方，也不要为了急于弄清事情的真相而打断对方，当投诉者将所要说的话全部讲完后，旅行社管理者应给予其适当的安慰。一般情况下，旅游者会对这种处理方法感到满意。

（三）求补偿的心理

还有一些旅游者，其提出投诉的主要动机是要求得到一定的补偿。这种要求补偿的心理可能是物质性的，如希望旅行社向其退还部分旅游费用；也可能是精神性的，如希望旅行社管理者向其表示道歉。

旅行社管理者在处理这类投诉时，应根据对其投诉心理的分析和掌握，加以适当的处理。如果确实因旅行社接待服务的失误给旅游者造成经济损失或精神损失的，可以适当给予一定的经济补偿或赔礼道歉。如果旅游者因误会而向旅行社投诉的，则可以婉转地加以解释，以消除误会。同时，旅行社还可以向其赠送一些小礼品，以满足其要求补偿的心理。

（四）求改进的心理

这类客人对企业比较忠诚，他们接受企业提供的产品和服务后，会主动告诉企业产品和服务的缺陷本人的不满意，希望看到企业对其提出问题的改进，之后他们会继续选择该企业。

三、相关要素对游客投诉行为的影响

一般性的游客研究有利于旅行社制定总体的市场发展策略和投诉处理机制，但对游客特性的分析更适合旅行社具体的市场定位和提供个性化的投诉处理服务。不同的特性使得游客的预期、习惯、爱好、购买倾向等各不相同，不同的特性也使游客采用不同的投诉方式。

（一）不同国家游客的特点对投诉的影响

有些学者根据不同的国民特点，考察了饭店业不同国籍的顾客与对不满意服务的反应之间的关系。事实证明，国民特点和游客投诉行为具有很大的关系，不同国家的游客由于文化和价值观不同，对于不满意服务常常采取不同的态度。例如，美国的被调查者喜欢直接向饭店经理投诉，并会告诉家人和朋友；而日本的顾客则更倾向于对不满意的服务不采取任何行动。

（二）游客技术偏好对投诉的影响

顾客不同的技术接受能力、技能水平和对技术的热情，导致对投诉处理过程的满意度和再次光顾意愿产生完全不同的影响。偏爱技术的顾客普遍能够接受网络处理或回复方式，对拖延回复的容忍度相对较低。快速回复能提高他们对投诉处理结果的满意度和再次购买的欲望，而拖延的答复（即使是电子答复）有可能造成他们在瞬间决定把自己不愉快的经历通过网络告诉给成千上万的网友，对公司的声誉会产生“滚雪球”式的负面影响。面对面的传统交流方式则更受那些不太熟悉电子交流方式的顾客的青睐，他们较能容忍滞后的答复，但48小时以后若还没有答复的话，他们的满意度和再次光顾意愿会迅速下降。

（三）游客熟悉产品或服务的程度对投诉的影响

随着对产品或服务熟悉程度的提高，游客关于产品或服务的专业知识也可能增加，因此游客购买史会影响游客购后对产品或服务的评价和未来的购买意愿。当服务较好时，对服务或产品高度熟悉的游客与不太熟悉的游客相比，表现出更高的满意度和行为倾向（如再次购买、口碑效应）；当服务不好时，高度熟悉产品或服务的游客与不太熟悉的游客相比，则表现出更低的满意度和行为倾向，同时做出极端而不是中立或接近中立的反应，如直接采取第三方投诉方式。

（四）游客与销售人员的关系对投诉的影响

游客和销售人员之间的不同关系会使不满意游客采取不同的反应行为和投诉形式。影响买卖双方关系的变量主要有销售人员的专业知识、双方的交流效果、权利内容理解分歧及游客对销售人员的依赖性。根据双方不同的关系，游客可能产生以下投诉行为：友好投诉占51%；等待（等待企业解决问题，否则进行投诉）占10%；直接投诉及负面口碑占17%；第三方投诉占22%。每种投诉方式在四个影响变量方面的特点和程度都不同，其中后三种对企业声誉的影响都较大。

四、投诉管理者的职责

（一）高层管理者

根据ISO 10002：2004《质量管理—顾客满意组织处理投诉指南》中的相关规定，高层管理者应该保证以下几点：

（1）确保组织内建立投诉处理流程和目标。高层管理者应该确保在组织内部为相关部门建立投诉处理目标。这些目标应该是可测量的，与投诉处理政策是一致的。应根据具体的绩效标准定期设定目标。

（2）保证投诉处理流程的运行和改进。高层管理者应保证投诉处理流程的规划、设计、执行、维护，并根据组织的投诉处理政策持续改进。高层管理者应在投诉处理中设计、确定并应用最好的管理实践；在组织内部培养以客户为中心的理念；鼓励对投诉处理进行革新；认可投诉处理的典型行为。

（3）分配管理资源。高层管理者应确定并分配用于建立有效和迅速的投诉处理流程的管理资源。为了确保投诉处理流程运营有效和迅速，高层管理者应该评估所需资源并提供这些资源，包括人力资源、培训、程序、文件、专业支持、物质和设备、电脑硬件和软件以及财力等。

（4）提升企业内部以顾客为中心的意识。高层管理者应确保对投诉处理流程的认知程度和以顾客为中心的需求将不断提升。

（5）保证客户可以便捷地投诉。保证与投诉处理进程相关的信息以便捷的方式传递到客户、投诉者以及其他有直接关系的群体。组织应该允许投诉者随时随地投诉。与投诉相关的信息的语言和形式都应简单明了。当投诉影响到参与者不同供应链时，应联合起来解决。组织内与投诉有关的任何供应商都应了解投诉流程中反映的问题，以使他们能够改进。

（6）设定投诉处理部门和投诉处理管理者。高层管理者应设定处理投诉的专门部门和专门管理者。投诉处理部门的层级应高于其他业务部门。应指定一个投诉处理管理者，并清楚地确定其责任和权限。

（7）保证可以迅速并有效地把重要投诉告知最高管理层。高层管理者应掌握所有的重要投诉，并保证可以迅速而有效地把重要投诉告知最高管理层。

（8）定期评估投诉处理流程。企业的高层管理者应该检查投诉管理流程：①确保其持续具有适应性、适当性、有效和高效性；②指出并强调与健康、安全、环保、游客、法规和其他规定不一致的个案；③指出并修正产品缺陷；④指出并修正流程缺陷；⑤评估改善和改变投诉处理流程和产品的可能性；⑥评估投诉处理政策和目标的潜在变化。

（9）管理检查。高层管理者还应对内部要素和外部要素等进行管理检查，具体内容应包括：①内部因素，例如政策、目标、组织结构、资源、产品的变化；②外部因素，例如法规、竞争性活动或技术革新的变化；③投诉处理流程的整体绩效，包括顾客满意度调查和持续监控流程的结果；④审核结果；⑤修正和预防性方案；⑥以往管理检查的后续行动；⑦改进建议。

管理检查的结果应包括：制订如何提升投诉处理流程的有效性和高效率的方案；提升产品改进措施；推出与资源相关的决策（如培训计划）等。管理检查的记录应留存，用来确定改进的可能性。

（二）投诉处理管理者

投诉处理管理者应负责：

（1）建立绩效的监控、提升和报告流程。

（2）汇报投诉处理——向高层管理者报告投诉处理流程，并提出改进建议。

（3）保持投诉处理流程的有效和高效性，包括招聘和培训相关人员、技术支持、编制文件、设定目标时间和其他要求，以及流程监控等。

（三）与投诉处理流程相关的其他管理者

与投诉处理流程相关的其他管理者应负责：

（1）确保投诉处理流程的贯彻执行。

（2）与投诉处理管理者保持联系。

（3）确保对投诉处理流程的认知程度和以顾客为中心的需求不断提升。

（4）确保与投诉处理流程相关的信息容易获取。

（5）报告与投诉处理相关的行动和决策。

（6）确保投诉处理流程的监控和记录。

（7）确保执行的措施改正了以往的错误，并不会再次出现类似错误，将事件记录在案。

（8）确保高层管理者方便了解投诉处理的资料。

（四）与客户和投诉者有联系的员工

与客户和投诉者有联系的员工应该做到：

（1）完成企业作出的有关投诉的要求。

（2）礼貌待客，对投诉迅速作出回应，或者指引投诉者找专门的投诉处理人员。

（3）表现出良好的人际交流能力。

（五）所有员工

所有的员工应该做到：

（1）认识到在投诉处理进行中各自的职责和权限。

（2）认识到投诉处理程序以及要给投诉者什么样的信息。

（3）将对组织有重大影响的投诉报告上级。

五、投诉处理人员应具备的素质和能力

（一）投诉处理人员应具备的素质

1. 心理素质

（1）挫折打击的承受能力。客户对企业提供的产品和服务不满以后，通常会迁怒于投诉处理人员。投诉处理人员每天都要面对各种各样客户的误解甚至辱骂，因此需要有承受能力。更有甚者，客户越过投诉处理人员直接向上级主管投诉。有些投诉可能夸大其词，因此，投诉处理人员需要有承受挫折打击的能力。

（2）情绪的自我掌控及调节能力。投诉处理人员每天都要面对客户的不满，一天可能会有几个，可能第一个客户就大吼大叫，因此心情变得很不好，情绪很低落。这时候投诉处理人员会不会把第一个客户带来的不愉快转移给下一个客户呢？这就需要掌控情绪、调整情绪。对于客户，你永远是他的第一个接受投诉的人，你需要对每一个客户都保持同样的热情度。只要中间有一个环节出了差错，跟客户有了不愉快的口角，你就很难用一种特别好的心态去面对后面所有的客户。如果你因为公司的某一政策、管理制度而愤愤不已，在服务中也要尽量避免自己表现出这样的情绪。有些客户确实提出了不合

理的要求，但是作为专业的投诉处理人员，你必须懂得如何控制自己的情绪。因此，优秀的投诉处理人员的心理素质非常重要。

2. 品格素质

（1）忍耐与宽容。忍耐与宽容是面对无理客户的法宝，是一种美德。投诉处理人员需要有包容心，要包容和理解客户。真正的客户服务是根据客户本人的喜好使他满意。客户的性格不同，人生观、世界观、价值观也不同。即使这个客户在生活中不可能成为朋友，但在工作中他是你的客户，你甚至要比对待朋友还要好地去对待他，因为这就是你的工作。要有很强的包容心，包容别人的一些无理，包容别人的一些小家子气。因为很多客户有的时候就是这样，斤斤计较，蛮不讲理，胡搅蛮缠，什么样的情况都会有。

（2）言而有信。对于投诉处理人员，通常很多企业都有要求：不轻易承诺，说到就要做到。投诉处理人员不要轻易地承诺，随便答应客户做什么，这样会给工作造成被动。但是投诉处理人员必须注重自己的诺言，一旦答应客户，就要尽心尽力去做到。

（3）勇于承担责任。投诉处理人员需要经常承担各种各样的责任和失误。出现问题的时候，同事之间往往会相互推卸责任。客户服务是一个企业的服务窗口，应该去包容整个企业给客户带来的所有损失。因此，在客户服务部门，不能说这是哪个部门的责任，一切的责任都需要通过你把它化解。

（4）礼貌待人。在投诉受理和处理中基本的礼貌用语包括“请”“对不起”“非常抱歉”等。对于投诉处理人员来说，任何粗鲁的言行举止都是不容许的。即使客户不一定正确，投诉处理人员也必须恭敬有礼，耐心仔细地向他解释原因。如果事情陷入了一种僵局，你自认已经无法忍受这个客户了，也千万不可以表现出任何失态行为，而应该换其他的人员去为其提供服务。

3. 专业素质

（1）丰富的行业知识及经验。丰富的行业知识及经验是解决客户问题的必备武器。旅游投诉处理人员需要了解旅游业务，有丰富的从业经验。不仅能跟客户沟通、赔礼道歉，而且要成为产品的专家，能够解释客户提出的问题。

（2）丰富的客户服务经验。举手投足、说话方式、笑容，都能表现你是一个专业的客户服务人员。客户希望从客户服务人员那里能够不断得到有用的信息、满意的服务，而且可以获得更多的便利。

4. 综合素质

“客户至上”的服务观念要始终贯穿于客户服务工作中，因此，需要具备一种“客户至上”的服务观念以及整体的服务观念。

（二）投诉处理人员应具备的能力

1. 语言表达能力

良好的语言表达能力是实现与客户沟通的必要技能和技巧。

2. 倾听能力

良好的倾听能力是实现与客户沟通的必要保障。

3. 应变能力

所谓应变能力，是对一些突发性事件和面对出乎意料的事件时，临场有效处置的能力。作为客服人员，每天要面对各种不同类型的客人，每位客人在旅游过程中的遭遇和感受不同，相同的事件对于不同游客造成的心理影响也不一样。因此，客服人员在掌握公司相关制度和规定的原则前提下，在处理具体投诉事件中应体现出一定的灵活性，避免因事态扩大给公司造成更大的经济和商誉损失，给游客增加额外的经济负担和精神伤害。同时，公司也应给在一线工作的客服人员适当的授权，培养客服人员的全局意识，维护公司在社会和游客心目中的形象，鼓励客服人员充分发挥个人的聪明才智，提高临场处置能力。

4. 独立工作能力

优秀的客户服务人员必须能独当一面，具备工作的独立处理能力。一般来说，企业都要求客户服务人员能够独当一面。也就是说，你要能独立地去处理很多客户服务中的棘手问题。

5. 各种问题的分析解决能力

优秀的客户服务人员不但需要能做好客户服务工作，还要善于思考，提出工作的合理化建议，有分析解决问题的能力，能够帮助客户去分析解决一些实际问题。

（1）平息顾客投诉的沟通技巧之一：移情法。顾名思义，移情法就是通过语言和行为举止的沟通方式向顾客表示遗憾、同情，特别是在顾客愤怒和感到非常委屈时的一种精神安慰。以下为移情法用语举例：①我能明白您为什么觉得那样……②我能理解您现在的感受……③那一定非常难过……④遇到这样的情况，我也会很着急……⑤我对此感到遗憾……

（2）平息顾客投诉的沟通技巧之二："三明治法"。"三明治法"就是告诉我们与顾客沟通时如何避免说"不"的方法。"三明治法"就是两片"面包"加拒绝：①第一片"面包"是："我可以做的是……"。告诉顾客，你会想尽一切办法来帮助他，提供一切可选择的行动给顾客。②第二片"面包"是："你能做的是……"。告诉顾客，你已经控制了一些情况的结果，向顾客提出一些可行的建议。"三明治法"用语举例：①我们可以做……②您可以做……

（3）平息顾客投诉的沟通技巧之三：谅解法。谅解法要求受理人员在接受顾客的投诉时，迅速核定事实，并向顾客表示歉意，安抚其情绪，尽量用顾客能接受的方式取得顾客的谅解。谅解法用语举例：①避免说："您说得很有道理，但是……"②应该说："我很同意您的观点，同时我们考虑到……"

（4）平息顾客投诉的沟通技巧之四：引导征询法。引导征询法是一种为了平息顾客不满，主动了解顾客的需求和期望，取得双方认同和接受的沟通技巧。经验告诉我们，单方面地提出顾客投诉处理方案往往会引起顾客的质疑和不满，那么我们可变换一种思路来主动询问顾客希望的解决方法，有时更能被顾客所接受。以下为引导征询法用语举例：①您需要我们怎样做您才满意呢？②您有没有更好的处理建议呢？③您觉得另外几种方案哪一个合适呢？

六、旅行社处理投诉的原则

（1）区别不同对象，对待投诉要区别不同的顾客作出恰当处理。旅行社处理投诉所直接面对的是顾客，顾客在性别、年龄、文化程度、素质修养等方面都有差别，所以，仅依靠标准化处理投诉程序很难使每个顾客都满意。要对投诉者提供针对性服务，即从尊重投诉顾客的需求出发，因人而异、有针对性地为投诉顾客提供不同的服务，也可称为个性化服务。处理投诉要区别不同情况作出恰当处理。对一些看来明显是服务工作的过错，应马上道歉，在征得客人同意后作出补偿性的处理；对一些较复杂的问题，在弄清真相之前，不应急于表达处理意见，应当在客人同意的基础上有礼、有理处理；对待一时不能处理的事，要注意让客人知道事情的进展情况，以示行业部门的重视，避免客人产生误会，认为将他的投诉搁置一边而使事态扩大。在 ISO 10002：2004《质量管理—顾客满意组织处理投诉指南》的附录 c“客观公正”中，在强调投诉处理程序中的公正性时，指出在保证“对所有人员给予同样的处理”的前提下，还要强调灵活性，“对每一件事情应当考虑其本身情况，充分考虑个人的区别和需求”，这些内容都反映了该标准在处理投诉时强调区别不同对象的重要性。

（2）认真对待、正确处理投诉具有非常重要的意义，可以及时发现企业的疏漏和不足，帮助企业改善产品、提升服务。“一份投诉是一次机遇”，不管客人投诉的原因和目的是什么，都要认真对待，及时、妥善地予以处理。首先，耐心倾听，弄清真相。无论是面对面的投诉还是电话、书信投诉，一般而言，客人都是有愤怒要发泄。作为接待人员，要认真聆听客人的全部意见。旅游者在投诉时，心中往往充满了怒火，投诉成了维持心理平衡的宣泄机会。在受理投诉者的投诉时，应首先耐心倾听，让投诉者通过发泄，使其不平静的心情逐渐平静下来，同时也利于弄清事情的缘由。站在投诉者立场上考虑问题，表示出同情和理解，不要计较投诉者口气的轻重和意见、要求是否合理，客人叙述完毕，简要重复客人所说的内容，并以关切的语气适当提出问题，以示接待方在诚心倾听和求得理解。要以诚恳的态度向客人道歉。无论什么样的投诉，接待方都应表现出热情、礼貌、友善及愿意协助的态度，欢迎他们的投诉，尊重他们的意见，向他们表达歉意。这样，客人会觉得接待方重视他们的投诉，满足了他们被尊重的需要，从而为圆满处理投诉铺平道路。

（3）不与投诉者争辩。投诉受理者应保持冷静的态度，投诉的旅游者可能情绪激动、态度不善、言语粗鲁、举止无礼，接待人员应给予理解和谅解，保持冷静和耐心，绝对不可急于辩解或反驳，与投诉者针锋相对，也不能无动于衷冷落客人。即使是不合理的投诉，也应做到有礼、有理、有节，既要尊重他们，使投诉人不失面子，又应作出恰如其分的处理。在投诉时，投诉者总是觉得自己理由很充足，为了不在其他客人身上产生不良影响，应当请投诉者到专门的接待室或非公共场所，个别地听取旅游者的投诉。幽雅的环境和私下交谈容易使人趋于平静。

(4) 做好相关记录受理和处理。投诉是从听取投诉者的讲话开始的。投诉者希望他的意见能引起旅游企业充分的重视。但投诉者表述意见时又往往由于激动而杂乱无章，管理人员可以通过适时和适当提问的方式来弄清问题。集中注意力倾听对方的意见能节约对话的时间。要把投诉者投诉的要点记录下来。在记录过程中可要求投诉者重复一些词句，这样不但可以使投诉者讲话的速度放慢，缓和客人的情绪；还可以使客人确信，旅游企业对他反映的问题是重视的。此外，记录的资料可以作为解决问题的根据。

(5) 维护旅行社的合法权利。处理投诉不能以无端损害旅游企业的利益为代价。尤其是对一些复杂问题，切忌在真相不明之前，急于表态或当面贬低本企业及其部门或员工。应弄清事实，通过相关渠道了解来龙去脉，在真相清楚后，再诚恳道歉并作出恰当处理。

(6) 换位思考。管理人员应设身处地地为客人着想，对投诉者的感受要表示理解，用适当的评议给投诉者以安慰。此时，尚未核对旅游者投诉的事实，仅能对旅游者表示理解与同情，语言可采用虚拟语气，如“如果我遇上这种事，也很生气……”。不应该对旅游者的投诉采取“大事化小、小事化了”的态度，应该用“这件事情发生在你身上，我感到十分抱歉”等语言来表示对投诉者的关心。在交谈的过程中，注意用尊称和姓名来称呼投诉者。

第 2 节　旅行社投诉处理程序及内容

一、旅行社投诉的处理程序

为规范旅行社投诉受理工作，加强投诉处理的及时性，旅行社应制定投诉受理流程并在企业内部公示。处理流程中应指定投诉处理部门，明示业务人员收到客户投诉后应如何处理，对有效投诉和无效投诉如何处理，投诉处理时间、相关人员应提交哪些书面文件等。以下为某旅行社投诉处理流程：

（一）倾听投诉

旅游投诉分书面投诉和口头投诉两种形式。旅行社管理者在接到旅游者的书面投诉时，应仔细阅读其来信，总结出投诉的要点。在接待提出口头投诉的旅游者时，管理者应耐心倾听旅游者讲述的意见。倾听旅游者投诉时应做到以下三点：

(1) 端正态度。旅行社管理者在倾听投诉时应态度严肃，给旅游者一种认真对待其投诉的印象，切不可面带微笑，使投诉者误认为管理者没有把他们的意见放在心上，或产生被嘲笑的感觉。

（2）认真倾听。旅行社管理者在倾听旅游者投诉时不应打断旅游者的叙述，无论旅游者的投诉理由是否正当，都必须让他们把话讲完，必要时还要引导他们将埋藏在内心的怨气和不满全部发泄出来。

（3）头脑冷静。管理者在接待旅游者投诉时必须保持冷静的头脑，不管旅游者的态度如何激烈，都不得同其争吵或对其进行指责。

（二）询问情况

旅行社管理者在倾听旅游者的投诉后，应首先表示对其遭遇的同情，使旅游者感到管理者通情达理，愿意解决其所投诉的问题，得到心理上的安慰。然后，管理者应就旅游者投诉中尚未讲清楚的关键情节进行询问，以便了解旅游者投诉的事实。最后，管理者应就旅游者能够坦诚地向旅行社反映情况表示感谢，指出这是对旅行社的信任和爱护，并答应尽快对旅游者所提出投诉的事实进行调查和处理，并将处理结果反馈给旅游者。

（三）调查事实

旅行社管理者应立即着手对旅游者投诉所涉及的人员和事情经过进行调查核实。在弄清事实的基础上，采取适当的方法进行处理。

（四）进行处理

旅游管理者在对旅游者投诉事实调查清楚的基础上，应根据具体情况对旅游投诉进行妥善处理。对于涉及旅行社员工的投诉，如果经过调查，发现与旅游者的投诉事实相符，应立即采取适当的措施，按照旅行社的有关制度和规定对当事人进行批评教育；情节严重并造成严重影响或经济损失的，还应根据错误的严重性和造成的后果给予扣发奖金、暂停接待工作、赔偿经济损失、通报批评、行政记过、留社察看、解聘或开除等处理。

对于涉及其他旅游服务供应部门或企业的投诉，经过调查证明确属该部门或企业责任的，应通过适当渠道向该部门或企业的有关领导反映。如果发现该部门或企业屡次出现旅游者因同类情况进行投诉，旅行社则应减少直至停止与其合作，不再采购其服务或其他旅游产品。

（五）及时答复处理结果

旅行社管理者在完成对旅游投诉的处理之后，要及时将处理结果以口头或书面形式通知旅游者。在答复时应诚恳地向旅游者表示歉意，希望能够得到其谅解，并愿意继续为其提供优质服务。如果处理结果涉及经济赔偿，旅行社还应征求旅游者的意见，以适当的渠道和方式进行赔偿。如果经过调查发现旅游者的投诉与事实出入较大，属于旅游者的误会，旅行社管理者则应向旅游者做实事求是的解释，并欢迎他们在今后继续关心和监督旅行社的服务质量。

旅游投诉得到妥善处理后，旅行社管理者应将旅游者投诉的原因和处理结果向旅行社有关部门和人员公布，以提高员工对服务质量重要性的认识。同时管理者还应根据旅游者的投诉，对出现问题的地方进行检查，以提高服务质量。

（六）记录存档

旅行社将旅游投诉的内容和处理经过进行详细真实的记录，并存入档案，以备将来必要时核对。

二、投诉管理工作内容

（一）经验总结

不少业内专业人士根据他们的长期经验提供了不少处理方法。Indermill 和 Kathy 曾介绍了 Hobee 职业公司的培训经理 Mccleery 的 "ACTION" 投诉处理方法。McCleery 发现，对顾客投诉的处理往往由于相关人员缺少充分的培训而非常不理想，因此他发明了一整套方法：①行动（Act）。对顾客的投诉迅速采取行动，避免顾客等待。②劝慰（Calm）。通过承认过错和劝慰让顾客平息下来。③告知（Tell）。诚恳地把解决问题的方案告诉顾客。④恳请（Invite）。恳请顾客倾诉自己的感受。虽然顾客的感受可能不正确，但绝不要进行驳斥。⑤提供补偿（Offer）。可能的话，尽量提供适当和合理的补偿。⑥培养情感（Nurture）。通过微笑和再三感谢来培养与顾客的感情，这是吸引顾客再次光顾的最后机会。

Richard Keller 建议采取以下顾客投诉处理步骤：①让顾客发泄；②重述顾客的抱怨；③主动询问顾客的想法；④解释原因；⑤认真倾听顾客的辩驳；⑥陈述双方关系的目标，即向顾客解释企业的目的是让顾客满意。

Kevin Lawrence 提出了结合技巧的顾客投诉处理的九个步骤。①首先不要暴露自己在或想为自己和企业进行辩护；②了解问题，并帮助顾客宣泄不满；③认真倾听；④继续询问更多的问题，在让顾客进一步宣泄的同时加深对问题的了解；⑤向顾客解释自己对问题的理解和造成问题的原因；⑥提供解决方法，可建议一种能使顾客满意并同时解决投诉的方法，也可以询问顾客希望怎样解决；⑦立即采取补救措施，并采用超过顾客期望的解决方案；⑧确保顾客对解决结果感到满意，感谢他们及时反映问题；⑨继续跟踪，如几星期后打电话或写信与顾客联系，以确保顾客的满意和忠诚。

（二）结合国际标准，设计管理流程

各旅行社对投诉处理的重视程度不同，处理投诉的方式、方法也各有不同，有的旅行社有完善的投诉处理流程并依据行业相关标准处理；有的旅行社基本采取和客人协商的办法简单处理了事；有的旅行社甚至拒不解决投诉。本节根据国际标准化组织最新的 ISO 10002：2004《质量管理—顾客满意组织处理投诉指南》，结合旅行社实际操作特点及目前旅游业的发展背景，设计了以下旅行社投诉处理流程：

1. 沟通

即投诉渠道是怎样的，顾客怎样才能找到渠道。沟通了解是第一步，与投诉处理流程有关的信息，如宣传册或电子信息等应该让客户、投诉者和其他利益群体了解。这些信息的语言和形式应该简单明了以使所有投诉者了解。主要包括以下信息：投诉的地点；投诉的方式；投诉者应提供的信息；投诉处理流程；流程中各阶段所需时间；投诉者如何获得反馈等。

2. 投诉的受理

企业相关员工收到了来自顾客的投诉后，除了报告投诉外，应记录与投诉相关的信息，并确定专门的投诉编号。投诉的原始记录应该确定投诉者希望的补救方案，以及其他便于有效处理投诉的必要信息，包括：①投诉内容和相关数据；②投诉者所希望的补救方案；③投诉的产品或相关的组织服务。可以归纳为5W1H：

Why——顾客为什么会投诉，也就是顾客投诉的原因是什么？

What——顾客投诉什么，如顾客投诉的是餐饮质量不好还是导游服务不好？

Who——为顾客服务的销售人员是谁？

When——什么时间参加的旅游？

Where——在哪个门市购买的产品？参加的是哪条线路？问题发生在哪个旅游目的地？

How——顾客希望怎样处理？如您希望我们为您做些什么？

每一级菜单最后为“返回上级菜单请按0”。

表8-1为“投诉者信息表”，包括组织需要投诉者应提供的所有信息，以便迅速解决投诉。

表8-1　投诉者信息表

1. 投诉者资料
姓名/单位 ________________
地　　址 ________________
邮编/城市 ________________
国　　家 ________________
电话号码 ________________
传真号码 ________________
电子邮件地址 ________________
投诉者的其他信息（如有用的话）
____
联系人（如果和上述不一致的话）
____

续表

2. 产品特征 产品或订单编号（如果可知的话） 描述________________________________ ________________________________
3. 出现的问题 发现问题的时间________________________________ 描述________________________________
4. 需要修正 □ 是　　　　□ 否 ________________________________ ________________________________
5. 时间、签名 时间________________　　　签名________________
6. 附件 附件列表 ________________________________

投诉记录是投诉管理体系文件的一个重要组成部分，是组织证实投诉处理活动和投诉管理体系运行的客观依据。记录具有可检查、可验证的特点。因此，要设计和编制出符合要求、简单、方便实用的记录表格。设计和编制投诉记录的要求是：内容完整、格式规范、方便实用、简单明了。企业应设计两种投诉登记表，一种是客人直接填写的投诉登记表，这类登记表可挂在旅行社的网站上，或者呼叫中心座席员、销售人员以传真、邮件的形式发给客人，以便客人填写；另一种是投诉受理人员填写的“投诉登记表”，如表 8－2 和表 8－3 所示。

3. 获悉投诉

收到投诉后应及时与投诉者确认收悉（如通过邮递、电话、电子邮件等形式）。规范运作的企业常常会在接到投诉后以最快速度回应顾客，比如顾客会接到来自企业的信息，说明已经接到投诉，正在调查，表达企业对顾客反馈的谢意等。

4. 投诉的初步评估

收到投诉之后，应依据严重程度、危险程度、复杂性、影响以及是否需要采取及时行动和可能性对投诉进行评估。初步判断是有效投诉还是无效投诉。

5. 投诉调查

应调查与投诉相关的所有环境，了解相关信息。调查的程度应以投诉的紧急程度、易发概率、严重程度为依据。

表 8－2　投诉登记表（客人版）

年　　月　　日

投诉人姓名/单位			
电话号码		电子邮件地址	
地址及邮编			
投诉类型	旅行产品名称　　团号 投诉类型：销售服务：□态度　□业务能力　□过度承诺　□其他________ 接待服务：□行程　□用餐　□住宿　□交通 □导游　□购物　□自费项目　□其他________		
投诉事实及理由	（可附件）		
投诉者希望的补救方案及答复时间			

表 8－3　投诉登记表（企业内部版）

投诉时间	年　　月　　日		
投诉方式	□来电　□传真　□回访　□信件　□电子邮件　□来访 □旅游局转来　□其他________		
投诉者姓名		投诉者单位	
电话号码		电子邮件地址	
地址及邮编			
受理部门		受理人	
投诉问题	旅行产品名称________　团号________ 投诉类型：销售服务：□态度　□业务能力　□过度承诺　□其他________ 接待服务：□行程　□用餐　□住宿　□交通　□导游 □购物　□自费项目　□其他________		
投诉内容摘要			
投诉人希望的补救方案			
备注			

6. 回应

即调查结束后对顾客进行答复。投诉的解决方案或应采取何种行动，应该及时告知投诉者或相关人员。

7. 投诉在旅行社内部的沟通及持续改进

调查之后，旅行社应该对投诉作出回应。例如，改正问题，并避免日后再次出现。如果投诉不能及时处理，那么也应该尽可能快速地有效处理。以往涉及投诉管理的标准到回复阶段就结束了。但是，按照 ISO 10002 的理念，投诉管理不应该就此结束，而是应该把结果和解决方法与其他同事沟通，进而持续改进。比如，一家有多家连锁门市的旅行社，在其中的一个门市接到投诉并且有了圆满的解决方案后，应该把投诉的内容、解决的方案等一系列信息传递给其他分店并作整体改进，以免其他门市今后也遇到同类投诉，或者问题出现后解决的办法却不同，影响企业形象。

8. 投诉处理的结束

如果投诉者接受旅行社提出的解决方案，那么将按此解决方案执行，并作记录。如果投诉者不接受旅行社提出的解决方案，那么投诉应该作进一步处理。将此作记录，并告知投诉者可以诉诸其他内部或外部方式。旅行社应该继续处理此投诉，直到用尽所有合理的内部和外部解决方案，或者令投诉者满意。投诉处理部门应以书面形式记录投诉的情况分析和处理方案，报相关领导批示，总结投诉中出现的问题，避免以后类似问题再次发生。

投诉处理报告见表 8－4 和表 8－5。

表 8－4　投诉处理报告（一）

编号：

1. 投诉接收信息 投诉时间＿＿＿＿＿＿＿＿ 投诉者姓名/单位＿＿＿＿＿＿＿＿ 受理人＿＿＿＿＿＿＿＿ 投诉方式：电话□　电子邮件□　网络　□邮件　□ 其他□ 2. 面临的问题 出现的问题：＿＿＿＿＿＿＿＿ 反复出现的问题　是□　否□ 问题类型： ① □ 服务不周到 具体问题＿＿＿＿＿＿＿＿ ② □ 过度承诺 ③ □ 团未成行 ④ □ 推迟团队出行时间 延迟时间＿＿＿＿＿＿＿＿ ⑤ □ 行程有缺陷 ⑥ □ 实际行程与合同不符 具体问题＿＿＿＿＿＿＿＿ ⑦ □ 导游拒绝提供服务 ⑧ □ 导游提供虚假信息 具体问题＿＿＿＿＿＿＿＿ ⑨ □ 付款 ⑩ □ 价格 ⑪ □ 涨价 ⑫ □ 附加费用

续表

⑬ □ 不合理的花费/收费
⑭ □ 合同条款
⑮ □ 合同范围
⑯ □ 评估损失
⑰ □ 拒绝支付赔偿金
⑱ □ 不恰当的赔偿
⑲ □ 修改条款
⑳ □ 合同的约束力不足

3. 投诉评估

评估投诉的真实和潜在影响的范围和严重程度：

严重程度______________________________

____

复杂程度______________________________

____

影响______________________________

____

是否需要立即采取措施是□否□

立即采取措施的可能性有□无□

4. 投诉处理

需要改正是□否□

采取行动

① □ 履行责任
② □ 缔结合同
③ □ 取消合同
④ □ 通知
⑤ □ 改正对损失的评估
⑥ □ 支付赔偿金______________________________
⑦ □ 赔偿支付定金______________________________
⑧ □ 赔偿其他支付款项______________________________
⑨ □ 折扣价______________________________
⑩ □ 支付方式
⑪ □ 道歉（道歉信见附件）
⑫ □ 其他措施______________________________

5. 投诉记录

措施	日期	姓名	记录
告知投诉者已获悉投诉			
投诉评估			
投诉调查			
解决投诉			
告知投诉者			
修正方案			

表8－5　投诉处理报告（二）

编号：

受理部门：　　　　　　　　受理人：　　　　　　　　受理日期：

<table>
<tr><td>团号</td><td></td><td>产品</td><td></td><td>参团人数</td><td></td></tr>
<tr><td>投诉人姓名</td><td></td><td>地接社</td><td></td><td>涉及人数</td><td></td></tr>
<tr><td colspan="6">受理部门核实情况
1. 情况调查：□全部属实　□部分属实　□不属实
2. 资料：□团队计划行程　□团队名单　□投诉材料　□地接社情况说明　□地接导游情况说明
□全陪（领队）情况说明　□扣款确认书　□其他</td></tr>
<tr><td colspan="6">责任归属分析及赔偿：
1. 责任归属
□供应商：
□业务部门：
□责任人：
2. 情况分析及处理方案：

3. 处理结果：
（1）对客人：□ 电话回复　□ 文字回复
（2）对责任单位</td></tr>
<tr><td colspan="6">投诉处理部门意见：
年　月　日</td></tr>
<tr><td colspan="6">责任部门意见：
年　月　日</td></tr>
<tr><td colspan="6">公司主管领导意见：
年　月　日</td></tr>
<tr><td colspan="6">教训：
需要供应商注意的问题：
需要内部注意的问题：
处理情况反馈：
相关人员（□ 接受　□ 不接受）
年　月　日</td></tr>
</table>

对旅游者投诉的处理一般有以下三种方式：①退还相关的费用，但仍有利润。例如某顿餐、某个景点未去，退还客人相应的餐费、游览某景点的费用（门票、导游费、车费等）。②将利润退给客人，但不赔钱，即保本。如果导游服务很差、带客人购物等情况发生后，旅行社可按照相关规定，将团款的5%或10%退给客人。③真正的赔钱。如果出现重大投诉问题，旅行社可能不仅将团款退给客人，更可能另外赔偿客人。这是真正的赔钱。

（三）多样化的投诉受理渠道

旅行社应有多样化、便捷的投诉受理渠道，包括现场投诉，如到门店投诉；书面投诉，如“意见反馈表”、电子邮件、传真等形式；电话投诉，如通过旅行社的总机、客户服务热线等。大的旅行社设立呼叫中心（Call Center）后，呼叫中心就成为一个集中受理投诉的渠道。如果投诉受理渠道没有处理能力，可以将投诉转交给投诉处理部门处理。根据旅行社实际情况，尽可能采用“首问负责制”，谁受理，谁跟进，谁回复。受理人应做好投诉登记，避免客户把投诉的事情重复多遍。

目前旅行社的呼叫中心一般是集业务与投诉为一体的。图 8－1 拟设了呼叫中心受理投诉的模式。客人致电呼叫中心时，按某一数字键（如“6”）可转入投诉部分，旅行社可以把投诉时效、受理和不受理的范围等固定内容以录音形式录入，方便客人了解。如客人希望与座席员直接交流，可继续按某一数字键（如“0”）。座席员接听客人电话后，听取客人说明情况，判断其属于哪种类型，如果是意见建议，首先向客人表示谢意和歉意，并根据实际情况和客人解释；如果是投诉，建议客人填写“投诉登记表”以传真、信件或 E－mail 等书面形式发送至客服部。座席员的作用是尽可能把客人的不满情绪降低，倾听客人的抱怨、意见和建议，避免言多有失后激怒客人。

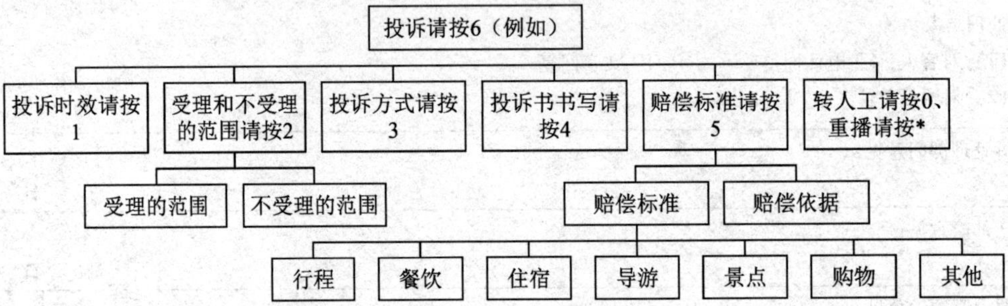

图 8－1　呼叫中心（热线电话投诉流程）

（四）提高对投诉处理结果的满意度

提高投诉处理流程满意度的一种方法是加强投诉者与企业的联系。应定期了解投诉者对投诉处理流程的满意程度。可以采用对投诉者进行随机调查以及其他方式。如企业应在投诉处理完毕的一定时间内对客人进行回访，回访内容包括对处理结果是否满意、对投诉处理人员是否满意、有无意见和建议等（见表 8－6）。

表 8－6　客户投诉处理回访表

被回访人姓名		联系方式	
团号		回访方式	
回访人姓名		回访时间	
回访内容			
被回访人对处理结果的反馈			

（五）投诉处理流程的监控

（1）监控投诉处理流程的标准。主要包括：①是否建立、执行并调整投诉处理原则和目标；②员工对于高层管理者在投诉处理中承诺的预期；③是否恰当地分配了投诉处理的责任；④是否对与客户有联系的员工授权；⑤员工在与客户交流中是否可以随意处理；⑥是否指派了专门人员处理投诉；⑦确定与投诉处理相关人员中多少人应该接受培训；⑧投诉处理培训的有效性和效率；⑨员工对提高投诉处理建议的数量；⑩员工处理投诉的态度；⑪投诉处理审核或管理检查的频率；⑫执行投诉处理审核或管理检查中所提出建议的时间；⑬答复投诉者的时间；⑭投诉者满意程度；⑮纠正和预防措施的有效性和效率。

（2）监控资料。监控资料是非常重要的，因为它为投诉处理绩效提供了直接的指导。监控资料包括以下内容的数量或比例：①收到的投诉；②投诉是否及时解决；③投诉是否被错误地排序；④收到投诉后的反馈；⑤收到投诉后的解决；⑥投诉通过外部解决方法解决；⑦再次投诉或者重复问题没被投诉；⑧因投诉而引起的程序改进。要仔细分析数据，因为如答复的时间等客观数据可能会显示出流程运营的情况，但不能显示出投诉者的满意程度；投诉处理流程运行后投诉数量的提升可能会更多反映出有效的流程，而不是产品不好。

（六）投诉的道歉信模板

道歉信模板

××女士/先生：

首先对您在我公司组织的旅行团中所遭遇的不愉快经历表示诚挚歉意，并感谢您在事件处理过程中给予我们的理解与原谅。

收到您反映的情况后，我公司领导非常重视。客户服务部针对您反映的问题进行了认真的调查和了解，事件原因和处理意见如下：

……

我们十分感谢您的信任和支持，感谢您对我们提出的批评和建议。对于此次事件，我们将引以为戒，不断地完善业务规范和流程，提升管理和服务水平。欢迎再次选择我们，我们将努力提供更优质的旅游服务，以卓越的工作来实现我们对于完美服务的追求。

再一次向您致以诚挚的歉意，并对您的原谅与理解表示深深的感谢！

××旅行社客户服务部

××××年××月

（七）旅游投诉和解协议模板

对于企业提供的产品或服务没有使客户满意的情况，企业和客人协商好赔偿方案后，可根据实际情况判断是否应与客人签订和解协议，以防个别客人接受了企业的赔偿方案后再向旅游行政管理部门投诉或到法院起诉。

和解协议

甲方：

乙方：

鉴于乙方参加甲方旅游团中出现××问题。甲乙双方经友好协商一致同意，甲方就××问题给乙方造成的出行不便向乙方补偿如下：

……

乙方接受甲方的上述处理结果，并对甲方在服务工作中的过失予以谅解，并不再投诉。甲乙双方同意并确认，甲方完全履行本协议约定之义务后，甲方不再对上述问题承担任何责任。

甲方（代表）签章：　　　　　　　　乙方（代表）签章：

××××年××月

思考与练习

1. 为什么会有旅游投诉？其原因有哪些？
2. 投诉管理者职责是什么？
3. 处理投诉应具备哪些素质和能力？
4. 旅游投诉的处理原则有哪些？
5. 旅行社应如何妥善处理旅游投诉？

第9章 旅行社电子商务运营

【学习目标】

了解电子商务与旅游电子商务的基本概念，掌握旅游电子商务的主要功能，掌握旅行社电子商务体系的基本组成，了解旅行社管理信息软件。

【内容结构】

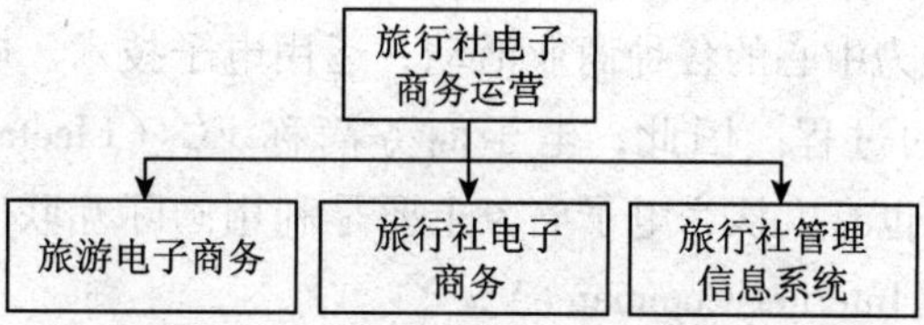

【重要概念】

电子商务　旅游电子商务　旅行社电子商务　信息管理

旅游电子商务的体系结构、功能、应用领域以及旅游电子商务的发展过程；重点介绍了信息时代旅行社如何面对电子商务，如何设计和实施电子商务，以及可在大中型旅行社和中小型旅行社运用的两个旅行社管理软件。

第1节　旅游电子商务综述

如今已经进入信息社会，建立在信息和计算机网络基础之上的电子商务自20世纪90年代以来正飞速发展，并逐渐成为重要的经济和贸易手段。旅游业，特别是旅行社对信息具有极强的依赖性，因此，电子商务在旅游业中的发展对旅游业特别是旅行社的影响是巨大的。谈到旅行社的经营管理，就不能不谈到电子商务。不但需要了解旅行社电子商务，而且需要先来认识和理解什么是电子商务和旅游电子商务。

一、电子商务

（一）电子商务概念

电子商务就是利用电子手段进行商务活动。对电子商务，至今没有一个统一的定义。不过，一般认为电子商务是以信息技术、网络技术、通信技术为基础，高效率、低成本地从事以商品交换为中心的各种商业活动，运用电子技术、电子工具和计算机及其网络等进行商务活动的过程。因此，电子商务简称EC（Electronic Commerce）或EB（Electronic Business）。也有人认为电子商务主要是利用国际互联网从事商务活动，因此又把电子商务简称IC（Internet Commerce）。

随着移动电子商务、O2O以及企业电子商务应用体系逐渐成熟，截至2015年12月，中国电子商务应用规模达到近15.8万亿元，比2014年增长20.5%，增速远高于国内生产总值增长率。

（二）电子商务的分类

电子商务有多种分类方法，如可按照电子商务的运作方式分类，也可按照电子商务交易的范围分类。这里介绍最常用的分类方法——按照电子商务的交易对象分类。根据交易对象不同，电子商务可以分为企业对企业、企业对消费者、企业对政府、消费者对政府、消费者对消费者等几类。

（1）企业对企业电子商务（Business to Business，BtoB或B2B）是企业间通过电子手段进行销售和采购的交易行为。

（2）企业对消费者电子商务（Business to Customer，BtoC或B2C）是企业通过电子手段进行电子零售的交易方式，或者是消费者通过网络进行的网上购物行为。

（3）企业对政府的电子商务（Business to Government，BtoG或B2G）是企业与政府

部门之间通过电子手段进行的商务活动或其他联系。如政府部门运用电子手段进行政府采购，企业运用电子手段向政府缴纳税收。

（4）消费者对政府电子商务（Customer to Government，CtoG 或 C2G）是消费者与政府部门间通过电子手段进行的商务活动或其他联系。如政府部门运用电子手段发放政府补贴、救济金等，消费者运用电子手段向政府缴纳个人所得税等。

（5）消费者对消费者电子商务（Customer to Customer，CtoC 或 C2C）是消费者之间通过电子商务进行的交易活动，如网上个人物品拍卖等。

（三）电子商务应用的发展

随着电子商务的不断发展，其在社会经济生活中的地位和作用逐步提高和增强，所涵盖范围也随之扩大，已突破了电子商务是企业通过电子手段进行对外贸易的概念。根据 Kalakota 和 Winston 的理论，电子商务的应用有三种主要类型：企业内部、企业与企业之间、企业与顾客之间。因此，通常将 SCM（Supply Chain Management，供应链管理）、ERP（Enterprise Resource Planning，企业资源计划）、CRM（Customer Relation Management，客户关系管理）纳入电子商务的范围之中。

（1）SCM 供应链管理是指从原料开始到成品最终消费的过程中，供应商、中间商与用户之间连接的程序。

（2）ERP 企业资源计划是“一个以企业会计为导向的信息系统，其目的是对企业的制造、配送和结算等环节的企业资源进行合理的规划和管理”。

（3）CRM 客户关系管理是企业为更有效地掌握顾客特征，增强客户满意度与忠诚度，能更好地根据用户需求开发产品、开辟市场而建立的管理系统，通过该系统以实现企业与客户之间快速的信息交流。

（四）中国电子商务发展前景良好，且向移动端偏移

中国在“一带一路”“互联网＋”战略下，电子商务加速与传统产业融合发展，成为中国经济的重要增长点。另外，移动端成为网络购物主流的选择。2015 年京东第三季度财报显示，通过移动端渠道完成订单量约占总完成订单量的 52%，向移动端偏移成为中国电子商务行业的一大特点。

随着移动互联网的普及、移动支付的推广和移动端应用的开拓，手机端的用户渗透率远远大于 PC 端的渗透率，移动端已超越 PC 端成为网络购物市场的主流选择。各大电商企业纷纷采取“云＋端”战略，全面布局移动端，积极探索移动用户的获取、用户体验的优化和移动端新型发展模式的创新。与此同时，随着微信用户、支付宝用户、手机 QQ 用户的全面覆盖，移动支付业务规模也将保持快速增长势头。

二、旅游电子商务

（一）旅游电子商务的概念

所谓旅游电子商务，是指以旅游信息、网络支付银行为基础，利用最先进的电子手

段运作旅游业及其分销系统的商务体系，是一个为广大旅游业同行提供互联网服务的平台。旅游电子商务是电子商务在旅游业这一特定领域的运用，是在各种旅游集团的营销网络特别是国际互联网的支持下开展的电子化商务活动。

一般认为，旅游电子商务是旅游企业基于互联网络技术，运用电子手段以实现旅游商务活动的过程。狭义地讲，旅游电子商务是在网上进行的旅游产品的电子交易。广义地讲，旅游电子商务包括利用网络进行的各种旅游经营活动和商业活动，如网上宣传与营销推广、市场调查分析、财务核算、生产安排等。旅游电子商务突破传统旅游业的经营模式，以便捷、高效、满足个性化需求的服务，成为中国旅游业发展的主要方向。

随着中国旅游市场的异常火爆，旅游电子商务也成为各大旅游公司、酒店、网站争夺的焦点。各地旅行社、旅游景点等纷纷建立企业网站，宣传旅游产品、发布信息、提供旅游定制等中介服务，如中国云南旅游网、西藏中国旅行社等。除此之外，专业旅游电子商务网站更是以其个性化服务与交互功能融合，赢得了网民的青睐。如2014年携程旅行网大陆地区在线旅游相关产品交易额超过100亿元，增速达到50%以上。近年来，中国电商巨头也已开始发展旅游领域，合纵连横，加速了旅游电商产业链的整合。如2014年，阿里巴巴推出了独立的旅游品牌“去啊”；中国最大的自营电商京东也于2014年开始进驻旅游领域，以5000万美元入股途牛旅游网，率先推出“先消费、后付款”的旅游产品，引领新时尚。总体而言，各类旅游电子商务网站陆续推出，功能互补，相互竞争，呈现出多元化的市场格局。

（二）旅游电子商务的特点

旅游电子商务与传统旅游交易方式相比，具有许多新的特点。这里从旅游企业经营的角度作几点归纳。

（1）超越空间限制。由于旅游电子商务借助于网络进行，因此它就具有了网络突破空间距离的特性，可将商务活动扩展到网络的任何一个角落，使企业的经营范围空间扩大，旅游市场更广阔，企业商机也随之增大。

（2）信息实时更新。旅游信息具有很强的时间性，比如季节不同、假日不同，经营的价格、项目和对象都有可能不同。网络信息与印刷资料最大的区别之一，就是立即更改、立即更新。但这又反过来要求企业必须经常更新网上信息，否则，内容长期不变就会失去吸引力，从而失去网上潜在的顾客。

（3）成本相对稳定。旅游电子商务的成本主要分为建设成本与维护成本。其中建设成本类似于传统商务先期固定资产投资，维护成本相当于传统商务经营过程的开销。不同的是，旅游电子商务维护成本具有相对稳点性，即信息的被点击率增大，信息的用户数增多，不会导致成本的增加。换言之，交易量的增长不会带来交易成本的同步增长，反过来，用户数量的增加将使平均成本降低。而在传统旅游商务中，交易量增大，甚至只是访问者增多，都会由于业务员和宣传品等的增多导致经营成本增加。由于网络经营成本一般来说比传统经营方式更低，其网上价格也具有更大的优惠。

(4) 快捷方便，交互性强。一方面，通过电子手段，人们可以运用非常方便快捷的方法来完成传统交易中较为烦琐且事必躬亲的商务活动。另一方面，借助于计算机的交互性，现在的旅游电子商务网站也在不断增强互动性，增加可参与性的项目，以便吸引并留住更多的游客。

(5) 系统性。旅游电子商务应该是企业进行网络化经营的一个方面的解决方案，因此往往都具备系统性，是企业对内实行电子化管理，对外实行电子化营销的整体方案。就对内而言，旅行社前厅后台的每一个岗位、旅行社经营的每一个环节都纳入了相应的计算机管理系统当中；而其对外的信息中常常都包罗了企业各种产品相关资料，可以说是企业对外营销的一个总平台。

(6) 系统内容和系统容量的扩展性强。由于电子商务方案的实现一般都是采用模板化的组合方式，因此要扩展内容较为方便。另外，开展旅游电子商务也要求系统容量的扩展性好。如企业信息和客户资料大量增加时，系统的存储量能迅速扩大；当访问者大量增加时，系统的接待能力会及时加强。

(7) 注意安全。由于电子商务是在虚拟的环境中进行的，病毒、黑客、欺诈等非法活动随时都威胁着电子商务的开展。在这种情况下，安全始终都是至关重要的核心问题，必须下大力气解决。

(三) 旅游电子商务体系

电子商务在旅游业中的应用，不仅是作为一种工具以实现旅游产品交易的电子化和网络化，而且它也改变了旅游业原有的体系结构，改变了旅游业传统的组织格局。

1. 传统旅游业体系结构

传统旅游业主要是由旅游供应商、旅游中间商和旅游者纵向合作组成的。而旅游供应商和旅游中间商与旅游者的交易大多数是通过面对面完成的。

2. 旅游电子商务背景下的旅游业体系结构

随着旅游中电子商务的发展，传统旅游业的垂直分工体系被打破了。尽管旅游业主要仍由旅游供应商、旅游中间商和旅游者组成，但旅游中间商队伍却发生了根本的变化，大量有 IT 背景的旅游电子商务运营商也加入了竞争的行列。更重要的是，各种专业非专业的旅游电子商务运营的加盟，彻底打破了传统旅游业相对封闭的运作模式，以信息的透明化促进了旅游业的开放。

3. 旅游电子商务的体系结构

在传统的旅游业中，旅游供应商、旅游中间商和旅游者是构成这一行业的三大要素；而对电子商务来说，由于经营实体在网上是无形的，其电子商务体系依赖的实体基础便是连接旅游业的网络系统，它可以是专用网络，也可以是 Internet；在此之上的旅游企业可通过专用的电子数据交换方式或基于 Web 的电子商务系统来进行电子商务运营；

为保证电子商务的顺利可靠，还需要相关的安全技术与法律方面的安全保障，社会对电子商务的认知程度也是影响旅游电子商务体系的重要因素；旅游电子商务体系的主角是在旅游供应商、旅游中间商和旅游者之间传递的信息；为确保电子交易成功，还需要有银行和物流业的支持。旅游业中的产品主要是旅游者的消费，其对物流的依赖比物质生产部门更弱一些，主要体现在票务方面。

4. 旅游电子商务的发展状况

20世纪90年代，由于互联网的普及和高速发展，电子商务开始被人们知晓，并迅速发展。也许一般人们都认为旅游电子商务是随着电子商务的发展而产生的，实际上，旅游电子商务早在互联网诞生前几十年就出现了。

1959年，美国航空公司与计算机巨头IBM公司合作开发了SABRE系统，这是世界上最早的计算机预订系统。20世纪60年代，美国航空公司为航班售票建立了计算机预订系统CRS（Computerized Reservation System），并将它扩展到饭店订房、汽车出租、豪华游轮等的预订。CRS是第一代计算机旅游网络销售系统的典型代表。1965年，假日饭店集团建立了饭店业最早的计算机预订系统——假日电信网（Holidex－I）。1967年，美国喜来登集团也建立了自己的中央预订系统（Reservation）、专业化的饭店集团中央预订系统，甚至还拥有自己的通信卫星。当然，这些专业预订系统主要是针对集团成员、合作伙伴和各种会员的，这一阶段的电子商务还处于较为封闭的状态。

互联网的出现为旅游电子商务的发展创造了新的契机，开拓了新的领域。具体表现在以下几个方面：

（1）由封闭到开放，参与人数迅速增长。由于互联网普及速度之快超出了人们的想象，而众多网民的涌现为旅游电子商务的高速发展提供了充足的客源。截至1997年7月底，中国网民数为63万，而截至2014年12月，中国网民规模已达6.49亿，全年共计新增网民3117万人。互联网普及率为47.9%，较2013年年底提升了2.1个百分点。到2015年6月底，我国共计新增网民1894万人，手机网民规模达5.94亿，较2014年12月增加3679万人，网民中使用手机上网的人群占比由2014年12月的85.8%提升至88.9%，随着手机终端的大屏化和手机应用体验的不断提升，手机作为网民主要上网终端的趋势进一步明显。

（2）在互联网高速发展的趋势下，旅游电子商务的模式更趋多元化。传统旅游电子商务以B2B（旅游企业对旅游企业电子商务）为主，如今B2B（旅游企业对旅游企业电子商务）、C2B（旅游者对旅游企业电子商务）、B2E（旅游企业与非旅游企业电子商务）等各种形式的旅游电子商务都能方便地在互联网上实现，以降低企业的贸易成本、采购成本或拓宽旅游企业的营销渠道。更重要的是，在多样化的旅游电子商务模式下，旅游企业的功能和经营方式也发生着巨大的变化。一批新型旅游企业开始出现，并且以迅猛发展的势头已经或正在打破旅游业原有的格局。

德格利夫旅行社是法国仅次于新边界旅游公司的第二大旅行社。然而，与新边界旅行公司门市遍布法国不同，它是一家没有门市的旅行社。德格利夫旅行社成立于 1991 年，是法国第一家利用电子媒体开展业务的旅行社。它创建时只有 4 人，到 1998 年人员已经增加至 160 人，销售总额达 4.6 亿法郎。这几年仍在不断增长。它可通过互联网向顾客提供旅游观光、度假、机票预售和客房预订、歌剧或音乐会等门票的销售，以及书籍、音像制品等的网上购买。

2014 年，中国旅游市场交易规模约为 32500 亿元，同比增长 10.3%；在线旅游交易规模达到 3670 亿元，同比增长 45.6%，在线渗透率为 11.3%。2015 年中国旅游市场交易规模为 41300 亿元，其中在线市场交易约达 5402.9 亿元，同比增长 47.2%，在线渗透率为 13.1%。

三、旅游电子商务的主要功能

电子商务主要是以网络技术为主的电子手段为企业提供信息流、资金流和物流的电子解决方案。但在目前的旅游电子商务中，物流只占很小的份额，而资金流主要还是依赖传统的支付结算方案。因此，当前旅游电子商务的主要作用表现在为企业解决信息流、产品营销、客户关系管理以及旅游企业间开展电子化交易等方面。

（1）实现旅游企业信息的网络传播及集成。旅游企业对信息的依赖性很强，具体表现在两个方面：一是要收集和存储大量与企业经营相关的行业信息；二是要将自己的有关信息及时向外发布。这种信息的收集和发布可以说是旅游企业生存的基础。因此，旅游电子商务的首要任务就是通过自己特有的网络系统完成企业所需信息的传播和集成。

（2）实现旅游企业的网络化营销。旅游电子商务的本质就是利用以网络为主的电子技术经营和销售旅游企业自己的旅游产品。

（3）实现旅游企业客户关系的网络化管理。由于不再依赖面对面的交流，对电子商务时代来说，网络化、智能化的客户关系管理将是企业在激烈的市场竞争中取胜的关键。

（4）实现旅游企业的电子化交易与合作。旅游企业最大的特点是离不开合作。旅游供应商和以旅行社为主的旅游代理商之间、组团社和地接社之间都离不开合作。而旅游电子商务将在很大程度上使这些旅游企业的交易电子化，因为电子化交易可以超越空间的限制，扩展合作领域，提高工作效率，降低交易成本。

四、旅游电子商务的应用领域

旅游电子商务的各种功能通过企业所选择的不同的电子商务模式而在不同领域发挥着不同的作用。随着旅游电子商务的不断发展和深化，它在旅游业的应用也越来越广，几乎无所不在。其中，较为典型的应用领域有销售预订、信息服务、客户关系管理（CRM）、供应链管理（SCM）以及企业资源计划（ERP）等。

1. 销售预订

销售预订是旅游电子商务最广泛的应用之一。其销售模式既有 B2B 方式的，也有

B2C 方式的；其运作方式既有集团联合的，也有企业自营的，还有网络服务商提供平台的。常见的销售预订方式有以下几种：

（1）计算机预订系统（Computerized Reservation System，CRS），是一个专供航空公司和旅游企业使用的网络预订系统，从航空公司的机票销售预订逐步扩展到旅行社代理商，服务范围则扩大到客房预订、租车等方面。

（2）全球分销系统（Global Distribution System，GDS），是以国际性航空公司为基础，与连锁饭店、汽车租赁公司、铁路公司、旅游供应商、旅游代理商等形成联盟共同建设的，能通过计算机网络为成员提供信息服务、航班预订、饭店订房、铁路订票、汽车预租、旅游预订等综合服务的分销系统。Amadeus、Galileo、Sabre 和 Worldpan 是航空领域的四大全球分销系统。

（3）饭店集团中央预订系统（Center Reservation System，CRS），是饭店集团自建的预订销售系统。顾客可通过此系统预订该集团在全球各地任意一家饭店或度假村的客房，并且在几秒钟内就可得到确认。中央预订系统使饭店集团能有效地将客源保持在集团内部。

（4）旅游目的地营销系统（Destination Marketing System，DMS），通常是由旅游目的地地方旅游政府和专业旅游网络服务商共同开发建设的，为宣传当地旅游资源、开展旅游产品营销、实现旅游预订、方便企业交易以及接受市场反馈与投诉等综合性系统。旅游目的地营销系统已成为旅游发达国家和地区进行旅游资源网络营销的先进平台，在英国、西班牙、澳大利亚、芬兰等 10 多个发达国家和地区已得到较为广泛的应用。在我国，近年来也非常重视 DMS 的建设。2002 年下半年，我国就开始在广东省和大连市等地进行试点。2004 年 3 月，在福建举行“2004 年旅游目的地营销系统现场推广会”时，全国已有大连、三亚、珠海、苏州、厦门、深圳、桂林等十余个城市和广东省建成或正在建设旅游目的地营销系统。而在 2004 年 1 月的全国旅游工作会议上，国家旅游局已经要求“黄金周”直报旅游城市和有条件的地区尽快建设旅游目的地营销系统，以便在我国建设成全国性的旅游目的地营销系统网络。

（5）基于互联网的旅游网站预订系统，一般由旅游企业特别是专业旅游网络服务商建设，各类门户网站也开设了具有宣传和预订功能的旅游频道。这类系统可通过互联网进行以 B2B 特别是 B2C 为主的旅游预订，而且由于利用互联网扩大了客源范围，简化了交易手续，其经营业绩正逐步提高。在国旅总社 1.7 亿美元的旅游业务收入中，通过应用互联网技术所受益的就占到了 80%。

2. 信息服务

通过互联网对外发布旅游信息和进行市场调查、接受反馈意见是旅游企业开展旅游电子商务的重要内容之一。目前单个旅游企业在互联网上建立的企业网站还难以起到销售预订的功能，因此在互联网上发布信息、宣传企业和树立企业形象便成了其最重要的作用。

3. 客户关系管理

客户是企业发展最重要的资源之一。旅游企业推出的旅游产品只有在大量游客的消费过程中才能产生价值和利润，客户关系对企业尤为重要。CRM 客户关系管理是利用信息技术，通过应用软件来实现企业与客户快捷的信息交流，并由 CRM 系统对客户的消费特征进行挖掘、整理，最终实现个性化的市场营销与管理、客户关怀与服务跟进，最大限度地维持现有客户，开发潜在客户。

CRM 客户关系管理除包含了当今先进的管理学与电子商务理念外，还集成了多种信息技术，如网络技术、多媒体技术、数据仓库和数据挖掘技术、支持决策系统、专家系统、呼叫中心等。

4. 供应链管理

供应链管理是指从产品制造商、原料供应商、代理商、物流直到消费者所形成的一条价值链。而供应链管理（SCM）则是通过相关企业的相互连接的信息系统，以协同计划、预测、补货等方式为顾客提供适时、适地、适量的产品。旅游消费是一种对消费者而言随机性很强的消费，国际旅游的散客化、个性化潮流必然促使旅游产品的相关企业加强合作，供应链管理也将成为旅游电子商务未来发展的一个重要方向。

5. 企业资源计划

根据美国生产及存货管理协会（APICS）字典的定义，企业资源计划（ERP）是一个以企业会计为向导的信息系统，其目的是对企业的制造、配送和结算等环节的企业资源进行合理的规划和管理。它在传统的制造资源计划（MRPⅡ）的基础上运用了新的信息技术，如计算机与网络技术、关系型数据库、第四代语言、图形用户接口（GUI）等。

企业资源计划是一个应用软件系统，利用企业在生产、存储、销售、财务、运输等环节中的信息流，以企业会计为基准，通过系统的运算处理，获得最佳的资源配置。

第 2 节　旅行社电子商务

旅行社和旅游交通、饭店业是旅游行业的三大支柱。在向旅游者提供旅游服务的过程中，旅行社起着媒介、桥梁和经纪人的作用。旅行社是旅游活动的组织者，又是旅游产品重要的销售渠道，堪称旅游业中的龙头。但旅行社要实现这些作用，必须收集和整理大量旅游者的需求信息，必须获取和处理大量旅游产品的信息，并以此为基础，作出合乎旅游市场的旅游产品设计、整合和采购。因此，信息是旅行社赖以生存的基础。而电子商务时代正是信息的时代，所以努力开展电子商务既是旅行社发展的需要，也是时代的要求。旅行社电子商务是旅行社运用电子手段对生产服务过程中的市场调查、产品开发、采购、信息发布、成品销售、接待与客户关系、财务等进行电子化管理，并运用电子商务理论来指导旅行社经营管理的过程。在旅行社电子商务中，需运用电子商务理论来指导旅行社经营管理与采用电子化手段来完善旅行社各个环节的操作。

一、我国旅行社与电子商务

（一）我国旅行社电子商务的发展

20世纪20年代，中国第一家旅行社在上海成立。我国旅行社的大规模发展则是在20世纪80年代中期。到1988年年底，旅行社数量猛增至1573家，改革开放初期国旅、中旅和青旅三分天下的垄断局面已不复存在。我国旅行社的这种快速发展，一方面促进了旅行社的产业化，另一方面造成了我国旅行社总体规模偏小、鱼龙混杂、竞争无序和服务难以规范的局面。我国旅行社业也正是在这种情况下进入了20世纪末来临的电子商务时代。

在我国，旅行社开展电子商务始于20世纪90年代中期。上海春秋旅行社较早开展了电子商务，1994年，上海春秋旅行社建立了内部的计算机实时预订系统，并利用该系统快速、准确、规范、统一和方便等特点，扩大网点，增加网络成员，很快就形成了较为合理的代理商预订系统。2000年，上海春秋旅行社组建了春秋旅游网，2001年，有了将该网从简单的信息发布改造为可进行旅游电子商务的多功能平台。上海春秋旅行社的这种信息化、网络化发展，逐步提高了企业的电子商务水平和功能，也使企业不断攀上新的发展阶段。1997年，春秋旅行社在我国发展网络成员30余家，1998年增加到50家，2000年年初已扩大到200余家。1997年春秋旅行社的网络营业额为932万元，1999年网络营业收入达到6000多万元。

而由中国国际旅行社、广东新太信息服务有限公司和华达康投资控股公司共同投资建设的华夏旅游网（www. ctn. com. cn）则是我国最早出现的旅游网站之一。1999年年底，华夏旅游网和香港TOM. COM联合成立了Itravel公司，并于2000年推出了多种语言的版本。经过多年努力，华夏旅游网逐步建成酒店预订、外联销售、出境游销售和游船预订等多个子系统，可向业界提供B2B的电子交易平台；同时还可以进行面向互联网公众的机票、客房预订及旅游线路自由定制在内的个性化旅游的B2C交易。在传统旅行社积极开展电子商务的同时，基于互联网来开展经营业务的新型旅行社在我国也应运而生。广东岭南旅行社是我国第一家电子旅行社。

自中国国旅总社参与投资创办华夏旅游网以来，经过近二十年的探索与积累，中国旅游电子商务网站蓬勃发展，且数量不断攀升。据CNZZ统计数据显示，截至2015年6月，全国共有各类旅游网站6.51万家，2015年上半年平均每天行业独立访客数达到3604万。其中景点机构企业达到5.21万家、商旅类3893家、旅游论坛社区8932家。

（二）我国旅行社线上市场交易规模

微信营销、微博营销、APP客户端、电子商务网站……近几年，旅行社电子商务业务做得风生水起。与此同时，各大旅行社也在加快实体门店的建设，主题店、体验店等不断涌出，纷纷开启“线上销售+线下服务”的销售服务模式，互联网和信息技术正在改变消费者的消费方式、经营者的经营方式。由于移动端即时、便捷的特性契合了网民的商务类消费需求，移动商务类应用成为拉动网络经济增长的新引擎。2015年上半年，手机支付、手机网购、手机旅行预订用户规模分别达到2.76亿、2.70亿和1.68亿，半年度增长率分别为26.9%、14.5%和25.0%。这得益于移动支付技术与设备的日益完善，以及“线上支付线下服务”模式的逐渐成熟，移动商务应用正在逐渐被越来越多的用户所接受。

2015年旅行社市场交易规模约为3652.9亿元，较2014年的3285.1亿元同比增长11.2%。其中在线市场规模达735.5亿元，较2014年的429亿元，增长71.4%，占比约为13.6%，在线渗透率为20.1%，较2014年的13.1%增长约7个百分点。由此可见，虽同处于增长趋势，在线旅行社市场份额的增长幅度已经远高于线下旅行社。另外，在线旅行社市场份额前三之和占整个在线旅行社市场的半数，分别是携程、途牛、同程，占比分别是25.5%、15%和9.5%。

另外，价格较低、常规的旅游产品可以通过在线预订方式，节省时间，而相对高端或定制产品还需到实体店进行面对面交流购买。

（三）电子商务时代我国旅行社面临的主要问题

（1）全国性的旅游电子商务市场尚不成熟。旅游电子商务的发展依赖于互联网的普及和应用程度，其中互联网用户在人口中所占的比例也是影响旅游电子商务的关键，因为网络用户群正是旅游电子商务中客源市场之所在。美国是旅游电子商务的发源地，也是旅游电子商务高度发达的国家。除了美国旅游企业的信息化程度更高、网络技术的运用能力更强外，互联网用户在人口中所占的比例大、增长快，为旅游电子商务提供了丰富的客源市场，也是其发展迅速的重要因素。早在1997年，美国互联网用户就已经超过了5000万，而我国只有63万，1998年便突破了1800万，2003年则更是达到15000万。1997年美国上网家庭只占家庭总数的22%，到2003年已达到56%。2009年7月底，美国上网家庭总数达1.891亿人，与5月的1.908亿人相较，出现了令人意外的下滑。中国互联网络信息中心（CNNIC）2016年1月22日发布第37次调查报告显示，截至2015年12月，中国网民规模达6.88亿，互联网普及率为50.3%；手机网民规模6.20亿，占比提升至90.1%。个人上网设备进一步向手机端集中。

（2）新兴旅游中间商崭露头角，旅游代理市场竞争进一步加剧。在传统旅游业中，不管是批发还是零售，旅游中间商的角色主要是由旅行社来扮演的。随着电子商务，特别是旅游电子商务的兴起，旅游中间商的多元化已不可避免。这其中既有传统型的旅行社、具有电子商务能力的实体旅行社和虚拟旅行社，也有旅游综合网、旅游专业门户网站、区域旅游网、其他综合网站的旅游频道和专业的旅游电子商务平台供应商等。众多形式的旅游中间商的并存必然打乱原有的市场格局和原有的分工关系，旅游中间商代理市场已经进入狼烟四起的战国时代，企业间的合作和竞争都势必进一步强化，投资风险业也随之加大。

（3）旅行社信息化和商务电子化程度较低，其经营模式与开展电子商务的矛盾加剧。我国目前的旅游企业中，饭店业信息化程度较高，信息化对饭店企业的经营管理影响也最大，目前取得的电子商务成果仅次于航空业而位列前茅。但对旅行社来讲，一方面，信息化和电子商务的普及程度比较低。以信息产业和旅游业都较为发达的广东省为例，2000 年的一项调查显示，在全省 500 多家旅行社中只有 20 余家建立了自己的旅游网站。另一方面，即使在开展电子商务的旅行社中，在经营管理中体现电子经营理念的也是凤毛麟角。其中，大多数旅行社网站主要仅起到网上宣传作用。然而在电子商务时代，旅行社的竞争将逐渐从争夺客源市场的直接竞争转向比拼经营模式的间接竞争，能否快速顺应电子商务的发展潮流、能否快速运用电子商务的最新技术、能否快速融汇电子商务的最新管理理念，将是能否在竞争中取胜的关键。

（四）我国旅行社电子商务具备的优势

尽管我国旅行社电子商务在发展过程中还存在一些问题，面临不少挑战，但也具有一定优势。

（1）旅行社和我国其他旅游企业一样，具有开展电子商务较好的先天条件。主要表现在旅游企业中旅行社和旅游供应商、旅游交通企业已存在的长期合作关系，也为彼此间开展电子商务提供了有利条件。旅行社和我国其他旅游企业一样，物流问题历来被认为是阻碍电子商务发展的瓶颈之一。特别是随着电子票务技术的进一步成熟和推广，物流问题对旅游业务的负面影响将会越来越小。

（2）我国电子商务硬件设施已有很大改善，技术上与其他发达国家差距较小，这为旅行社开展电子商务打下了较好的基础。一方面，国家非常重视信息基础设施建设和信息产业发展。1993 年 9 月，美国政府在全世界率先提出建设国家信息基础设施，即著名的Ⅷ计划；同年 12 月，我国政府部门专门成立了国家经济信息化基础建设龙头的“三金工程”，并于 1994 年开始实施。另一方面，近年来，各地方政府也极为重视信息化特别是信息基础设施的建设。

（3）我国电子商务发展和电子商务市场的不均衡分布与旅行社分布的不均衡基本吻合，这为大多数旅行社开展电子商务提供了一个相对良好的区域环境。截至 2003 年 12 月 30 日，我国地区网站数量分布仍不均衡，网站数量分布比例超过两位数的只有北京和广东两地；反过来，分布比例小于 1% 的地区却有 11 个。北京、广东、浙江、上海、江苏五地之和，就占了全国的 63.6%，如果再加上福建、山东、辽宁，则占全国的 76%。从上述数据不难发现我国电子商务发展的不均衡性。此外将这种现象推广来看，无论是电子商务较发达的省市，还是电子商务相对不发达的省份，电子商务资源又相对集中于当地的个别城市或区域，即某一地区内部，这表明电子商务发展具有不均衡性；而这种不均衡又正好与各地经济发展的不均衡相对应，也与我国国内客源的分布不均衡以及我国旅行社分布的不均衡相对应。这些相互对应的不均衡性对电子商务相对发达地区的旅行社开展电子商务来讲，也提供了相对有利的发展空间。第一，这些地区电子商务技术和基础设施相对发达；第二，这些地区旅游企业原有的信息化程度较高；第三，这些地区的电子商务市场特别是旅游电子商务市场相对广阔。而这些正是旅行社开展旅游电子商务的有利因素。

（4）中国旅游电子商务备受风险投资的青睐。近几年来，伴随互联网技术、居民生活水平的提升，中国旅游市场日益庞大，旅游电子商务更是备受风险投资的青睐。据

JD. COM 政策研究室统计数据显示，2014 年我国旅游电商领域的风险投融资事件约有 50 起。其中，投融资额在 1000 万美元以上的有 13 起，投融资额在 2000 万美元以上的有 7 起（见表 9-1）。中国互联网络信息中心（CNNIC）统计，截至 2015 年 6 月，在网上预订过机票、酒店、火车票或旅游度假产品的中国网民规模达到 2.29 亿。在未来，随着互联网普及率的不断攀升，中国旅游电商市场发展潜力巨大，受到越来越多风险投资商的追捧。如途家网在 2014 年 6 月获得了高达 1 亿美元的风险投资，这笔年度最大的风险投资分别来自携程、HomeAway 等七家投资方。另外，1/3 的风险投融资聚焦于出境游，成为 2014 年度旅游电商风险投资的热门领域。除此之外，周边游、C2B、移动应用也是风险投资的重点。

表 9-1　2014 年中国旅游电商领域风险投资事件表

旅游电商平台	模式	成立时间	融资时间	融资规模
在路上	旅行分享应用	2011 年 10 月	2014 年 4 月	2000 万美元
途家	房屋短租	2011 年 12 月	2014 年 6 月	1 亿美元
我趣旅行网	出境自助游	2014 年 3 月	2014 年 9 月	2000 万美元
驴妈妈	自助游	2008 年	2014 年 10 月	3 亿元人民币
八爪鱼	B2B	2011 年 12 月	2014 年 11 月	1.5 亿元人民币
面包旅行	移动旅行社区	2012 年年初	2014 年 12 月	5000 万美元
旅游圈	B2B	2014 年 1 月	2014 年 12 月	1.2 亿元人民币

资料来源：JD. COM 政策研究室的发布数据。

这些有利因素也不仅是针对旅行社而言的，还必须看到，这些有利因素对当地新兴旅游中间代理商的产生和发展来说同样是一片沃土。因此，这些区域的旅行社必须抓住机遇，通力合作，将旅行社电子商务迅速发展起来。抓不住机遇，将会被抓住机遇者抢走生存空间。

二、旅行社电子商务体系的基本组成

电子商务起源于 EDI 方式的电子化交易，形成以互联网为基础的信息交流，发展到现在已深入企业经营管理的各个领域。

如今，电子商务不再是简单制作几张网页，一个网站就建成了，而是要从根本上改变企业原有的依赖于生产和以生产为中心的传统管理模式，使企业经营建立在信息管理和科学决策的基础上，在客户关系管理、供应链管理和内部管理等各个方面都提升到电子化、数字化和智能化的新境界，提高企业的反应能力、生产效率和市场竞争力。

旅行社开展电子商务时，必须以旅行社信息化和商务电子化为前提，结合旅行社自身的特点，改造传统的操作手段和操作流程，并建立起与新的生产方式相适应的经营理念和管理方式，从而形成一套完整的不断螺旋上升的良性电子商务体系。从构建旅行社电子商务体系的角度来说，旅行社电子商务的体系结构中主要有层次结构、功能结构、软件结构、物理结构和相应的管理机制。其中，层次结构是从旅行社管理的角度将企业的电子商务分为基础的作业处理层、中间的管理控制层和顶端的战略决策层三个子系统；功能结构则反映了在层次结构下，系统中各个部门通过该系统都应完成的工作；软件结构体现了为实现系统的总体目标和具体功能所需要的软件组成及其相互关系；物理结构是整个电子商务体系为了保障软件系统能实现其功能而必须具备的硬件构成，以及系统硬件资源、软件资源和信息资源地理分布及拓扑关系。另外，可以从旅行社实现电子商务的角度来分析旅行社电子商务体系的组成框架。

三、旅行社电子商务的设计与实施

旅行社要开展电子商务，应当建立一套切实可行的旅行社电子商务系统。而旅行社电子商务系统的设计，应根据旅行社电子商务体系的基本结构，结合旅行社自身的市场定位和经营特点，参考先进的管理学理论，并最终形成能促进企业信息化、智能化和提高效率、降低成本的电子商务模式。目前，从旅行社管理信息化和商务电子化的发展过程来看，旅行社计算机软件的设计和开发呈现出以下一些发展趋势：

（1）从单功能软件到集成软件，从旅行社管理信息系统与旅行社电子商务系统，由各自独立的系统向逐渐整合的方向发展。早期计算机在旅行社的运用主要是处理某些部门的特殊需要，而现在计算机不但能处理各部门的局部数据，而且将旅行社的各方面信息处理集成到一起，形成一个完整的信息和交易处理系统。

（2）从事务处理到管理系统，并向决策型软件发展。事务型软件主要是对人工操作的模仿，减少人工失误，降低人工成本，提高工作效率；管理型软件不再以减少人工操作为主要目标，而是通过计算机处理实现数据的电子化，再对电子化的数据进行统计、归纳、分析等深层次的加工，使日常事务活动中产生的数据转变为管理提供参考的信息；决策型软件则不但可以更进一步为管理提供参考信息，而且可以利用数据模型，通过加工获得的信息进行直接决策或辅助决策。

（3）从 C/S 模式向 B/S 模式或 C/S 与 B/S 模式结合的方向转变。C/S 模式，即 Client/Sever 模式，用该种模式开发的软件业务变更或改变不够灵活，维护和管理的难度较大，需要专门的客户端安装程序，不能够实现快速部署安装和配置，对开发旅行社电子商务系统来说已不太适用。B/S 模式，即 Browser/Server 模式，按这种模式开发的软件具有分布性特点，可以通过 Internet 随时随地进行业务处理，而且系统维护和业务扩展也简单方便。通过修改或增加网页即可实现所有用户的同步更新或系统功能增加，是目前开发基于 Internet 应用系统的主要模式。当然，如果将 C/S 模式中客户端数据处理和打印功能强的特点结合在 B/S 模式中，就能开发出功能更强的旅行社电子商务系统。

根据旅行社计算机软件的特点，设计开发旅行社电子商务系统时，应着重考虑以下几点：第一，可将企业办公自动化系统、管理信息系统和电子商务系统综合起来设计，使企业的经营决策、业务管理和营销管理通过信息流的共享而整合成一个有机的系统。

这样既可以增强信息共享程度，也可减少信息流转的中间环节，提高利用率；同时还可以减少重复投资，降低成本。第二，由于对外信息交流是旅行社开展业务的基础，设计以电子商务为中心的企业计算机系统时，应以B/S或C/S与B/S结合的模式为主，建立基于Internet、采用Web技术的开放型系统。第三，鉴于目前通过Internet进行多媒体实时交流尚未形成气候，中小旅行社电子商务可以通过企业资源计划（ERP）为主的企业内部业务流重组来设计电子商务系统，大中型旅行社则可建立包含企业资源计划和供应链管理的企业外部业务流重组为基础的电子商务系统。

实施旅行社电子商务系统时，可根据企业规模和现有条件，采取系统各模块整体实现或分步骤逐步实现的不同策略。对电子商务的硬件基础——网络系统，大中型旅行社可采取建立企业内部局域网（Internet），再实现Internet和Internet的连接；对中小旅行社则可利用Internet完成企业包括电子商务在内的整个计算机信息系统。

第3节　旅行社管理信息系统

旅行社管理信息系统是一个由人和计算机信息设备组成的对旅行社经营管理过程中产生的信息进行收集、录入、存储、传输、处理、维护和使用的综合系统。它是现在旅行社开展电子商务的起点；同时，旅行社通过电子商务从外部获得的数据要最终回到该系统中才能对企业自身的经营产生作用，目前旅行社内部信息处理自动化备受关注，越来越多的旅行社开始寻求适合自身业务特点和需要的自动化信息处理系统。计算机的使用在旅行社行业逐步普及，从单项业务自动化到全社各项业务实现“一条龙”式的电子计算机处理，大大提高了旅行社的运行效率和管理水平。

一、旅行社信息管理系统（MIS）的内涵

（一）MIS的概念

管理信息系统的概念最早于1961年由加拉格尔（J. D. Gallagher）提出。管理信息系统是指采用计算机技术，运用现代化的管理思想和方法，对企业管理和决策工作中的信息进行收集、存储、加工、分析，以辅助日常业务处理、决策方案的制订和优选等工作，以及跟踪、监督、控制、调节整个管理过程的人—机系统。

（二）旅行社MIS的功能特点

旅行社MIS管理系统包括管理软件与资源信息库两个主要部分，能够实现包括对外销售（外联）、接待安排（食、住、行、游）、陪同管理、信息服务、客人账务结算、成本分析和财务账目管理等多种功能，它可以满足业务活动中一、二线各部门管理人员（外联、接待、财务）的多种需要。由于与旅行社的经营机密相关，各旅行社MIS在某

种程度上都是对外保密的。

与一般企业 MIS 的功能相比较，旅行社 MIS 有如下特点：

（1）旅行社 MIS 包含一个庞大的资源信息库。涉及接待旅行团并及时安排日程计划，所需车、船、飞机在各地间开行的时刻表，本地交通、酒店、旅游景点、风味餐饮的多种信息，如档次级别、风格特点、价格及优惠办法等。这些资源的信息库与客户的资料信息库共同构成了旅行社经营活动的基础。

（2）旅行社 MIS 面向外联管理、接待管理、财务管理三大业务。在旅行社 MIS 中，外联、接待、财务三大业务之间的信息流动相对简单，很少出现交叉和重复的信息。而在其他很多企业中，信息流往往比较复杂，很多经营生产信息需要在部门间交流、往复、汇总、核对、制表。

（3）在旅行社中，使用 MIS 最频繁的工作人员是外联人员和接待人员。

（4）对管理活动进行约束、协调、控制。作为人—机结合的辅助管理系统，MIS 可以通过系统管理信息，还可以通过信息流对管理活动进行有效的约束、协调、控制、辅助并优化旅行社所作出的决策。

（5）在旅行社中，MIS 的主要作用是帮助旅行社完成比较程序化的一系列经营办公活动。MIS 数据处理的复杂性不大，因此不需要功能很强的计算机工作站，然而系统用户对于人—机对话的方便程度要求较高。

二、旅行社信息管理系统的应用范围

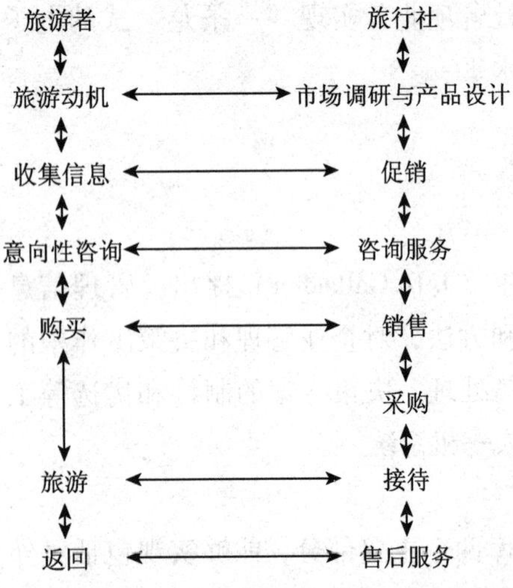

图 9－1　旅游决策过程与旅行社基本业务

资料来源：陈小春．旅行社管理学，中国旅游出版社，2003.

旅行社作为为旅游者提供服务的专门企业，与生产有形产品的企业相比，最大的区别在于旅行社的生产过程就是为旅游者提供旅游信息和旅游相关服务的过程。因此，旅行社必须有符合其特征的信息管理系统，一般认为旅行社信息管理系统包括旅游接待服务系统和办公事务综合管理系统两个部分。

（一）旅游接待服务系统

旅游接待服务系统是对旅行社生产服务过程的计算机化，即通过各种途径收集旅游者的需求信息和目的地的旅游资源信息，并进行存储、整理、分类。要将旅行社的生产服务过程计算机化，必须从对旅行社的基本业务流程的分析开始。

如图 9－1 所示，从旅行社和旅游者不同的角度，旅行社业务包含两个流程，即旅行社旅游产品的销售与服务过程和旅游者的旅游决策与旅游实现过程。

根据旅行社的基本业务流程，旅行社的信息处理包括以下几个方面：

（1）关于旅行社产品设计与开发的信息处理。旅游产品的设计与开发是旅行社开展旅游服务的第一步。只有生产符合旅游者需求的产品，旅行社后续的销售及服务过程才能得以顺利开展。因此，旅行社人员了解和收集旅游者的需求信息和目的地的旅游资源信息非常关键。通过对这些信息的存储、分析和整理，并结合旅行社现有产品的情况，寻找或重新设计出满足旅游者需求的产品。

（2）关于旅行社产品销售的信息处理。旅行社产品的销售过程包括：旅行社产品销售渠道的确定，旅游中间商的选择和管理，销售价格的制定以及促销手段的采用等。因此，在旅行社产品的销售阶段，旅行社需要处理的信息主要有旅游中间商信息、旅行社产品价格信息及促销手段信息。还有旅游者的基本信息资料和对旅行社产品的反馈信息。通过对这些信息的收集和处理，旅行社可以对整个产品销售过程进行跟踪和评价，及时发现销售过程中存在的问题和不足之处，并进行随时更正与弥补，以便为今后开展类似的工作提供参考和借鉴。

（3）关于旅游服务信息处理。旅行社产品的好与坏，货真价实与否，要通过旅游服务过程来体现和检验。旅行社服务过程包括旅游服务采购与旅游接待服务工作。在旅游服务阶段，旅行社要延续和利用其产品销售阶段存储的旅游者需求信息，同时收集和分析旅游采购信息，并对接待服务全过程产生的数据信息进行详细的记录与计量，使接待服务工作标准化和程序化。

（4）旅行社数据资料信息的管理与利用。旅行社对数据资料信息的管理与利用包括两个方面的工作：①收集旅行社业务流程中的所有数据资料信息；②处理信息，并将信息反馈到旅行社业务流程的各个阶段，对旅行社的整体工作加以指导和完善。利用数据资料信息的方式很多，既可以对存储内容进行简单查询，又可以对存储内容进行多种对比和统计分析。从对旅行社经营管理的贡献上讲，加工处理和筛选的次数越多，产生的数据资料信息的价值就越大。

（二）办公事务综合管理系统

旅行社的日常办公事务信息管理主要表现为劳动人事信息管理、财务信息管理和办公室自动化，还包括对经营过程中耗用的物资资源（主要表现为各种办公用品和一些低值易耗品）的管理。旅行社对物资资源的管理过程比较简单，所以在此不予考虑。

（1）旅行社劳动人事信息处理。旅行社的劳动人事信息管理体现为两个方面：第一是常规的人事信息管理，负责记录从业人员的姓名、性别、出生日期、文化程度、技术职称、行政级别、工资等内容。这些信息的状态日常变动不是很大，对它们的利用主要是查询和综合统计；第二是负责记录从业人员工作表现和考勤数据及其统计结果，这些数据信息的变动性比较大，通过记录与汇总，影响的是从业人员的奖金、津贴等工资项目中的变动数据部分，而变动数据中的效益工资则要通过旅行社当期经营情况来统一考虑。目前我国比较常用的软件有北京金伟劳动人事信息管理软件，它能够对劳动人事工作进行全过程的管理，除了传统的人事档案、工资管理外，还可以进行职工培训、社会保险、劳动合同及劳动组织和劳动力管理等，非常实用和方便。

（2）旅行社财务会计信息处理。旅行社的财务会计信息处理可以分为收入数据和支出数据的记录处理，而具体工作时一般以旅游团队为最小核算单位来考核有关人员的工作业绩。由于旅行社工作的特殊性，有大量的业务需要与其他旅行社或旅游服务的提供者来协作完成，这就导致了旅行社的各种应收及应付往来款项业务量很大，结算业务比较繁重。将计算机引入旅行社财务会计数据的处理过程，将极大减轻财会人员的工作量及工作强度，并提高工作速度和工作质量，使旅行社经营成果的核算更加科学、合理、高效。常用的财务软件有用友和金蝶财务软件。

（3）旅行社办公事务信息处理自动化。旅行社的日常业务有大量的工作需要与其他旅行社及酒店、餐馆、航空公司、旅游景点等旅游服务的提供者相联系；另外，旅行社在旅游产品设计、旅游产品销售及旅游接待服务过程中都有大量的文件、档案资料、信件及公函需要起草、传递、执行和保管，这些工作构成了旅行社行政管理部门日常工作的主要内容。如果将以计算机为代表的现代化办公手段实施于旅行社的办公工作过程，则可以实现旅行社与其他协作单位的往来办公业务的自动化，利用计算机及其网络系统向协作单位收发传真、电子邮件，对旅行社的文件、档案资料等实现全方位的计算机管理。

三、旅行社信息处理系统的结构模块

旅行社的业务功能包括产品开发、产品促销、采购业务、接待管理、人事管理、外联管理以及财会业务等多方面。因此，为了获得完整的数据资料，旅行社需要对业务流程中每个环节所产生的信息都进行加工、处理并存储，需要时就将信息调出运用。按照旅行社的基本业务，我们将旅行社计算机信息处理系统分为六大模块，如图9－2所示。

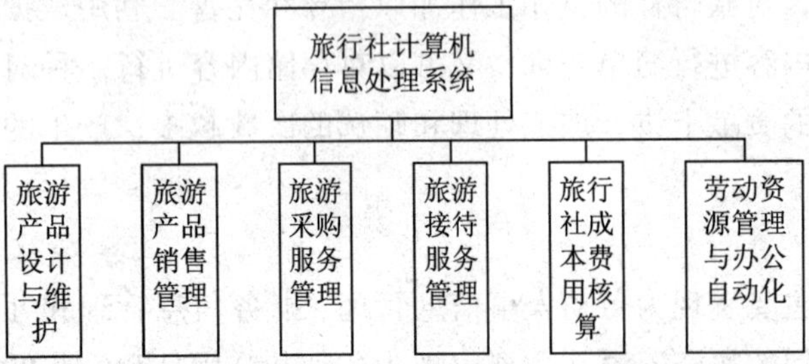

图 9－2　旅行社计算机信息处理系统模块

资料来源：陈小春．旅行社管理学，中国旅游出版社，2003.

这六大模块是相互联系、相辅相成的。信息在一个模块中产生，在接下来的模块中被加工利用。根据各个模块的相关程度，将六大模块加以整合，就可以把整个信息处理系统分为四个子系统：旅游产品设计与销售信息处理子系统、旅游服务采购与旅游接待服务信息处理子系统、旅行社结算与成本费用核算信息处理子系统和旅行社劳动力资源管理与办公自动化子系统。

按组织管理活动的层次来划分，旅行社信息系统又可以包括作业控制、管理监督和战略规划三个层次的子系统。随着竞争的加剧，在战略层上产生了决策支持系统（DDS）、战略信息系统（SIS）和竞争情报系统（CIS），它们代表着信息系统的发展方向。

四、旅行社管理信息系统的开发

（一）旅行社管理信息系统开发的要求

旅行社 MIS 开发应用是一项系统工程，因为它涉及的人员广、部门多、时间长、过程繁复，因此在开发过程中需要有如下的要求：

（1）旅行社的 MIS 不宜独立开发，可采用 MIS 调试使用的方式。

（2）有的放矢地选择。应根据旅行社的规模在各类系统中进行选择，做到投资适度，同时追求较高的投入产出比。

（3）硬件突出高可靠性，软件突出用户友好性。选购 MIS 时，在硬件方面要做到设备质量可靠、供货期可靠、维护保障可靠；在软件方面，用户的人机对话界面要友好，易于用户操作、维护和扩展。

（4）重视人员培训。旅行社的业务管理带有很强的集体办公性质，管理人员不仅要利用计算机系统实现信息共享，还要利用它实现办公自动化，提高办公效率。所以，培训工作非常重要，既要对每位员工的具体工作进行指导，又要培养他们的合作意识，使整个信息系统的操作和维护能够顺利进行。

（5）高标准选择电脑部门负责人。负责人的选择在旅行社实行信息化的过程中至关重要。旅行社 MIS 运行维护水平在很大程度上取决于负责人的个人技术水平。负责人技术不过关会阻碍旅行社信息化的进程。

（6）建立严格的管理制度。基础数据库是整个 MIS 系统的信息源泉和建构基础。旅行社必须制定严格的制度来确保 MIS 的正常运行，确保信息更新及时以保持与实际业务网信息流的高度一致。

此外，在旅行社 MIS 开发过程中，旅行社内部还有一些关键的工作必须做好。比如，信息的规范化、工作人员人机对话能力的培养等。任何一个环节的瘫痪都有可能给整个系统的运行增加障碍，甚至会使 MIS 夭折。

（二）旅行社管理信息系统开发的途径

旅行社开发和获得管理信息系统的途径有很多种，最关键的是要结合自己的经营目标、自身规模、资金状况、人力资源、业务范围与所处的内外环境等方面的条件来综合决定以何种形式进行系统开发。

（1）购买现成软件。如小型企业信息系统或财务管理系统等，只需购买现成软件，继而进行软件改善和调试等二次开发工作，就可以满足企业的专业性需求。

（2）委托开发。有一定经济实力的旅行社，委托专业的系统开发公司进行系统开发，并派出本企业人员参与沟通。

（3）联合开发。这种方式适合于有一定的技术力量，希望通过联合开发提高自己的技术队伍的水平，以便于后期进行系统维护工作的旅行社。

（4）自主开发。优点是可以开发出适合本旅行社特点的系统，便于公司内员工接受和操作。但开发水平可能较低，需向专业人士或公司进行咨询。

（三）实施旅行社 MIS 的作用

（1）可以提高旅行社服务的时效性。在没有建立起有效的旅行社 MIS 之前，旅行社各个部门之间需要频繁地把旅游团队资料填写于各种合同、表格、单据之中来进行信息沟通。这种信息传递方式烦琐、缓慢、错误率高，会造成工作效率低下、游客满意度降低。旅行社 MIS 建立后，数据库可以实现共享，从而减少了信息传递中介，使信息传递中的延误降到最低，削减了各环节衔接、协调、监督和控制的成本，极大地提高了旅行社的服务质量和效益。

（2）加强客户信息管理，有利于市场开发。招徕客户是旅行社的首要任务，在手工作业信息管理模式中，许多客户的信息掌握在工作人员手中，往往会随着人员的变动而丢失。采用 MIS 管理模式后，所有客户的信息均自动存储在计算机内，有利于减少人员流动对旅行社市场开发带来的不利影响。

（3）便于管理层的决策。由于 MIS 的支持，旅行社各类人员（尤其是财务人员）不用再埋头于各种合同、单据之中，而可以把更多的精力投入企业财务状况分析、融资或投资的财务分析及客户的信用审核等专业工作中去。MIS 的强大查询功能和庞大的信息资源数据库，为制定新的决策提供了先进可靠的技术支持。

在以信息技术为基础的知识经济时代，建立高效的管理信息系统能对旅行社的业务流程进行重组，让旅行社摆脱低效的手工操作，提高工作效率和顾客满意度，提高旅行社业务的科技含金量，以适应市场经济、知识经济的挑战。

思考与练习

1. 旅游电子商务的特点及功能有哪些？
2. 我国旅行社具备哪些电子商务的优势？
3. 在旅行社经营管理中信息的重要性体现在哪里？
4. 请谈谈旅行社利用信息系统进行宣传营销活动的优势。
5. 你认为我国旅行社具有哪些信息管理发展潜力？

第10章 旅行社行业管理

【学习目标】

通过本章的学习，了解我国旅行社行业管理发展的历程和特点，熟悉旅行社行业协会的职能和模式。同时认识我国的旅行社行业协会现状，并能掌握一些与旅行社有关的重要行业组织的名称和基本情况。

【内容结构】

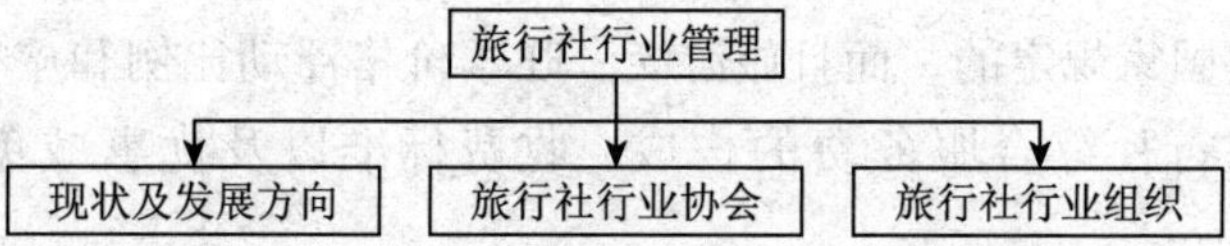

【重要概念】

行业管理　行业协会　行业组织

第1节　我国旅行社行业管理的现状及发展方向

一、我国旅行社行业管理发展历程

（一）起步阶段（1985 ~ 1991 年）

改革初期，国家对旅行社的管理是按计划经济的思维方式进行的。因为当时我国只有国、中、青三大国有的旅行社及其在各省市的分支机构，全部直接隶属于政府：国旅归国家旅游局直接领导，中旅隶属于国务院侨务办公室，青旅则由团中央直接领导。可以说“三大社”只是国家旅游局部门化的行业组织。

1984 年外联权的下放与行业壁垒的拆除，彻底打破了三大旅行社寡头垄断的局面，各种投资主体相继要求进入旅行社市场。为了有效控制这种局面，国务院于 1985 年 5 月 11 日颁布了《旅行社管理暂行条例》，对于旅行社的性质、开办条件、审批程序、经营管理、类别划分与升级以及应遵守的规则等方方面面做了种种规定。这是我国第一次以法规的形式出现的旅行社业的管理制度。它的出现有两重意义：一是表明我国政府对行业管理制度的重要性有了充分的认识；二是标志着我国的旅行社乃至整个旅游业行业管理制度的诞生，我国开始对旅行社业实行全行业管理。

这一阶段旅行社行业管理的特征是政府直接对旅行社的管理。不仅旅行社的价格水准、定价方法是由国家规定的，而且旅游淡、旺季价格浮动比例和旅行社统一的外汇保值措施，甚至连旅行社综合服务费的构成、收费标准以及优惠减免办法也由国家来确定。

（二）发展阶段（1992 ~ 1995 年）

《旅行社管理暂行条例》颁布之后，我国旅行社业的行业管理工作渐渐走上正轨。行业管理制度不断深化，行业管理内容不断扩大。但是，这一阶段的行业管理制度的特点仍然是政府直接干预企业管理。

由于中国的旅游业发展脱胎于计划经济体制之中，因此在行业管理制度的构建中还明显带有计划经济体制的惯性或路径依赖，习惯于国家的事情国家管，国家的企业国家管。这种直接管理的效果并不完全尽如人意。行业管理权威性不够、“管不住”现象时有发生。旅行社市场混乱的局面也时有发生，行业管理究竟管什么、如何管等诸多问题引发了人们的思考。

1992 年党的十四大提出以社会主义市场经济体制作为我国经济体制改革的目标模式，要求转换企业经营机制，建立现代企业制度，还要求改革政府的管理职能，发挥企业的竞争能力，把企业推向市场。这一改革对旅行社行业管理模式改革起到了很大的推动作用。政府陆续出台了一系列旅行社管理制度，如有关导游人员管理、外汇的留存办法、投诉处理的规定及旅行社质量保证金制度等。1995年各级旅游质量监督管理所的建立，反映出我国旅行社业管理制度开始注重维护市场秩序，强化对旅行社市场的检查监督功能。

（三）成熟与完善阶段（1996~1999年）

随着市场经济意识在旅行社业中的渗透，人们逐渐认识到政府的经济管理职能应当真正转变到制定和执行宏观调整政策、搞好基础设施建设和创造良好的经济发展环境上来，把不应由政府行使的职能逐步转给企业市场和社会中介组织。在具体管理方式上，就是要变对企业的直接管理为间接管理。

1996年发布了《旅行社管理条例》，取代了实施11年之久的《旅行社管理暂行条例》而成为我国旅行社业的第一个正式法规。《旅行社管理条例》的颁布，使我国旅行社业管理制度的内容扩大到行业的进入资格、行为规范和运行秩序上，标志着我国旅行社业管理制度向全面化与成熟化过渡。

在这一阶段，行业协会也得到了蓬勃的发展。1997年10月，中国旅行社协会在北京成立，之后，各省、市、地区也都陆续成立了相应的旅行社协会，这标志着我国的旅行社行业管理进入了一个崭新的阶段。政府已经逐步转变其对旅行社的管理模式，旅行社获得了很大的经营自主权，行业协会的作用也得到了公众的认可，发挥出积极的作用。

（四）创新阶段（2000~2008年）

2000年，原来属于中央单位的80多家国际旅行社划归北京市实行统一的地属管理，长期依靠政府权威取得市场信誉的“中央一类社”及其延伸的“中央部委国际旅行社”退出了历史舞台①。这是旅行社行业管理的一个里程碑，它标志着国际旅行社的产权发生了重大的变化，国际旅行社市场也引入了公平的竞争机制，开始形成优胜劣汰、百家争鸣的全新局面。

在国内旅行社管理环境初步成熟的同时，随着我国加入世界贸易组织，中国旅行社行业正在面临着巨大的挑战。为了适应我国旅游业对外开放的需要，促进我国旅游业的发展，国务院于2001年年底作出了关于修改《旅行社管理条例》的决定，并公布自2002年1月1日起施行。

首先，2003年，中外合资的旅行社开始允许外商控股，2005年，也允许外商独资旅行社进驻中国市场，而中国大多数旅行社还存在着“小、弱、散、差”的特点。这就迫使中国的旅行社开始思考其发展方向和经营模式。基于此，旅行社行业管理开始面临新的紧迫课题，即推动大型旅行社集团的形成，促进中型旅行社专业化和小型旅行社通过代理制实现网络化。

目前，旅行社行业管理还存在着许多的缺陷和不足，比如对旅游零售商或旅游代理

① 对我国旅游产业实施全面行业管理的思考，http：//www. tourq. net/tourres/tourres_ show，2006-06-08。

商的管理、对入世后的旅行社市场的管理等，都缺乏有效的制度规定。为此，认真研究入世以后旅行社行业管理面临的问题，加速旅行社行业管理制度的建设，为入世后各类旅行社公平竞争提供良好的环境，是旅行社行业管理应对入世的紧迫工作。

（五）全面管理阶段（2009 年至今）

进入 2009 年，国家主管部门和地方旅游行政管理部门集中出台了一系列法规标准，规范了管理行为，整顿了旅游行业的秩序。

2009 年 5 月 1 日起实行国务院颁布的《旅行社条例》；5 月 3 日起实施国家旅游局颁布的《旅行社条例实施细则》；国家旅游局、商务部共同颁布关于废止《设立外商控股、外商独资旅行社暂行规定》等规章的决定；国家旅游局《旅游投诉处理办法》自 2010 年 7 月 1 日起施行；2016 年 3 月 1 日，国务院总理李克强签署第 666 号国务院令，公布《国务院关于修改部分行政法规的决定》中对部分旅行社条例进行修改，进一步完善了《旅行社条例》。

为了狠抓基础，健全制度，稳步提升旅游产业素质，全行业大力宣传贯彻新的《旅行社条例》，促进旅游市场规范有序发展。上海出台了《旅馆业管理办法》，江西出台了《旅游条例》，成都颁布了《旅游业促进条例》。全行业期盼多年的《旅游法》于 2013 年 4 月 25 日第十二届全国人民代表大会常务委员会第二次会议通过，并于 2013 年 10 月 1 日起施行。

《旅游法》的出台，为维护旅游者和旅游经营者权益、规范旅游市场提供了法律保障。《国务院关于促进旅游业改革发展的若干意见》（国发〔2014〕31 号，自 2014 年 8 月 21 日起施行），以及《国民旅游休闲纲要》《国务院办公厅关于进一步促进旅游投资和消费的若干意见》《2011—2015 年全国红色旅游发展规划纲要》印发，在促进旅游业改革发展等方面提出了明确意见。简政放权继续深化，取消了边境旅游项目审批，下放了旅行社经营边境旅游资格审批和外资旅行社业务许可下放至省级旅游部门。旅行社、景区要对参与高风险旅游项目的旅游者进行风险提示，并开展安全培训。出入境政策进一步优化，与俄罗斯等 6 国缔结了互免团队旅游人员签字协议，与美国、加拿大达成互为对方旅游人员颁发 10 年多次签证的互惠安排，同时还有 35 个国家和地区单方面给予持普通护照的中国公民落地签证便利，12 个国家和地区允许持普通护照的中国公民免签入境，共有 56 个城市的 78 个对外开放口岸开展了为外国人办理口岸签证业务，北京、上海等 17 个口岸对 51 个国家外国人实施了 72 小时过境免签政策。2014 年 8 月 13 日国务院公布《国务院关于加快发展现代保险服务业的若干意见》（国发〔2014〕29 号，自公布之日起施行），其中“发挥责任保险化解矛盾纠纷的功能作用”中提到“加快发展旅行社、产品质量以及各类职业责任保险、产品责任保险和公众责任保险，充分发挥责任保险在事前风险预防、事中风险控制、事后理赔服务等方面的功能作用，用经济杠杆和多样化的责任保险产品化解民事责任纠纷”，规范了旅行社责任保险制度。

旅游业在国民经济中的产业地位不断提升，现已成为我国的战略性产业，中国旅游业对世界旅游业的影响也是不可估量的。

二、我国旅行社行业管理的内容

我国旅行社尚未形成全面的全国性同一行业管理体系，各地方旅游行业管理部门，除遵守国家旅游局制定的行业管理政策方针之外，均制定了地方性的旅游行业管理行政法规。其内容大致包括：

（1）旅行社进入规制：①注册资本要求。②质量保证金要求。

（2）服务质量要求：①导游服务质量要求（GB/T15731－1995）。②旅游服务术语（GB/T16766－1997）。③旅行社国内服务质量（LB/T004－1997）。

（3）人员资格要求：导游人员资格管理。

（4）旅游安全管理：①一般安全规定。②专门安全规定。③保障和赔偿。

三、我国旅行社行业管理的特点

（1）政府主导。政府行业管理部门（主要是国家旅游局以及各级政府设立的旅游专业管理部门）在我国旅行社行业管理中占主导地位。但政府占主导地位并不意味着以政府的行政管理取代市场运行的机制，而是以市场运行机制为基础。首先，在旅行社市场发展还欠成熟的情况下，政府主导的存在与市场机制是并存的；其次，政府主导发展旅行社业，其目的正是为了建立旅行社业市场运行机制。

（2）以直接管理为主、间接管理为辅。直接管理是指政府行业管理部门通过颁布的行政法规直接向企业发文，要求和约束企业采取某种行动或不准采取某种行动；间接管理则是指政府利用贷款利率优惠、税收、进出口用汇等方式间接影响旅行社的经营战略。一般来说，直接管理大多采用行政管理手段。而间接管理大多采用经济手段，需要旅游行业管理部门与银行、税收、进出口管理等其他部门协调才能实现。从当前旅行社行业管理的内容和方式来看，政府旅游行业管理部门所实行的大多是直接管理。

四、我国旅行社行业管理发展方向

目前，我国旅行社的行业管理仍然滞后于旅行社行业的发展。必须加快行业管理手段的完善速度，使行业管理紧跟市场，发挥其规范及促进旅行社业经营和发展的基本职能。

（1）强化旅行社市场监管。旅行社行业的问题与一些地方旅游行政部门对市场监管不力有直接关系。目前，我国不少的省、自治区和直辖市的旅游执法队伍存在着人手少、资金短缺和人员素质较低等问题，个别地方的旅游行政部门甚至采取地方保护主义，庇护当地的不法旅行社，使旅行社市场的监管成效甚微。针对这种状况，建议国家旅游局及地方旅游行政管理部门强化对旅行社市场的监管，依法惩处那些采取恶性削价、故意欺诈等行为扰乱市场秩序和侵害游客合法权益的害群之马。凡出现严重损害旅游者合法权益或扰乱市场秩序的旅行社，当年一律不得参加“百强社”的评选，并将其违法行为公开曝光；对于采取地方保护主义，包庇违法旅行社的个别地方旅游行政管理部门，除通报批评外，还应考虑取消其所在城市的优秀旅游城市评选资格或优秀旅游城市称号，并公之于众；加大对受害旅游者的赔偿数额，为无力承担旅游诉讼费用的旅游者提供适当的法律援助。

（2）加快二元结构管理模式向三元结构管理模式的转变。目前，我国旅行社行业管理模式主要是二元结构的直接管理，即政府行业管理部门作为管理者，旅行社作为被管理者。政府行业管理部门制定旅行社行业的发展规划，并通过各种管理方式约束企业行为，促进行业市场环境的改善；旅行社处于被管理的地位，配合政府的管理开展经营活动，实现企业目标。随着内外环境的复杂变化，我国旅行社二元结构的行业管理模式已经呈现出成本高、效率低等弊端，三元结构逐渐受到人们的关注和认可。三元结构就是在原有的二元结构基础上，引入旅行社行业协会参与管理，将行业协会作为旅游行政管理部门和旅行社之间的中介和桥梁。行业协会不仅接受政府的委托，承担原先由政府包揽的一部分公共权力和社会事务，而且成为旅行社利益的代言人，对旅行社提供信息、咨询等帮助。这样的三元结构不仅降低了政府管理成本，提高了市场配置效率，而且加强了行业内旅行社的互助，起到了监督和协调的作用，维护了社会稳定运行和市场的有序竞争。三元结构由于充分重视了旅行社行业协会的功能和作用，因此相对于二元结构，行业管理更加高效和透明。随着旅行社行业的逐渐发展，二元结构向三元结构过渡是一个历史的必然趋势。

（3）加强行业协会的建设。行业协会在三元管理结构中担任不可或缺的角色。职能完善的行业协会对行业的整体发展能起到极大的规范和促进作用。

第 2 节 旅行社行业协会的发展

一、行业协会

（一）行业协会的定义

行业协会的定义众多，不同国家和地区有不同的侧重点。下面列举几种典型的定义：

行业协会是一些为达到共同目标而自愿组织起来的同行或商人的团体。行业协会作为企业主的利益集团，代表企业界的各种利益。——美国《经济协会百科全书》

行业协会是以增进共同利益为目的而组织起来的事业者的联合体。——日本经济界人士

行业协会是指由同一行业或产业的企业、个人以及其他经济组织，为增进共同利益而自发组成，实行行业服务和自律管理的非营利性社会团体。——我国理论界的观点

综合以上定义，我们可以总结出行业协会的两个性质：一是非营利性；二是自治。

（二）行业协会的职能

（1）服务职能。行业协会要围绕本行业和企业的发展，为会员提供全方位的服务，满足会员多方面的服务需求，包括：①信息服务：收集、分析、发布本行业的信息。②市场调查与研究：调查研究本行业国内外发展情况，分析行业经济形势，提出行业发展和技术进步规划或预测。③职业培训。④咨询服务：向会员无偿提供商务、融资、会计、法律、环保、技术等咨询。⑤维权服务：维护行业利益，参加政府听证会，协助企业开展反倾销、反垄断，发展行业社会公益事业。⑥贸易促进服务：帮助企业推荐名牌产品，举办促进本行业业务发展的展览等活动。

（2）自律职能。行业协会内部要对其会员进行自我管理。这种管理不同于政府对行业的行政管理，不是运用行政手段，而是通过规范行业行为，进行自律性的管理，维护同业竞争秩序，保持行业发展同社会公众利益的协调。主要包括：①制定并监督执行行规行约和行业标准，在市场准入、竞争和交易等方面规范业内行为；②开展行业资质、科技成果鉴定与推广，实行质量管理；③协调同行业企业之间在市场占有率、进出口份额、产品价格争议等方面的关系，调解处理会员纠纷；④进行行业内部价格协调，制止低价倾销或价格垄断等不公平竞争行为；⑤对本行业产品和服务质量、竞争手段、经营作风进行监督，维护行业信誉；⑥鼓励公平竞争，处理违规行为等。

（3）中介职能。行业协会不仅是市场与企业之间的中介服务组织，还在政府与企业之间发挥着重要的桥梁作用。行业协会可接受政府的委托，承担原先由政府包揽的一部分公共权力和社会事务，起到了降低政府管理成本，提高市场配置效率，推动市场有序竞争，维护社会稳定运行的作用。

（4）信息咨询职能。为会员提供信息是行业协会的一项重要职能。各行业协会大多具有相当健全的信息渠道，提供的信息包括市场信息、技术信息、社会和政治情报等。另外，对会员企业提供管理咨询服务；对企业经营管理中遇到的问题进行调查研究；出版管理方面的书籍刊物，传播最新的管理科学知识；举办专题研讨会、培训班，开展国际性交流活动；等等。此外，行业协会还十分重视为会员企业提供政府事务帮助，经常以行业代言人的身份向政府传递企业的意见，派人参与立法程序。从行业协会的业务职能可以总结出以下几个特点：①行业协会是非政府性质的企业联合自治组织；②行业协会是联系政府与企业的中介机构；③行业协会的根本宗旨是为企业提供全方位的服务；④行业协会是企业自律的组织保障和制度平台。

（三）行业协会参与行业管理的两种模式及其特点

在不同的国家，由于政治体制和经济体制不同，行业协会生成路径、管理模式也存在着巨大的差别。在对世界各国行业协会模式的调查中，美国、德国和日本，代表着当今世界上两种发展较好的行业协会管理模式。

1. 美国模式

美国的行业协会为民间自发的行业组织，在美国特殊的经济体制和社会管理制度下，美国的行业协会具有以下特点：首先，在行业协会的组建以及日常的活动上，政府不加干预，也不予资助。行业协会的主要作用是在企业之间进行技术、信息的交流与协调，以及向立法、行政部门反映本行业会员的愿望，使政府的政策符合行业利益。其次，自愿组织，自愿参加。最后，组建自由，规范宽松。美国的行业协会数目众多，只要在利益上存在共同之处，就可以建立一个行业组织。当出现政企矛盾时，美国的行业协会往往诉诸议会，对政府施加压力。

在这种制度下，美国行业协会的职能有两个：一是信息系统职能。各行业协会都有相当健全的信息渠道，提供包括市场信息、技术信息、社会和政治情报在内的各种信息。二是多项协调职能，包括政府与企业之间、企业与企业之间、企业与消费者之间的协调。

美国的行业协会在促进行业发展上具有两方面的优势：①在协调服务过程中，行业之间及行业内部两者兼顾。在外部协调方面，行业协会在与影响行业发展的诸多利益部门（如政府行业政策制定部门、行业市场管理部门以及其他行业部门）进行协调时，集中了会员的力量，获得了单个企业所不具有的谈判优势。在内部协调方面，行业协会在会员之间建立了自协调机制，在会员自愿参与的基础上，通过制定获得会员企业共同认可的行规行约，约束会员企业商业行为，以及通过会员企业定期的交流和沟通，协调会员企业竞争与合作关系的一种机制。②在信息服务过程中，行业协会对行业发展的促进作用表现在：首先，行业协会拥有专门人员，在为会员企业提供信息服务上具有一定的专业优势和规模效应。其次，行业协会拥有专家队伍，可为会员企业提供咨询服务。最后，在会员企业的配合下，能够以较小的成本完成全国性的行业统计。

2. 日本模式

日本的社团市场经济，在宏观经济管理模式上，强调政府与社会合作、官民协调。日本的行业协会具有以下特点：首先，政府推动建立行业协会组织。其次，行业协会具有庞大的组织机构和较高的组织化程度。日本行业协会有三大类：其一，各种行业协会，包括最终产品性质和用途基本相同的企业组成的工会和由大型企业组成的工业联盟；其二，各种同行业中的中小企业组成的行业组织；其三，由工业和商业的行业协会组成的商工会议所，是行业协会的联合体。最后，日本的行业协会组织参与社会经济生活的面十分广泛。日本的行业协会有三种职能：①协调职能，行业协会不仅协调行业内的管理，包括行业规划、价格、数量、业务指导、市场调查等，也承担外部关系协调，包括处理企业与国家机构、企业与公众关系及其他社会团体的关系；②信息功能，影响政府决策的形成，对政府权力进行某种制约；③其他功能，如特殊监督功能。

日本式的行业协会在行业管理中的优势在于：其一，行业协会凭借其特有的企业网络资源和专业资源，能够为政策决策提供参考。其二，在政府授权下，行业协会具体贯彻实施政府的产业政策，在政府产业政策的指导下对行业内企业进行协调服务，可以使产业政策达到预期的效果。其三，行业协会的非政府身份，能够处理一些政府不便出面处理的行业事务，如本行业或相关国际非政府组织的交流。

（四）中国行业协会发展模式

我国的行业协会模式与日本模式有些类似，同样也注重政府与社会合作、官民协调。不过，日本模式强调行业协会的自主性，而我国的行业协会一直不能够脱离政府的直接干预，只能作为“二政府”，不能充分承担起为企业提供信息和各项服务的职责，其威信和影响力远远达不到国外行业协会的效果。

二、中国旅行社行业协会

（一）旅行社行业协会的定义

旅行社行业协会是旅行社为实现本行业共同的利益和目标而在自愿基础上组成的民间组织。旅行社行业协会通过拟定协会成员共同遵循的经营标准，制定行规会约，进行仲裁与调节等行为，管理和约束协会成员。

在旅游业发达的国家，旅行社协会往往在协调成员之间的关系、加强行业自律、维护成员的合法权益和消费者权益等方面发挥着重要的作用，是旅游行政部门在行业管理方面的得力助手和有效补充。

（二）中国旅行社行业协会现状分析

目前，中国旅行社行业协会存在着如下弊端：

1. 行业覆盖面过窄

中国旅行社行业协会覆盖面过窄，其会员旅行社一般不超过全行业总数的 40%。这些旅行社大多都是国有企业。比如广西旅行社协会，其主要领导职务由桂林中国国际旅行社、广西中国青年旅行社、广西中国国际旅行社等大型国有旅行社担任，这样可能导致以下几个方面的问题：第一，覆盖面窄意味着协会所能掌握的企业和行业的信息不充分，难以发挥综合性的协调功能；第二，由于覆盖面窄，且非主流会员企业缺乏动力，而国家的财政补贴又很有限，使得协会的管理资源极为紧缺，很难提供充分的信息服务和开展集体性的协调活动。

2. 行业协会性质不清

目前，从国家到地方的旅行社协会，基本上都是挂靠或从属于旅游行政管理部门之下，使行业的整体利益和行业管理者的利益混为一谈。行业协会是行业利益的代表，也是行业自律的促进者。旅行社企业作为一个行业出现时，很多时候都具有公共属性，即具有外部性。比如：行业形象的树立和行业标准的设定，这不是任何一个单体旅行社可以做或愿意做的，但如果交给政府或由政府控制的协会来做，协会出于行政管理部门的立场，会由于信息不对称，使其制定的标准很可能让旅行社难以接受。也就是说，协会建立的行业形象可能更多的是考虑政府需求而不是企业的需求，制定的标准也是有利于政府宏观调控的，对多数的旅行社个体来说并不合理，因此使得协会的管理出现混乱。

3. 社会合法性不足产生的协会组织缺陷

目前，我国旅行社行业协会大都延伸了部分的政府管理职能，而且协会领导又毫无例外地由政府主管部门“任命”，协会的负责人多由旅游局的相关处（科）长兼任。由于这些人还要承担本职工作，往往无暇顾及协会的工作，使协会的作用未能得到充分的发挥，从而对市场起不到足够而有效的监管作用。这也就使得绝大多数行业协会难以形成一个面向全行业所有企业的组织机构。

4. 发展落后

我国的旅行社行业协会的发展还相对落后，多数地方的旅行社协会或尚未建立，或其职能没有得到充分发挥。同时，我国的旅行社行业协会大多是伴随政府机构改革自上而下产生的，这也同时决定了它的发展总是受到政府职能转变不到位的制约，功能不够完善。

旅行社行业协会在我国旅行社业还处于培育时期，行业协会的成长将显示出过渡模式的特征。旅游行业部门与旅行社行业协会职能培育息息相关。

（1）在过渡时期内，政府职能转换与旅行社行业协会的职能培育互为条件。旅行社行业协会发展初期，政府行业管理部门将一部分行业管理的职能交由行业协会来执行，构成行业协会的生长空间。同时，旅行社行业协会承担市场需要、行业协会发展需要的自主型行业管理职能，将有助于政府职能的转变。

（2）行业主管部门的支持是行业协会发展的重要条件。在旅行社协会尚未建立较大的会员网络，建立行业自律管理机构并开始良性运转之前，旅游行业管理部门对行业协会的资金、政策支持是旅行社行业协会迅速发展的重要支撑。

（3）对行业协会这类中介组织的管理尚未形成具体的制度之前，旅游行业管理部门对行业协会的监督管理是保证旅行社行业协会中立性、公正性的必要手段。

（4）企业和市场因素将上升为影响旅行社行业协会发展的主要动因，要求政府行业管理部门与旅行社行业协会之间建立平行的分工协作关系。在对政府和行业协会的行业管理职能加以明确界定的前提下，行业管理应该是一个协作的过程。这一协作过程要求旅行社行业协会在执行职能时保持高度的独立性，逐步消除对政府行业管理部门的资金依赖，向中介性、民间性、规范性发展。

第 3 节　与旅行社有关的行业组织

一、国内旅行社组织

（一）中国旅游协会

中国旅游协会是由中国旅游行业的有关社团组织和企事业单位在平等自愿的基础上组成的全国综合性旅游行业协会，具有独立的社团法人资格。它是 1986 年 1 月 30 日经国务院批准正式宣布成立的第一个旅游全行业组织，1999 年 3 月 24 日经民政部核准重新登记。协会接受国家旅游局的领导、民政部的业务指导和监督管理，其英文名称为“China Tourism Association（CTA）”。

1. 宗旨和任务

中国旅游协会遵照国家的宪法、法律、法规和有关政策，代表和维护全行业的共同利益和会员的合法权益，开展活动，为会员服务，为行业服务，为政府服务，在政府和会员之间发挥桥梁纽带作用，促进我国旅游业的持续、快速、健康发展。其主要任务是：①对旅游发展战略、旅游管理体制、国内外旅游市场的发展态势等进行调研，向国家旅游行政主管部门提出意见和建议；②向业务主管部门反映会员的愿望和要求，向会员宣传政府的有关政策、法律、法规并协助贯彻执行；③组织会员订立行规行约并监督遵守，维护旅游市场秩序；④协助业务主管部门建立旅游信息网络，搞好质量管理工作，并接受委托，开展规划咨询、职工培训，组织技术交流，举办展览，进行抽样调查、安全检查，以及对旅游专业协会进行业务指导；⑤开展对外交流与合作；⑥编辑出版有关资料、刊物，传播旅游信息和研究成果；⑦承办业务主管部门委托的其他工作。

2. 组织机构

中国旅游协会的最高权力机构是会员代表大会。会员代表大会每四年召开一次会议。会员代表大会的执行机构是理事会。理事会由会员代表大会选举产生。理事会每届任期四年，每年召开一次会议。在理事会闭会期间，由常务理事会行使其职权。常务理事会由理事会选举产生，每年召开两次会议，每届常务理事会由会长、副会长、常务理事和秘书长组成。常务理事会设办公室作为办事机构，负责日常具体工作。

中国旅游协会现有理事 163 名，各省、自治区、直辖市和计划单列市、重点旅游城市的旅游管理部门、全国性旅游专业协会、大型旅游企业集团、旅游景区（点）、旅游院校、旅游科研与新闻出版单位以及与旅游业紧密相关的行业社团都推选了理事。协会的组成具有广泛代表性。中国旅游协会会员为团体会员，凡在旅游行业内具有一定影响的社会团体和企、事业单位，以及与旅游业相关的其他行业组织等，均可申请入会。

中国旅游协会根据工作需要设立了 5 个分会和专业委员会，分别进行有关的专业活动。即旅游城市分会、旅游区（点）分会、旅游教育分会、妇女旅游委员会和旅游商品及装备专业委员会。在中国旅游协会指导下，有 4 个相对独立开展工作的专业协会：中国旅行社协会、中国旅游饭店业协会、中国旅游车船协会和中国旅游报刊协会。中国旅游协会的直属单位有中国旅游出版社、中国旅游报社、时尚杂志社、旅游信息中心和中国旅游管理干部学院。

3. 主要活动情况

中国旅游协会成立以来，根据章程规定的任务，积极开展了有关旅游体制改革、加强旅游行业管理、提高旅游经济效益和服务质量等方面的调研工作；支持地方建立了旅游行业组织，提供咨询服务；与一些国家和地区的旅游行业机构建立了友好关系，同时还先后加入了世界旅行社协会联合会（UFTAA）及其所属亚太地区联盟（UAPA），美国旅行商协会（ASTA），发展与国际民间旅游组织的联系与合作，扩大了对外影响；编辑出版了不少旅游书刊，以适应国内外旅游者之需。

（二）中国旅行社协会

中国旅行社协会（China Association of Travel Services CATS）成立于 1997 年 10 月，是由中国境内的旅行社、各地区性旅行社协会或其他同类协会等单位，按照平等自愿的原则结成的全国旅行社行业的专业性协会，经中华人民共和国民政部正式登记注册的全国性社团组织，具有独立的社团法人资格。协会接受国家旅游局的领导、民政部的监督管理和中国旅游协会的业务指导。协会会址设在北京市。

1. 协会的宗旨

遵守国家的宪法、法律、法规和有关政策，遵守社会道德风尚，代表和维护旅行社行业的共同利益和会员的合法权益，努力为会员服务，为行业服务，在政府和会员之间发挥桥梁和纽带作用，为中国旅行社行业的健康发展作出积极贡献。

2. 协会的主要任务

（1）宣传贯彻国家旅游业的发展方针和旅行社行业的政策法规。

（2）总结交流旅行社的工作经验，开展与旅行社行业相关的调研，为旅行社行业发展提出积极并切实可行的建议。

（3）向主管单位及有关单位反映会员的愿望和要求，为会员提供法律咨询服务，保护会员的共同利益，维护会员的合法权益。

（4）制定行规行约，发挥行业自律作用，督促会员单位提高经营管理水平和接待服务质量，维护旅游行业的市场秩序。

（5）加强会员之间的交流与合作，组织开展各项培训、学习、研讨、交流和考察等活动。

（6）加强与行业内外的有关组织、社团的联系、协调与合作。

（7）开展与海外旅行社协会及相关行业组织之间的交流与合作。

（8）编印会刊和信息资料，为会员提供信息服务。

（9）承办主管单位委托的其他工作。

协会实行团体会员制，所有在中国境内依法设立、守法经营、无不良信誉的旅行社及与旅行社经营业务密切相关的单位和各地区性旅行社协会或其他同类协会，承认、拥护、遵守本会的章程，履行应尽义务的，均可申请加入协会。协会的最高权力机构是会员代表大会，每四年举行一次。协会设立理事会和常务理事会，理事会对会员代表大会负责，是会员代表大会的执行机构，在会员代表大会闭会期间领导协会开展日常工作；常务理事会对理事会负责，在理事会闭会期间行使其职权。协会对会员实行年度注册公告制度。每年年初会员单位必须进行注册登记，协会对符合会员条件的会员名单向社会公告。《旅行社之友》为协会会刊，每月一期。

二、国际旅行社组织

（一）世界旅游组织（World Tourism Organization，WTO）

于1975年成立的世界旅游组织（World Tourism Organization，WTO）是唯一代表世界各国政府旅游管理部门的国际性常设组织。本部设在西班牙的马德里。世界旅游组织的宗旨是：消除人们在国际之间自由移动的障碍；为了旅游经济的发展和国际友谊的交流，协调与国际旅游相关的政策；提高旅游资料和宣传资料的质量，进行信息交流和出版物的交流等一切与旅游发展有关的工作。主要任务如下：①策划与旅游有关的国际会议；②鼓励旅游开发及旅游质量的提高；③追求旅行的大众、普及化；④进行与旅游有关的调查研究；⑤定期出版刊物和研究资料；⑥促进国际合作。

（二）世界旅行社协会

世界旅行社协会（World Association of Travel Agencies，WATA）经瑞士法律批准，于1949年正式成立，总部设在日内瓦。

世界旅行社协会是一个由私人旅行社发起成立的世界性非营利组织，其宗旨是将各国可靠的旅行社建成一个世界性的协作网络。截至2004年，该组织有240个会员，来自100个国家和地区的232个城市。

全体会员大会是其最高权力机构。下设执行委员会、管理委员会和总裁委员会。执行委员会负责实施大会的决议，管理委员会主持处理日常工作，总裁委员会由各地选举出来的总裁组成，负责各地会员与日内瓦总部之间的联系，每年召开一次地区性会议，讨论地区问题，协调地区活动。世界旅行社协会在一个或两个同一语种国家内任命一名副总裁，负责协调各会员国的活动，包括组团、合作促销、各国文件的提供等。设在日内瓦的常设秘书处向会员提供各种帮助和一些服务性项目，如提供旅游信息、文件和统计资料等。

协会自1951年开始，每年出版一本综合性的世界旅游指南《万能钥匙》（Master

Key)，它包括 6000 家饭店的价格和设施介绍，70 多个国家旅行游览胜地的介绍和价格情况。

凡财务机构健全、遵守本行业规定的旅行社，均有资格成为世界旅行社协会的会员。超过 300 万人口的城市，可有 1 名旅行社代表参加该组织，400 万人口以上的城市可增加 1 名。会员旅行社必须同时经营出境和入境旅游业务，如果同一城市内没有同时经营出、入境旅游业务的旅行社，协会可以指定一家专营出境旅游业务和另一家专营入境旅游业务的旅行社为其会员。申请入会者向日内瓦常设秘书处递交申请书。

协会会员享有一定的优惠权。会员可凭预订交换证在世界任何地方为其顾客预订饭店和旅行社的服务项目。

（三）世界旅行社协会联合会

世界旅行社协会联合会（Universal Federation of Travel Agents' Association，UFTAA）于 1966 年 11 月 22 日成立于意大利的罗马。它由 1919 年在巴黎成立的欧洲旅行社组织和 1964 年在纽约成立的美洲旅行社组织合并而成，总部设在比利时的布鲁塞尔。

世界旅行社协会联合会是一个专业性和技术性组织。其会员是世界各国的全国性旅行社协会。每个国家只能有一个全国性的旅行社协会代表该国参加。其宗旨包括以下几个方面：①团结和加强各国全国性的旅行社协会和组织，并协助解决会员间在专业问题上可能发生的纠纷。②在国际上代表旅行社会员同旅游业有关的各种组织与企业建立联系，进行合作。③确保旅行社业务在经济、法律和社会领域内最大限度地得到协调，赢得信誉，受到保护并得到发展。④向会员提供所有必要的物质、业务、技术的指导和帮助，使其能在世界旅游业中占有适当的地位。

世界旅行社协会联合会的组织机构包括全体大会、理事会、执行委员会和总秘书处。主要活动为每年一次的世界旅行代理商大会，并出版月刊《世界旅行社协会联合会信使报》（Courier UFTAA）。此外，还有许多区域性的旅行社组织，如太平洋地区旅游协会（Pacific Area Travel Association，PATA），以及东亚旅游协会（East Area Travel Association，EATA）等。

思考与练习

1. 试论加强旅行社行业管理的必要性，你有什么好的建议？
2. 请分析目前中国旅行社行业协会的现状，并指出将来的发展方向。
3. 请了解世界旅游组织（WTO）的设立目的和活动领域。

第 11 章　旅行社的相关法律法规问题

【学习目标】

通过本章学习，可以了解旅行社的设立、运营及管理过程中的业务程序及所涉及的相关法律法规知识。

【内容结构】

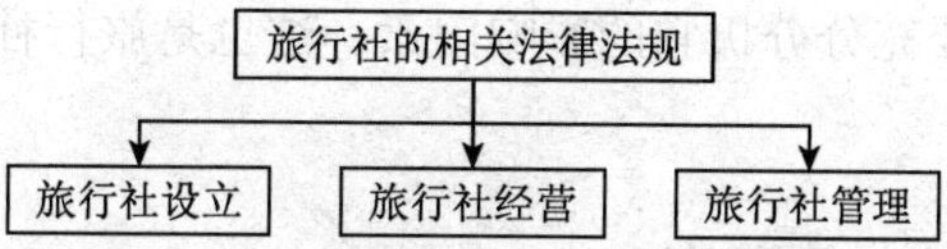

【重要概念】

质量保证金　注册资本　设立程序　相关法律

旅行社是旅游活动的组织者。它在旅游业的发展过程中占有重要的地位，是旅游业的“龙头”企业和三大支柱之一。为了加强对旅行社的管理，保障旅游者和旅行社的合法权益，维护旅游市场秩序，促进旅游业的健康发展，国务院于 1985 年 5 月 11 日发布了《旅行社管理暂行条例》，并于同日生效。此后，随着我国旅游业的发展，1996 年 10 月 15 日国务院正式发布了《旅行社管理条例》，原《旅行社管理暂行条例》同时废止；2001 年 12 月 11 日国务院决定对《旅行社管理条例》进行修订，并于 2009 年 2 月 20 日又发布了新的《旅行社条例》，并自 2009 年 5 月 1 日起施行，原《旅行社管理条例》同时废止；2016 年 3 月 1 日，国务院总理李克强签署第 666 号国务院令，公布《国务院关于修改部分行政法规的决定》中对部分旅行社条例进行修改，进一步完善了《旅行社条例》。

2013 年 4 月 25 日第十二届全国人民代表大会常务委员会第二次会议通过了我国首部《旅游法》，并于 2013 年 10 月 1 日起施行。这从法律层面上保障了旅游业发展的政策效应持续发酵。

第 1 节　影响旅行社设立的因素及相关法律法规

创办旅行社是旅行社经营管理的起点。我国旅行社面临的市场环境复杂多变，因此，在建立旅行社之前要充分分析它的影响因素，这也是旅行社可持续发展的前提条件和必要工作。

一、影响旅行社设立的因素

（一）影响旅行社设立的外部因素

所谓外部因素，是指旅行社自身无法控制而又必须受其约束的那些因素。影响旅行社设立的外部因素主要有两个：

（1）旅游业发展状况。某个时期世界旅游业的发展水平和发展趋势，以及与之密切相关的某个地区旅游业的发展水平和发展趋势，会对该地区旅行社的设立产生至关重要的影响。如果旅游业发展水平高，而且呈现出稳定发展或持续增长的趋势，旅游客源就有保障。与此同时，为旅游者提供服务的各部门、各行业也会得到发展，这就为旅行社建立旅游服务协作网络提供了方便。相反，如果旅游业发展水平低，或者有不断衰退的趋势，那么设立旅行社的外部环境便极为不利。即使勉强设立，也会因客源、协作网络等因素限制而无利可图，从而丧失了在其他行业投资的机会，增大了经营旅行社的机会成本。

（2）国家有关政策和法律规定。任何一个企业都不能孤立于某个特定的社会环境之外，它要受到国家和地方有关法律规定的限制，任何超越国家和地方政策与法律规定的行为都将受到制裁。因此，任何人或任何单位在设立旅行社之前，都要仔细研究与旅行社的设立密切相关的政策和法律规定，在法律许可的范围内行事。

（二）影响旅行社设立的内部因素

内部因素是旅行社自身可以控制的因素。

（1）资金的筹措。资金的筹措是旅行社可以自行控制的最主要和最关键的内部条件。在外部条件许可的前提下，要开设一家旅行社，人们面临的首要问题就是资金问题。《旅行社条例》对旅行社的注册资本最低限额提出了具体的要求。在许多情况下，这一数额未必一定能满足旅行社业务发展的需要，这就要求各旅行社根据自己的实际情况确定资金需求量，并通过多种渠道筹措资金。资金筹措的渠道主要有自有资金、合股资金和银行贷款三种。

（2）营业场所。这是旅行社可以自我控制的另一因素。营业场所作为可控因素，主要在于旅行社的创办者是否拥有符合法律规定的营业场所，或者能否以理想的租金租到理想的营业场所。旅行社的营业场所必须符合旅行社业务经营的要求。关于旅行社选址方面的研究成果目前仍寥寥无几。美国空中交通协会（ATC）就旅行社的选址做了如下规定：①旅行社不能设于家中，必须设在公众出入方便的商业区，并能保证正常的营业时间；②旅行社不能与其他业务部门合用办公室，而且必须有独立的出口；③如果没有直接通街的通道，旅行社不能设于饭店内。

韩国东亚大学国际观光通商学部教授郑益骏在其专著《最新旅行社经营论》中，就旅行社的选址问题提出如下见解：①旅行社应设在靠近街面的主要交通要道处，要考虑交通工具的可到达性、进出便利性；②门市在道路边的位置要明显，标志牌清晰可见；③确保一定数量的停车位置和停车设施；④可供扩建设施的剩余空间；⑤有良好的周边环境可以补充旅行服务。当然，国外旅游学者对旅行社选址问题的研究，是以其特定的国情作为基础的，其研究的结论也未必适合我国的实际情况，但对我们的旅行社选址具有一定的参考价值。

（3）协作网络。在旅游业发展水平较高的情况下，旅行社能否联络到各有关部门和行业，形成能为旅游者提供相关服务的网络，主要取决于旅行社自身的努力。所以，我们也将协作网络归为内部条件的构成因素。

（4）客源渠道。客源是旅行社的生命线，客源组织情况将最终决定旅行社的经营情况。在外部条件具备之后，旅行社能否通过建立行之有效的销售网络，保证客源的稳定性，也应该是旅行社凭主观努力所要解决的。

（5）信用状况。信用状况反映出旅行社的信贷能力。如果旅行社在经营过程中存在负现金流量，却仍能保证整体上安全的财务状况，就说明该旅行社信用状况良好。良好的信用，可以使旅行社在经营过程中始终占有竞争优势。为此必须做到在财务上保持较低的流动负债水平，在战略上应具有良好的发展前景。

除上述条件外，职员的录用等也是旅行社在某种程度上可以控制的因素，将会对旅行社的正常发展产生重大影响。

二、我国关于旅行社设立的条件和审批

（一）经营国内旅游业务和入境旅游业务的旅行社及其分社、服务网点的设立

在我国，《旅行社条例》《旅行社条例实施细则》及《旅行社质量保证金存取管理办法》对旅行社的设立作出了较为系统的规定，概括起来主要包括以下几个方面：

经营国内旅游业务和入境旅游业务的旅行社及其分社、服务网点的，应当具备下列条件：①申请经营国内旅游业务和入境旅游业务的，应当取得企业法人资格，并且注册资本不少于 30 万元；②有必要的经营管理人员和导游；③法律、行政法规规定的其他条件。

申请经营国内旅游业务和入境旅游业务的，应当向所在地省、自治区、直辖市旅游行政管理部门或者其委托的设区的市级旅游行政管理部门提出申请，并提交符合《旅行社条例》第六条规定的相关证明文件。受理申请的旅游行政管理部门应当自受理申请之日起 20 个工作日内作出许可或者不予许可的决定。予以许可的，向申请人颁发旅行社业务经营许可证；不予许可的，书面通知申请人并说明理由。

旅行社取得经营许可满两年，且未因侵害旅游者合法权益受到行政机关罚款以上处罚的，可以申请经营出境旅游业务。申请经营出境旅游业务的，应当向国务院旅游行政主管部门或者其委托的省、自治区、直辖市旅游行政管理部门提出申请，受理申请的旅游行政管理部门应当自受理申请之日起 20 个工作日内作出许可或者不予许可的决定。予以许可的，向申请人换发旅行社业务经营许可证；不予许可的，书面通知申请人并说明理由。

旅行社设立分社的，应当向分社所在地的工商行政管理部门办理设立登记，并自设立登记之日起 3 个工作日内向分社所在地的旅游行政管理部门备案。旅行社分社的设立不受地域限制。分社的经营范围不得超出设立分社的旅行社的经营范围。

旅行社设立专门招徕旅游者、提供旅游咨询的服务网点，应当依法向工商行政管理部门办理设立登记手续，并向所在地的旅游行政管理部门备案。旅行社服务网点应当接受旅行社的统一管理，不得从事招徕、咨询以外的活动。

旅行社变更名称、经营场所、法定代表人等登记事项或者终止经营的，应当到工商行政管理部门办理相应的变更登记或者注销登记，并在登记办理之日起 10 个工作日内，向原许可的旅游行政管理部门备案，换领或者交回旅行社业务经营许可证。

旅行社应当自取得业务经营许可证之日起 3 个工作日内，在国务院旅游行政主管部门指定的银行开设专门的质量保证金账户，存入质量保证金，或者向作出许可的旅游行政管理部门提交依法取得的担保额度不低于相应质量保证金数额的银行担保。

经营国内旅游业务和入境旅游业务的旅行社，应当存入质量保证金 20 万元；经营

出境旅游业务的旅行社，应当增存质量保证金120万元。质量保证金的利息属于旅行社所有。

旅行社每设立一个经营国内旅游业务和入境旅游业务的分社，都应当向其保证金账户增存5万元，每设立一个经营出境旅游业务的分社，都应当向其质量保证金账户增存30万元。

有下列情形之一的，旅游行政管理部门可以使用旅行社的质量保证金：第一，旅行社违反合同约定，侵害旅游者合法权益，经旅游行政管理部门查证属实的。第二，旅行社因解散、破产或者其他原因造成旅游者预交旅游费用损失的。

人民法院判决、裁定及其他生效法律文书认定旅行社损害旅游者合法权益，旅行社拒绝或者无力赔偿的，人民法院可以从旅行社的质量保证金账户上划拨赔偿款。

旅行社自交纳或者补足质量保证金之日起三年内未因侵害旅游者合法权益受到行政机关罚款以上处罚的，旅游行政管理部门应当将旅行社质量保证金的交存数额降低50%，并向社会公告。旅行社可凭省、自治区、直辖市旅游行政管理部门出具的凭证减少其质量保证金。

旅行社在旅游行政管理部门使用质量保证金赔偿旅游者的损失，或者依法减少质量保证金后，因侵害旅游者合法权益受到行政机关罚款以上处罚的，应当在收到旅游行政管理部门补交质量保证金的通知之日起5个工作日内补足质量保证金。

旅行社不再从事旅游业务的，凭旅游行政管理部门出具的凭证，向银行取回质量保证金。质量保证金存缴、使用的具体管理办法由国务院旅游行政主管部门和国务院财政部门会同有关部门另行决定。

（二）外商投资旅行社的设立

为适应我国旅游业对外开放的需要，促进我国旅游业的发展，《旅行社条例》第二十一条~二十三条对外商投资旅行社的设立做了具体规定。这里所称的外商投资旅行社，包括中外合资经营旅行社、中外合作经营旅行社和外资旅行社。

（1）设立外商投资旅行社的程序。外商投资企业申请经营旅行社业务，应当向所在地省、自治区、直辖市旅游行政管理部门提出申请，并提交符合《旅行社条例》第六条规定条件的相关证明文件。省、自治区、直辖市旅游行政管理部门应当自受理申请之日起30个工作日内审查完毕。予以许可的，颁发旅行社业务经营许可证；不予许可的，书面通知申请人并说明理由。设立外商投资旅行社，还应当遵守有关外商投资的法律、法规。

（2）外商投资旅行社的经营范围。外商投资旅行社不得经营中国内地公民出国旅游业务及赴香港特别行政区、澳门特别行政区和台湾地区旅游的业务，但是国务院决定或者我国签署的自由贸易协定和内地与香港、澳门关于建立更紧密经贸关系的安排另有规定的除外。

第 2 节　旅行社经营的相关法律法规

一、旅行社的经营原则

《旅行社条例》第四条规定；“旅行社在经营活动中应当遵循自愿、平等、公平、诚实信用的原则，提高服务质量，维护旅游者的合法权益。”

（1）自愿原则。自愿原则，是指旅行社不得通过欺诈、胁迫等手段，强迫旅游者和其他企业在非自愿的情况下与其发生旅游法律关系。

（2）平等原则。平等原则，是指旅行社在经营活动中，与旅游者或其他企业法人发生业务往来时必须平等协商，不恃强凌弱，不强迫对方服从自己的意志。

（3）公平原则。公平原则，是指旅行社在经营活动中，应本着公平的观念从事旅游业务，正当行使权利和履行义务，兼顾他人利益和社会利益，保证公平交易和公平竞争。

（4）诚实信用原则。诚实信用原则，是指旅行社在经营活动中，要诚实无欺，讲究信用，以善意、诚实的方式自觉履行对旅游者和其他企业所承诺的基本责任，在获取利益的同时不损害他人利益和社会利益。

此外，旅行社在开展旅游业务活动中，还应当提高服务质量，维护旅游者的合法权益。

二、旅行社的经营范围

旅行社业务经营许可证是经营旅游业务的资格证明。已经审批同意设立旅行社的，或者已经审批同意旅行社经营出境旅游业务的，审批部门应当向其颁发相应的旅行社业务经营许可证。旅行社因业务经营需要，可以向原许可的旅游行政管理部门申请核发旅行社业务经营许可证副本。

（1）旅行社业务经营许可证的印制。旅行社业务经营许可证及副本，由国务院旅游行政主管部门制定统一样式，国务院旅游行政主管部门和省级旅游行政主管部门分别印制。

（2）旅行社业务经营许可证的放置。旅行社及其分社、服务网点，应当将“旅行社业务经营许可证”“旅行社分社备案登记证明”或者“旅行社服务网点备案登记证明”，与营业执照一起，悬挂在经营场所的显要位置。

（3）旅行社业务经营许可证的换发或补发。旅行社业务经营许可证及副本损毁或者遗失的，旅行社应当向原许可的旅游行政管理部门申请换发或者补发。申请补发旅行社业务经营许可证及副本的，旅行社应当通过本省、自治区、直辖市范围内公开发行的报刊，或者省级以上旅游行政管理部门网站，刊登损毁或者遗失作废声明。

三、旅行社的权利和义务

（一）旅行社的权利

根据《旅行社条例》规定，旅行社及其委派的导游人员、领队人员在经营、服务中享有下列权利：

（1）要求旅游者如实提供旅游所必需的个人信息，按时提交相关证明文件。

（2）要求旅游者遵守旅游合同约定的旅游行程安排，妥善保管随身物品。

（3）出现突发公共事件或者其他危机情形，以及旅行社因违反旅游合同约定采取补救措施时，要求旅游者配合处理防止扩大损失，以将损失降低到最低程度。

（4）拒绝旅游者提出的超出旅游合同约定的不合理要求。

（5）制止旅游者违背旅游目的地的法律、风俗习惯的言行。

（二）旅行社的义务

根据《旅行社条例》和《旅行社条例实施细则》规定，旅行社必须维护旅游者的合法权益。这既是《旅行社条例》的立法目的，也是旅行社的基本义务。

（1）未取得相应的旅行社经营许可，不得经营国内旅游业务、入境旅游业务或者出境旅游业务。旅行社分社的经营范围不得超出设立分社的旅行社的经营范围。旅行社服务网点不得从事招徕、咨询以外的活动。旅行社设立的办事处、代表处或者联络处等办事机构，不得从事旅行社业务经营活动。经营出境旅游业务的旅行社不得组织旅游者到国务院旅游行政主管部门公布的中国公民出境旅游目的地之外的国家和地区旅游。

（2）不得安排违反法律法规的旅游活动内容。旅行社为旅游者安排或者介绍的旅游活动不得含有违反有关法律、法规规定的内容。这些旅游活动的内容主要包括：①含有损害国家利益和民族尊严内容的；②含有民族、种族、宗教歧视内容的；③含有淫秽、赌博、涉毒内容的；④其他违反法律、法规规定内容的。

（3）不得转让、出租或者出借旅行社业务经营许可证。下列属于旅行社转让、出租或者出借旅行社经营许可证的行为：①除招徕旅游者和符合《旅行社条例实施细则》所规定的接待旅游者的情形外，准许或者默许其他企业、团体或者个人，以自己的名义从事旅行社业务经营活动的；②准许其他企业、团体或者个人，以部门或者个人承包、挂靠的形式经营旅行社业务的。

（4）提供的服务要符合人身、财产安全的需要。旅行社应当投保旅行社责任险。旅行社在招徕、接待旅游者时，可以提示旅游者购买旅游以外保险。旅行社对可能危及旅游者人身、财产安全的事项，应当向旅游者作出真实的说明和明确的警示，并采取防止危害发生的必要措施。发生危及旅游者人身安全情形的，旅行社及其委派的导游人员、领队人员也应当采取必要的处置措施并及时报告旅游行政管理部门；在境外发生的，还应当及时报告中华人民共和国驻所在国使领馆、相关驻外机构、当地警方。

（5）应与旅游者签订旅游合同。旅行社不得以低于旅游成本的报价招徕旅游者。旅行社为旅游者提供服务，应当与旅游者签订旅游合同并注明下列事项：①旅行社的名称及其经营范围、地址、联系电话和旅行社业务经营许可证编号；②旅行社经办人的姓名、联系电话；③签约地点和日期；④旅游行程的出发地、途经地和目的地；⑤旅游行程中交通、住宿、餐饮服务安排及其标准；⑥旅行社统一安排的游览项目的具体内容及时间；⑦旅游者自由活动的时间和次数；⑧旅游者应当缴纳的旅游费用及缴纳方式；⑨旅行社安排的购物次数、停留时间及购物场所的名称；⑩需要旅游者另行付费的游览项目及价格；⑪解除或者变更合同的条件和提前通知的期限；⑫违反合同的纠纷解决机制及应当承担的责任；⑬旅游服务监督、投诉电话；⑭双方协商一致的其他内容。在签订旅游合同时，旅行社不得要求旅游者必须参加旅行社安排的购物活动或者需要旅游者另行付费的旅游项目。旅游行程开始前，当发生约定的解除旅游合同的情形时，经征得旅游者的同意，旅行社可以将旅游者推荐给其他旅行社组织、接待，并由旅游者与被推荐旅行社签订旅游合同。未经旅游者同意的，旅行社不得将旅游者转交给其他旅行社组织、接待。

（6）不得擅自改变旅游合同。在旅游行程中，旅游合同安排行程不得擅自改变。旅行社及其委派的导游人员和领队人员的下列行为，属于擅自改变旅游合同的安排行程：①减少游览项目或者缩短游览时间的；②增加或者变更旅游项目的；③增加购物次数或者延长购物时间的；④其他擅自改变旅游合同安排的行为。旅行社未经旅游者同意不得在旅游合同约定之外提供其他有偿服务。在旅游行程中，当发生不可抗力，危及旅游者人身、财产安全，或者非旅行社责任造成的意外情形，旅行社不得不调整或者变更旅游合同约定的行程安排时，应当在事前向旅游者作出说明；确因客观情况无法在事前说明的，应当在事后作出说明。旅行社违反旅游合同约定，造成旅游者合法权益受到损害的，应当采取必要的补救措施，并及时报告旅游行政管理部门。

（7）提供真实可靠的信息。旅行社向旅游者提供的旅游服务信息必须真实可靠，不得作虚假宣传。旅行社在与旅游者签订旅游合同时，应当对旅游合同的内容作出真实、准确、完整的说明。旅行社和旅游者签订的旅游合同约定不明确或者对格式条款的理解发生争议的，应当按照通常理解予以解释；对格式条款有两种以上解释的，应当作出有利于旅游者的解释；格式条款和非格式条款不一致的，应当采用非格式条款。旅行社以互联网形式经营旅游业务的，除符合法律、法规规定外，其网站首页应当载明旅行社的名称、法定代表人、许可证编号和业务经营范围，以及原许可的旅游行政管理部门的投诉电话。

（8）聘用导游员和领队。旅行社组织中国内地居民出境旅游的，应当为旅游团队安排领队全程陪同；旅行社为接待旅游者委派的导游人员或者为组织旅游者出境旅游委派的领队人员，应当持有国家规定的导游证、领队证。旅行社及其委派的导游人员和领队人员不得有下列行为：①拒绝履行旅游合同的义务；②非因不可抗力改变旅游合同安排的行程；③欺骗、胁迫旅游者购物或者参加需要另行付费的游览项目。旅行社不得要求导游人员和领队人员接待不支付接待和服务费用或者支付的费用低于接待和服务成本的旅游团队；不得要求导游人员和领队人员承担接待旅游团队的相关费用，主要包括：①垫付旅游接待费用；②为接待旅游团队向旅行社支付费用；③其他不合理费用。旅行社聘用导游人员、领队人员应当依法签订劳动合同，并向其支付不低于当地最低工资标准的报酬。

（9）委托旅游业务符合规定。旅行社需要对旅游业务作出委托的，应当委托给具有相应资质的旅行社，征得旅游者的同意，并与接受委托的旅行社就接待事宜签订委托合同，确定接待旅游者的各项服务安排及其标准，约定双方的权利、义务。旅行社将旅游业务委托给其他旅行社的，应当向接受委托的旅行社支付不低于接待和服务成本的费用；接受委托的旅行社不得接待不支付或者不足额支付接待和服务费用的旅游团队。接受委托的旅行社违约，造成旅游者合法权利受到侵害的，作出委托的旅行社应当承担相应的赔偿责任。作出委托的旅行社赔偿后，可以向接受委托的旅行社追偿。接受委托的旅行社故意或者重大过失造成旅游者合法权益受损的，应当承担连带责任。

（10）发生滞留要及时报告。旅游者在境外滞留不归的，旅行社委派的领队人员应当及时向旅行社和中华人民共和国驻所在国使领馆、相关驻外机构报告。旅行社接到报告后应当及时向旅游行政管理部门和公安机关报告，并协助提供非法滞留者的信息。旅行社接待入境旅游发生旅游者非法滞留我国境内，应当及时向旅游行政管理部门、公安机关和外事部门报告，并协助提供非法滞留者的信息。

四、旅行社的法律责任

旅行社必须严格依法经营，旅游行政管理部门必须严格依法行政。对违反《旅行社条例》及《旅行社条例实施细则》《旅游法》规定的各类违法行为，应严格予以相应处罚。

（1）违反《旅行社条例》的规定，有下列情形之一的，由旅游行政管理部门或者工商行政管理部门责令改正，没收违法所得，违法所得 10 万元以上的，并处违法所得 1 倍以上 5 倍以下的罚款；违法所得不足 10 万元或者没有违法所得的，并处 10 万元以上 50 万元以下的罚款：①未取得相应的旅行社业务经营许可，经营国内旅游业务、入境旅游业务、出境旅游业务的；②分社超出设立分社的旅行社的经营范围经营旅游业务的；③旅行社服务网点从事招徕、咨询以外的旅行社业务经营活动的。

（2）旅行社转让、出租、出借旅行社业务经营许可证的，由旅游行政管理部门责令停业整顿 1 个月至 3 个月，并没收违法所得；情节严重的，吊销旅行社业务经营许可证。受让或者租借旅行社业务经营许可证的，由旅游行政管理部门责令停止非法经营，没收违法所得，并处 10 万元以上 50 万元以下的罚款。

（3）违反《旅行社条例》规定，有下列情形之一的，由旅游行政管理部门责令改正；拒不改正的，处 1 万元以下的罚款：①变更名称、经营场所、法定代表人等登记事项或者终止经营，未在规定期限内向原许可的旅游行政管理部门备案，换领或者交回旅行社业务经营许可证的；②设立分社未在规定期限内向分社所在地旅游行政管理部门备案的；③不按照国家有关规定向旅游行政管理部门报送经营和财务信息等统计资料的。

（4）违反《旅行社条例》规定，外商投资旅行社经营中国内地居民出国旅游业务以及赴香港特别行政区、澳门特别行政区和台湾地区旅游业务，或者经营出境旅游业务的旅行社组织旅游者到国务院旅游行政主管部门公布的中国公民出境旅游目的地之外的国家和地区旅游的，由旅游行政管理部门责令改正，没收违法所得，违法所得 10 万元以上的，并处违法所得 1 倍以上 5 倍以下的罚款；违法所得不足 10 万元或者没有违法所得的，并处 10 万元以上 50 万元以下的罚款；情节严重的，吊销旅行社业务经营许可证。

（5）违反《旅行社条例》的规定，为旅游者安排或者介绍的旅游活动含有违反有关法律、法规规定的内容的，由旅游行政管理部门责令改正，没收违法所得，并处 2 万元以上 10 万元以下的罚款；情节严重的，吊销旅行社业务经营许可证。

（6）违反《旅行社条例》规定，向旅游者提供的旅游服务信息含有虚假内容或者作虚假宣传的，由工商行政管理部门依法给予处罚；旅行社以低于旅游成本的报价招徕旅游者的，由价格主管部门依法给予处罚；旅行社未经旅游者同意在旅游合同约定之外提供其他有偿服务的，由旅游行政管理部门责令改正，处 1 万元以上 5 万元以下的罚款。

（7）违反《旅行社条例》的规定，有下列情形之一的，由旅游行政管理部门责令改正，处 2 万元以上 10 万元以下的罚款；情节严重的，责令停业整顿 1 个月至 3 个月：①未与旅游者签订旅游合同；②与旅游者签订的旅游合同未注明《旅行社条例》第二十八条规定的事项；③未取得旅游者同意，将旅游业务委托给其他旅行社；④将旅游业务委托给不具有相应资质的旅行社；⑤未与接受委托的旅行社就接待旅游者的事宜签订委托合同。

（8）违反《旅行社条例》的规定，组织中国内地居民出境旅游，不为旅游团队安排领队全程陪同的，由旅游行政管理部门责令改正，处 1 万元以上 5 万元以下的罚款；拒不改正的，责令停业整顿 1 个月至 3 个月；旅行社委派的导游人员和领队人员未持有国家规定的导游证或者领队证的，由旅游行政管理部门责令改正，对旅行社处 2 万元以上 10 万元以下的罚款。

（9）违反《旅行社条例》规定，有下列情形之一的旅行社，由旅游行政管理部门或者工商行政管理部门责令改正，处 10 万元以上 50 万元以下的罚款；对导游人员、领队人员，由旅游行政管理部门责令改正，处 1 万元以上 5 万元以下的罚款；情节严重的，吊销旅行社业务经营许可证、导游证或者领队证：①拒不履行旅游合同约定的义务的；②非因不可抗力改变旅游合同安排的行程的；③欺骗、胁迫旅游者购物或者参加需要另行付费的游览项目的。

（10）违反《旅行社条例》规定，要求导游人员和领队人员接待不支付接待和服务费用、支付的费用低于接待和服务成本的旅游团队，或者要求导游人员和领队人员承担接待旅游团队的相关费用的，由旅游行政管理部门责令改正，处2万元以上10万元以下的罚款。

（11）旅行社违反旅游合同约定，造成旅游者合法权益受到损害，不采取必要的补救措施的，由旅游行政管理部门或者工商行政管理部门责令改正，处1万元以上5万元以下的罚款；情节严重的，由旅游行政管理部门吊销旅行社业务经营许可证。

（12）违反《旅行社条例》的规定，有下列情形之一的，由旅游行政管理部门责令改正，停业整顿1个月至3个月；情节严重的，吊销旅行社业务经营许可证：①旅行社不向接受委托的旅行社支付接待和服务费用的；②旅行社向接受委托的旅行社支付的费用低于接待和服务成本的；③接受委托的旅行社接待不支付或者不足额支付接待和服务费用的旅游团队的。

（13）违反《旅行社条例》的规定，旅行社及其委派的导游人员、领队人员有下列情形之一的，由旅游行政管理部门责令改正，对旅行社处2万元以上10万元以下的罚款；对导游人员、领队人员处4000元以上2万元以下的罚款；情节严重的，责令旅行社停业整顿1个月至3个月，或者吊销旅行社业务经营许可证、导游证、领队证：①发生危及旅游者人身安全的情形，未采取必要的处置措施并及时报告的；②组织出境旅游的旅游者非法滞留境外，旅行社未及时报告并协助提供非法滞留者信息的；③接待入境旅游的旅游者非法滞留境内，旅行社未及时报告并协助提供非法滞留者信息的。

第3节　旅行社管理的相关法律法规

一、旅行社业务的监督管理

（一）监督管理部门

国务院旅游行政主管部门负责全国旅行社的监督管理工作。县级以上地方人民政府管理旅游工作的部门按照职责负责本行政区域内旅行社的监督管理工作。县级以上各级人民政府工商、价格、商务、外汇等有关部门，应当按照职责分工，依法对旅行社进行监督管理。

对旅行社及其分支机构的监督管理，县级以上旅游行政管理部门应当按照《旅行社条例》及《实施细则》的规定和职责，实行分级管理和属地管理。

（二）监督管理部门的责任与义务

（1）旅游、工商、价格、商务、外汇等有关部门应当依法加强对旅行社的监督管理，发现违法行为，应当及时予以处理。

（2）旅游、工商、价格等行政管理部门应当及时向社会公告监督检查的情况。公告的内容包括旅行社业务经营许可证的颁发、变更、吊销、注销情况，旅行社的违法经营行为以及旅行社的诚信记录、旅游者投诉信息等。

（3）旅行社损害旅游者合法权益的，旅游者可以向旅游行政管理部门、工商行政管理部门、价格主管部门、商务主管部门或者外汇管理部门投诉，接到投诉的部门应当按照其职责权限及时调查处理，并将调查处理的有关情况告知旅游者。

（4）旅行社及其分社应当接受旅游行政管理部门对其旅游合同、服务质量、旅游安全、财务账簿等情况的监督检查。旅行社应当按年度将下列经营和财务信息等统计资料，在次年 3 月底前，报送原许可的旅游行政管理部门：①旅行社的基本情况，包括企业形式、出资人、员工人数、部门设置、分支机构、网络体系等。②旅行社的经营情况，包括营业收入、利税等。③旅行社组织接待情况，包括国内旅游、入境旅游、出境旅游的组织、接待人数等。④旅行社安全、质量、信誉情况，包括投保旅行社责任保险、认证认可和奖惩等。对资料中涉及旅行社商业秘密的内容，旅游行政管理部门应当予以保密。⑤旅游、工商、价格、商务、外汇等有关部门工作人员不得接受旅行社的任何馈赠，不得参加由旅行社支付费用的购物活动或者游览项目，不得通过旅行社为自己、亲友或者其他个人、组织牟取私利。

（三）旅游者的投诉权

因下列情形之一，给旅游者的合法权益造成损害的，旅游者有权向县级以上旅游行政管理部门投诉：

（1）旅行社违反《旅行社条例》和《旅行社条例实施细则》规定的。

（2）旅行社提供的服务，未达到旅游合同约定的服务标准或者档次的。

（3）旅行社破产或者其他原因造成旅游者预交旅游费用损失的。

二、旅行社导游人员管理法规制度

导游是旅游业不可缺少的重要组成部分，是旅游活动的灵魂，是旅行社的窗口。导游人员是导游活动的关键人物，在导游活动中处于核心地位。因此，加强对导游队伍的法制化管理，提高导游人员的法律意识，是促进旅游业健康发展的重要保证。1987 年 11 月 14 日，经国务院批准，国家旅游局曾发布了《导游人员管理暂行条例》。这一规定在规范导游人员的导游活动等方面发挥了积极作用。随着旅游业的发展，导游人员的规模不断扩大，数量不断增加，导游人员的构成也发生了很大变化。为进一步加强对导游人员的管理，国务院于 1999 年 5 月 14 日修订发布了《导游人员管理条例》（以下简称《条例》）并于同年 10 月 1 日起施行，原《导游人员管理暂行条例》同时废止。此外，国家旅游局还先后发布了《导游人员资格考试制度》《全国导游人员资格考试管理办法》《导游人员职务登记标准》《导游证管理办法》《导游人员管理实施办法》等文件。这些法规和管理制度的发布和实施，对规范导游活动，保障旅游者和导游人员的合法权益，促进旅游业的健康发展起到了重要的作用。

（一）导游人员概述

1. 导游人员的概念

导游人员，是指取得中华人民共和国导游证，为旅游者提供向导、讲解及旅游服务的人员。具体讲，导游人员的概念包括两项内容：

（1）导游人员是指依据《条例》规定取得导游证的人员。没有导游证，就不能担任导游人员。也就是说，导游人员必须持证上岗。导游人员的职业特点决定了并不是任何人都能从事导游工作。为了选拔符合条件的人员进入导游行业，提高导游服务质量，法规规定在我国担任导游工作的人员，必须是经过导游人员资格考试并取得导游证的人员。

（2）导游人员是指为旅游者提供向导、讲解及相关旅游服务的人员。导游人员为旅游者提供的服务是多方面的。首先是向导服务。所谓向导服务，就是为旅游者引路、带路，即引导旅游者沿着一定的线路参观游览。其次是讲解服务。所谓讲解服务，就是为旅游者解说，主要是对风景名胜、文物古迹、风情民俗等加以说明和介绍。总的来说，讲解服务既是导演人员的基本功，又是导游业务的核心内容。此外，还有相关旅游服务。相关旅游服务的范围很广，常见的服务包括为旅游者代办各种旅行证件，代购交通票据，安排旅游住宿、旅程就餐等。

2. 导游人员的分类

根据不同标准，可将导游人员分成不同的种类：

（1）根据服务时使用的语言，导游人员可分为外国语导游人员和中文导游人员。外国语导游人员主要是为外国旅游者提供导游服务的人员。如英语、法语、德语、日语等。中文导游人员一般为国内旅游者，回内地、回国探亲的香港、澳门、台湾同胞和外籍华人旅游者，按其不同要求提供相应语言服务如普通话、地方话、少数民族语言的导游人员。

（2）根据职业性质，导游人员可分为专职导游人员和社会导游人员。专职导游人员是指长期受雇于某家旅行社，以导游工作为其主要职业的人员。这类导游人员是旅行社的雇员，是旅行社的正式员工，也是我国导游队伍的主力军。社会导游人员又分为业余导游人员和自由职业导游人员。业余导游人员是指不以导游工作为其主要职业，而利用业余时间从事导游工作的人员。自由职业导游人员是指以导游工作为主，但不属于某家旅行社正式员工的人员，他们通过合同形式与其供职的旅行社建立权利义务关系。

（3）根据业务范围，导游人员可分为海外领队、全程陪同导游人员和地方陪同导游人员。海外领队是指受有出境旅游业务经营权的旅行社委托，全权代表该旅行社带领旅游团队从事旅游活动的工作人员。全程陪同导游人员是指受组团旅行社委派或聘用，作为组团社的代表，在领队和地方陪同导游人员的配合下实施接待计划，为旅游者提供全程陪同服务的工作人员。地方陪同导游人员是指受接待旅行社委派或聘用，代表接待社实施接待计划，为旅游者提供当地旅游活动安排、讲解、翻译等服务的工作人员。

(4) 根据技术等级，导游人员可分为初级导游人员、中级导游人员、高级导游人员和特级导游人员。此外，景区景点导游人员也是我国导游队伍中的一个重要组成部分。

(二) 导游人员资格考试制度

《条例》第三条规定："国家实行全国统一的导游人员资格考试制度。"这一制度充分体现了国家对导游工作的高度重视，是国家对导游职业实行资格准入的具体措施和体现。同时，这一制度也体现了公开、公正、公平的原则，并为旅游行政管理部门对导游工作的管理提供了有力的法律手段。

1. 参加导游人员资格考试的条件

具有高级中学、中等专业学校或者以上学历，身体健康，具有适应导游需要的基本知识和语言表达能力的中华人民共和国公民，可以参加导游人员资格考试；经考试合格的，由国务院旅游行政部门或者国务院旅游行政部门委托省、自治区、直辖市人民政府旅游行政部门颁发导游人员资格证书。

2. 导游人员资格考试主管部门

全国导游人员资格考试，由国务院行政管理部门负责制定全国导游人员资格考试的政策、标准和考试工作的监督管理。

经考试合格的，颁发由国家旅游局统一印制的"中华人民共和国导游人员资格证书"。

3. 导游证制度

导游证是国家准许从事导游工作的证件。《条例》第四条规定"在中华人民共和国境内从事导游活动，必须取得导游证"。

(1) 申请领取导游证的条件。根据《条例》及《导游人员管理实施办法》规定，取得导游人员资格证书的，经与旅行社订立劳动合同或者在导游服务公司登记，方可持所订立的劳动合同或者登记证明材料，向省、自治区、直辖市人民政府旅游行政部门申请领取导游证。

(2) 不得颁发导游证的情形。为了保证导游人员队伍的整体水平，《条例》第五条规定了不得颁发导游证的四种情况：①无民事行为能力或者限制民事行为能力的；②患有传染性疾病的；③受过刑事处罚的，过失犯罪的除外；④被吊销导游证的。

(三) 旅行社对导游人员的管理

旅行社计调人员对本社导游人员进行管理是一项日常的工作。了解本社导游人员的基本情况和个人特质，根据接待团队的不同和组团社对地接导游人员的要求，计调人员应该在掌握团队信息以后快速、准确地找到合适的人员进行具体接待工作。导游人员身处第一线，导游服务质量的优劣、处理问题的能力强弱直接与旅行社的经济效益、本地区的形象密切相关，所以对导游人员的管理工作十分重要。

1. 建立导游员管理制度

接待量较大的旅行社需要导游人员相对较多，有的旅行社在旅游旺季时甚至需要数十名乃至近百名地接导游员从事一线工作。而在旅游淡季时，旅行社只需要十几名甚至几名导游人员就可以应对接待工作。这种特性决定了在旅行社内部必须建立一套针对导游员的管理制度，旺季时做到未雨绸缪，尽量多储备一些导游员，防止出现有团没人接的尴尬局面；淡季时做到合理安排闲置的导游员，避免导游员流动性过大给旅行社带来经济损失。这就需要旅行社计调人员建立针对导游员的、较完善的管理体系。

2. 收集导游员的信息制度

目前，持证导游员的数量呈现逐年上升趋势，基本上能够满足各地接待市场的需求，但是一线工作人员数量却不够多。并且这些导游员的个人素质、带团能力、讲解水平差距又很大。准确及时地收集导游员的信息，找到适合在本社工作的导游员是计调人员在导游管理中的首要工作。掌握本社导游员的信息，接待社一定要有在本社工作的导游员，收集这些导游员各个方面的信息对其管理工作起着至关重要的作用。

3. 定期招募新导游员制度

新导游员是针对本社而言的。也就是说，不管是新取得导游证的导游还是已经从业的导游，只要是没有在本社工作过的导游员对本社来讲都属于新导游员。计调人员不要等本社需要导游员时再进行招募，这种“临时抱佛脚”的做法会给计调工作到来很大的麻烦。因为急需导游员就匆忙招募，对于临时招徕的导游员，计调人员不是很了解，就直接让其匆匆带团，这样就会让旅行社处于被动状态，甚至影响接待质量，造成旅游者的投诉，给旅行社带来经济损失。所以定期招募新的导游员是十分必要的。招募可以采用同业广告、网络招聘、校园招聘、朋友介绍等方式。

4. 建立导游员资料库制度

建立导游员资料库，首先要设计导游员备案登记表，对本社每一名导游员进行登记备案。其次要将这些表格进行分类，分类时可根据本社的实际情况按导游员带团时间长短、在本社从业性质（专兼职）、带团业绩、有无投诉等情况进行归类。

5. 定期沟通与培训制度

在旅游淡季时，为了提高导游员的带团技能、讲解能力、保证服务质量，计调人员应定期与导游员沟通，保持良好的关系。同时建立完整的培训制度。培训内容包括：

（1）学习本旅行社的规章制度。包括上团制度、保障制度、借款制度、使用旅行社用品规定等。

（2）交流带团技能。导游员对带团中出现的新问题及解决问题的方法相互交流，导游员之间的相互交流有助于提高集体的凝聚力。

（3）传授讲解技巧。聘请业内专业人员传授带团中的讲解技巧、讲解方法，提高导游员的业务水平。

6. 导游员政策保障制度

建立导游员上团的政策保障制度对旅行社非常关键，它是使导游员能够安心上团的基本保障，也能够有效调动导游员上团的积极性。具体内容包括：

（1）签订劳动合同。为了维护国际旅游声誉，提高接待工作质量，保障旅游者合法权益，国家旅游局规定旅行社对导游人员要实行合同管理。例如，《旅行社条例》和《导游人员管理实施办法》对此都做了相应的规定。这表明，我国旅行社对导游人员的管理主要是通过订立劳动合同来实现的。劳动合同是劳动者与用人单位确立劳动关系、明确双方权利与义务的协议。它作为劳动关系的法律形式，具有控制劳动行为、规范劳动活动、调整劳动关系的作用。因此，劳动合同一经签订，就具有法律效力。这是促使导游人员依法为游客提供优质导游服务的保证，是提高导游服务质量的重要措施，可增强导游人员的责任感，更好地为游客服务。

（2）全款上团。在国家没有出台《旅游法》之前，各地旅行社让导游员垫付团款的事情非常普遍，而导游员下团后，旅行社又迟迟不能给导游员报账，致使导游员在工作中压力较大。自国家颁布《旅游法》以后，这些现象得到了很大的改进。

（3）奖惩制度。旅游接待质量关系到旅行社的生存，旅行社要采取一定的措施对导游员的服务质量进行跟踪和控制。对于接待质量一贯优良的导游员，旅行社要多为他们提供带团的机会，甚至给予一定的物质或精神方面的奖励；对于接待服务质量低劣的导游员，一定要加以批评指正，情况恶劣的，还可以终止劳动合同。

思考与练习

1. 请列出设立旅行社的影响因素。
2. 注册旅行社应具备什么条件？
3. 旅行社设立分社应具备什么条件？
4. 旅行社违反法律法规将受到什么样的惩罚？

主要参考文献

1. 沈小君．旅游业务操作师［M］．北京：中国劳动社会保障出版社，2009.

2. 王建民．旅行社产品理论与操作实物［M］．北京：中国旅游出版社，2004.

3. 董正秀，朱晔．旅行社管理实务［M］．南京：东南大学出版社，2007.

4. 崔卫华．现代旅行社实务［M］．沈阳：辽宁科学技术出版社，2000.

5. 梁智．旅行社运行与管理［M］．大连：东北财经大学出版社，2007.

6. 方增福．旅行社管理［M］．北京：科学出版社，2005.

7. 赵爱华．导游概论［M］．北京：中国旅游出版社，2009.

8. 贺学良．现代旅行社经营管理［M］．上海：复旦大学出版社，2003.

9. 杜江，戴斌．旅行社管理比较研究（第二版）［M］．北京：旅游教育出版社，2006.

10. 国家旅游局人事劳动教育司．旅行社经营管理［M］．北京：旅游教育出版社，2006.

11. 敬茂兰，孙平．旅行社经营管理［M］．济南：山东大学出版社，2005.

12. 陈永发．旅行社实务与管理［M］．上海：上海交通大学出版社，2002.

13. 陈小春．旅行社管理学［M］．北京：中国旅游出版社，2003.

14. 梁智．旅行社经营管理［M］．北京：旅游教育出版社，2003.

15. 楼嘉军．旅行社经营管理［M］．上海：立信会计出版社，2003.

16. 戴斌，杜江．旅行社管理［M］．北京：高等教育出版社，2003.

17. 陈铎仪，库瑞．旅行社管理［M］．天津：南开大学出版社，2006.

18. 侯志强．旅行社经营与管理［M］．北京：中国财政经济出版社，2005.

19. 李宏，杜江．旅行社经营与管理［M］．天津：南开大学出版社，2011.

20. 徐文东．旅行社管理［M］．武汉：武汉大学出版社，2003.

21. 丁力．旅行社经营管理［M］．北京：高等教育出版社，1998.

22. 刘克燕．旅行社业务与管理［M］．大连：东北财经大学出版社，2000.

23. 马爱萍．旅行社经营管理［M］．广州：广东旅游出版社，2002.

24. 张红，李天顺．旅行社经营管理实例评析——旅游专业教学参考丛书［M］．天津：南开大学出版社，2000.

25. 尹大淳（韩）．旅行社经营论［M］．首尔：图书技文出版社，1997.

26. 郑益骏（韩）．最新旅行社经营论［M］．首尔：莹雪出版社，2004.

27. 郑粲钟（韩）．旅行业务管理论［M］．首尔：白山出版社，1998.

28. 李定勋（韩）．旅行社经营论［M］．首尔：莹雪出版社，1997.

29. 林宪国（韩）．旅行社经营论［M］．首尔：图书技文出版社，2001.

30. 渡边圭太郎（日）．旅行社人的世界［M］．东京：钻石社，1981.

31. 前田勇（日）．服务科学［M］．东京：钻石社，1997.

32. 城坚人（日）．酒店旅馆业促销［M］．东京：紫田书店，1984.

33. 系川情一（日）．大型活动策划入门［M］．东京：日本机关纸出版中心，1985.

34. 清水滋（日）．零售业营销［M］．东京：贸易社，1983.

35. 阙丽萍．中国旅游饭店行业管理结构重组与制度创新研究［D］．青岛大学硕士学位论文，2002.

36. 殷章馨．旅游协会行业管理职能和机制研究［D］．湖南师范大学硕士学位论文，2006.

37. 黄娟琴，王珂，夏淑芳，曹昊．“3S”技术在旅游业中的应用及其展望［J］．国土资源遥感，2004（3）．

38. 杨佩群，王琦．谈旅行社信用缺失问题［J］．商场现代化，2006（1）．

后　记

感谢中国旅游出版社领导和编辑，感谢《旅游管理专业新视野教材》总主编以及各位编委，由于他们的倡议和辛勤的工作，才使本书有机会出第三版。

作者根据平时收集的资料和讲课时的体会，努力在其他类似教材的基础上有所突破，为读者提供旅行社管理领域的最新成果，但由于作者能力和知识有限，书中难免出现不少遗漏甚至错误，敬请广大读者谅解。

第三版比起前两版，可以说有比较大幅度的调整。首先根据2016年3月国务院对《旅行社条例》部分条款进行的修改，对所涉及的内容做了及时调整；其次，为了帮助广大读者对旅行社的具体业务内容进行更系统、更可行、更切实的了解，按照旅行社各部门的具体业务流程和普遍遇到的管理问题作为主要线索，对各个章节进行了编排。

毫无疑问，本书大量参考和借鉴了国内外旅行社经营管理方面的教材，吸取了它们的精华，在此一并向相关学者表示深深的敬意和谢意（在主要参考文献中已一一罗列）。

朴松爱

2016年5月11日

项目统筹：张芸艳
责任编辑：张芸艳
责任印制：冯冬青
封面设计：中文天地

图书在版编目（CIP）数据

旅行社管理／朴松爱编著．--3版．--北京：中国旅游出版社，2016.7（2022.7重印）
（旅游管理专业新视野教材丛书／谢彦君主编）
ISBN 978-7-5032-5645-5

Ⅰ．①旅…　Ⅱ．①朴…　Ⅲ．①旅行社—企业管理—高等学校—教材　Ⅳ．①F590.63

中国版本图书馆CIP数据核字（2016）第148125号

书　　名：旅行社管理（第三版）

作　　者：朴松爱　编著
出版发行：中国旅游出版社
（北京静安东里6号　邮编：100028）
http://www.cttp.net.cn　E-mail：cttp@mct.gov.cn
营销中心电话：010-57377108，010-57377109
读者服务部电话：010-57377151
排　　版：北京旅教文化传播有限公司
经　　销：全国各地新华书店
印　　刷：北京明恒达印务有限公司
版　　次：2016年7月第3版　2022年7月第2次印刷
开　　本：787毫米×1092毫米　1/16
印　　张：16.75
字　　数：332千
定　　价：34.00元
I S B N　978-7-5032-5645-5